纺织服装高等教育"十二五"部委级规划教材

普通高等教育服装营销专业系列教材

服装连锁经营教程

FUZHUANG LIANSUO JINGYING JIAOCHENG

主编｜陈东生

东华大学出版社

内 容 提 要

作为服装连锁门店经营的技能应用型教材,依据服装连锁门店经营与管理岗位的技能需求,从连锁门店选址到门店形象战略设计,从门店门店物流配送到门店商品管理,从连锁门店营销管理到日常营运管理,作者精选教材内容,突出服装连锁门店经营的理论的实践性与知识的应用性,以服装连锁门店经营与管理为主线,依据连锁门店运营管理的共性和特殊性,注重连锁门店运营实务,采用系统且简明的编写方式,还提供了部分案例、习题等拓展材料。

图书在版编目(CIP)数据

服装连锁经营教程/陈东生主编. 一上海:东华大学出版社,2013.6
ISBN 978-7-5669-0302-0

Ⅰ.①服… Ⅱ.①陈… Ⅲ.①服装—连锁商店—商业经营—教材 Ⅳ.①F724.783

中国版本图书馆 CIP 数据核字(2013)第 142569 号

上海沙驰服饰有限公司赞助

TO BE A BETTER MAN
Sotchi 止 于 至 善

责任编辑　马文娟
装帧设计　陈　澜　杨雍华

出　　　　版:东华大学出版社(上海市延安西路 1882 号,200051)
本 社 网 址:http://www.dhupress.net
天猫旗舰店:http://dhdx.tmall.com
营 销 中 心:021-62193056　62373056　62379558
印　　　　刷:苏州望电印刷有限公司
开　　　　本:787mm×1092mm　1/16　印张 16.25
字　　　　数:406 千字
版　　　　次:2013 年 6 月第 1 版
印　　　　次:2013 年 6 月第 1 次印刷
书　　　　号:ISBN 978-7-5669-0302-0/ TS・413
定　　　　价:39.00 元

普通高等教育服装营销专业系列教材编委会
（按姓氏笔划为序）

编委会委员

前言 | PREFACE

据《美国文献百科全书》和《美国连锁店百年史》记载，公元前 200 年，一个中国商人就拥有多家店铺，这可以称得上是我国连锁经营的最早萌芽。 到了现代，连锁店的范围不再局限于零售、餐饮等传统行业，几乎所有的行业都可以采用连锁经营模式，从中小企业联合到大型百货店、超级市场相结合，已经形成超级市场连锁、超级商店连锁、专业商店连锁等。 连锁经营以其广泛的适应能力和强大的生产力而得到了快速发展，而且其经营手法很灵活，对经济生活的影响越来越显著，成为众多厂商生产经营的首选，获得广大消费者的青睐。

近代连锁经营产生于美国，至今已有 130 多年历史。 作为一种现代经营模式，连锁式门店经营已经发展成为我国最具活力、发展最快的一种商业形态。以服装作为核心商品的连锁经营，由于生产、流通、消费特点，服装连锁门店经营已经成为服装行业开拓市场，服装企业树立品牌的主要手段之一；专卖、连锁、加盟、特许等正在成为服装企业的基本营销战略。 为适应迅速扩张的服装连锁经营需要，满足服装连锁门店经营管理人才的数量需求，本教材立足于对服装连锁门店经营管理人才的技能需求，面向应用型服装专业人才门店连锁经营与管理技能培养，尽量选择最新的、典型的服装连锁门店运营管理内容，采用系统且简明的编写方式，使得本书内容具有较强的时代性。

本教材紧扣服装连锁门店经营与管理岗位的技能需求精选教材内容，突出实践性与应用性。 以服装连锁门店经营与管理为主线,依据连锁门店运营管理的共性和特殊性,既注重共性管理,也考虑连锁门店运营实务,突出教材的实用性。同时,本教材除提供了学习内容外,还提供了案例、习题及拓展阅读材料,便于读者学习和理解。

本教材由陈东生教授担任主编,负责全书的编写组织和统稿工作,陈东生、于小利、张俊英等参与写作提纲讨论。 具体写作分工:苏添智编写第一章,并给予部分实践指导;于小利编写第二、三章;蒋德韫编写第四章,戴淑娇编写第五章;杨倩编写第六、七章;曾晨编写第八、九章;陈东生摘编部分案例和拓展阅读资料。

本教材在编写过程中得到了中国纺织服装教育学会和东华大学出版社的大力支持,特别是得到东华大学出版社马文娟编辑的鼎力支持,在此表示诚挚感谢。 同时,在编写过程中参考了相关书籍和资料,特对书籍作者和资料所有者表示诚挚的感谢。 由于编者水平局限,加之时间较紧,教材中如果有疏漏或不当之处,恳请不吝指教。

主　编

目录 | CONTENTS

第 1 章 连锁经营概述

知识要点

1. 何谓连锁经营，连锁经营的主要类型与区别
2. 连锁经营的行业原则
3. 服装连锁经营的特点

连锁经营，指一个企业或企业集团以同样的方式、同样的价格在多处同样命名的店铺里出售某一种商品，或提供同种服务的经营模式。 连锁经营在经营方式、经营范围、法律关系、发展方式与传统商业经营有本质的区别。 连锁经营可以分为直营连锁、自由连锁和特许连锁等形式。 连锁经营方式必定是未来服装企业做大、做强的营销之路。[1]

001

1.1 连锁经营释义

1.1.1 连锁经营的定义

（1）何为连锁经营

所谓连锁经营，是指一个企业或企业集团以相同的方式，同样的价格在多处统一命名的店铺里销售某种商品或提供同种服务的经营模式（Chain Store）。[1]连锁经营的本质，是把独立的、分散的商店联合起来，形成覆盖面很广的大规模销售体系（图 1-1）。

（2）连锁经营的主要类型

连锁经营主要有五大类型，其基本特征对比见表 1-1。

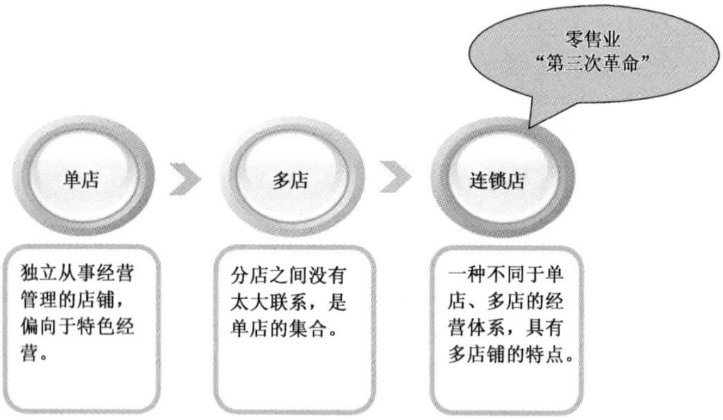

图 1-1　从单店经营到连锁店经营

表 1-1　连锁经营类型的对比

	直接连锁	自愿加盟	特许加盟	合作加盟	委任加盟
发起人	制造商、零售商、批发商及服务业	制造商或批发商	制造商、零售商、批发商及服务业	零售商	制造商、零售商、批发商及服务业
资金	总公司	加盟店	加盟店	加盟店	双方
店面所有权	总公司	加盟店	加盟店	加盟店	总公司
经营权	非独立	独立	独立	独立	非独立
店铺经营者	总公司任命	独立之店主	独立之店主	独立之店主	独立之店主
加盟人事权	属本部	属加盟店	属加盟店	属加盟店	属加盟店
利润之归属	总公司	加盟店	部分缴总公司	加盟店	部分缴总公司
价格限制	总公司规定	自由	总公司规定或推荐	自由	总公司规定或推荐
商品供应来源	总公司	原则上由总公司进货,部分自行进货	总公司统一进货或推荐	原则上由总公司进货,部分自行进货	由总公司统一进货或推荐
店面形象外观	统一	可略改	统一	可略改	统一
决策权	总公司	加盟店为主,总公司意见仅供参考	总公司为主,加盟店为辅	加盟股东为主	总公司
加盟金支付	无	支付加盟权利金	支付加盟金和技术报酬	支付一定金额的费用	支付加盟权利金
教育训练	全套训练	自由利用	全套训练	无	全套训练
指导	专门人员巡回指导	自由利用	专业人员巡回指导	无	专业人员巡回指导
竞争手段	不一定	价格竞争	差异化	价格竞争	差异化
促销	总公司统一实施	自由加入	总公司统一实施	自由加入	总公司统一实施
总公司的控制力	完全控制(最强)	对加盟店约束力弱(弱)	对加盟店约束力强(强)	总部为服务性质(最弱)	对加盟店约束力强(次强)
与总公司的关系	完全成一体	货源来往之任意共同体	经营理念共同体	互助共同体	经营理念共同体

续　表

	直接连锁	自愿加盟	特许加盟	合作加盟	委任加盟
合作基础	总部与分支机构之关系	契约	契约	服务为主契约为辅	契约
连锁店店数成长	较慢	较快	较快	较快	较慢
总部收入来源	营业所得	批发买卖收益	加盟金、技术报酬与营业所得分红	服务费	技术报酬与营业所得分红

（3）连锁经营与传统商业经营的本质区别

连锁经营与传统商业经营的本质区别见表 1-2。

表 1-2　连锁经营与传统商业经营的本质区别

经营方式 项　目	连锁经营	传统商业经营
定义	同样的价格在多处统一命名的店铺里销售某种商品或提供同种服务的经营模式	商业企业集团下属企业独立经营模式,由总部投资/扩建的企业
经营方式	同样的价格、统一命名的店铺,总部统一进货、统一经营、统一管理	不要求各成员企业实行统一经营,各个成员企业有不同的经营范围和方式,往往从事差别化的经营
总部与分店的关系	总部与分店在专业职能上有所分工,总部专门负责采购、营销、人事安排等经营管理活动,各分店则从事销售活动,所以分店与总部的联系紧密	每个成员企业都是独立的法人,可以独立地从事经营活动,较连锁分店有较大的自主权
经营范围	一般以流通业和服务业为主	涉及诸多行业,范围更广
法律关系	依各种模式而定	分店属总部所有
发展方式	扩大规模只需有市场、有资金,总部必须有成熟的运作模式和专有技术	取决于企业集团的决策

1.1.2　连锁经营的行业原则

这里以 7-Eleven 和麦当劳为例,阐述连锁经营的行业原则。

（1）日本 7-Eleven 的四项基本原则

7-Eleven 在"全球最具影响力的 100 个品牌"排名中位列第 76 位。遍布世界 18 个国家和地区,拥有超过 3 万家店铺。7-Eleven 至今仍然是物流管理专业教材所推崇的示范案例。

① 鲜度管理

和一般的亚洲消费者不同,欧美的消费者通常会在超市一次购买整个星期的食物。他们的冰箱多在 500 L 以上,而大部分的亚洲消费者家中储藏食物的冰箱在 300 L 以下。多数的亚洲人都会认为在店内冷藏的东西比放在自家冰箱里面的东西鲜度更好,基于这种心理,消费者会强烈认为到店内购买的东西比较新鲜,这不是强词夺理,因为这就是亚洲人的购物习惯。由于亚洲消费者对于食品的鲜度非常在意,所以很少有人会囤积食品,买回大量的东西放在冰箱中保存。基于这种不囤积商品的习惯,7-Eleven 必须准确下达商品订单,以减少缺货可能造成的机会损失。[2]

② 商品结构满足顾客需求

一般的 7-Eleven 门店的单品数量在 3 000 种左右,居于连续便利店中品种最为齐全的。如果以家乐福综合超市的商品结构模式来衡量 7-Eleven 品类结构,那肯定会在商品总数上有很大的差距。但是对于 7-Eleven 来说,其商品齐全的标准是其根据消费者的基本需求设定的商品结构,以满足目标顾客群体的基本消费为目的,全面地陈列所有商品,避免每一种商品出现缺货现象。[2]

③ 店面整洁、干净、明亮

店面整洁、干净、明亮,这些条件都是可以影响销售的,是形成销售不可缺少的部分条件。[2]

④ 亲切的服务

对于一家便利店来说,亲切热情的服务,是一个非常重要的因素,当 7-Eleven 没有货,门店的服务人员应当怎么答复呢?"对不起,没有货了!"如果门市人员丢下这样一句话,就让顾客回去了,门店辛辛苦苦所建立起来的客户忠诚度和依赖关系都会随着顾客的离去而化为泡影。门店对于每一个顾客的态度都应当是友善和真诚的,凡事都要站在消费者的立场着想,这是经商的基本原则。[2]

(2) 世界连锁巨头麦当劳的经营原则——QSCV[3]

Q——也就是品质、质量,是英文 quality 的第一个大写字母。以麦当劳北京分店为例,它的食品原料绝大部分在中国本土采购。但这也是在经过多年筛选的基础上才达到的。如 1984 年麦当劳公司的马铃薯供应商为了找到优质合格的马铃薯,就先后从美国本土派出若干名马铃薯专家,前往中国的黑龙江、内蒙古、河北、山西、甘肃等省进行实地考察、试验,最后终于确定将河北承德作为麦当劳公司的马铃薯供应基地,在承德围场培育出了符合麦当劳标准的马铃薯。

S——即服务,是英文 service 的第一个大写字母。麦当劳公司作为餐饮零售服务业的龙头老大,对服务视如性命。每个员工进入麦当劳公司之后,第一件事就是接受培训,学习如何更好地为顾客服务,使顾客达到百分之百满意。 为此,麦当劳公司要求员工在服务时,顾客排队购买食品等待时间不超过 2 min,当顾客点完所需要的食品后,服务员必须在 1 min 以内将食品送到顾客手中。

C——即清洁、卫生,是英文 cleanliness 的第一个大写字母。 麦当劳公司对清洁卫生有严格的规定。

V——即价值,是英文 value 的第一个大写字母。 麦当劳公司的食品不仅质量优越,而且其所有的食品所包含的营养成份也是在经过严格的科学计算之后,根据一定的比例配制的。 由于这些食品不仅营养均衡丰富,而且价格公道合理,因此顾客可以在明亮的餐厅环境中,心情愉快地享用快捷而营养丰富的精美食品。

1.2 连锁经营的起源

1.2.1 连锁经营现象的出现

(1)古代连锁经营

据《美国文献百科全书》和《美国连锁店百年史》记载,在公元前 200 年,一个中国商人就拥有多家店铺,这可以称得上是连锁经营的最早萌芽。

(2)近现代连锁店的出现

① 大西洋和太平洋茶叶公司的创立

大西洋和太平洋茶叶公司连锁经营是近代连锁经营产业的起源。 1859 年,美国哈佛大学的两个犹太人创立了最初的连锁销售茶叶店,隐蔽运行 19 年后才逐渐走向明朗化。 这个公司的连锁分店从一开始的 25 个,发展到 1880 年的 100个,1936 年已经扩张到 5 000 多家分店。 当时"大西洋与太平洋茶叶公司"的创立,被认为是世界上第一家连锁经营店。

进入 20 世纪前,类似的连锁商店在珠宝、家具、药品、鞋帽等众多行业中出现。

② 美国"胜家(singer)"缝纫机公司

1908 年美国"胜家"公司于纽约之总部成立,位于纽约的"胜家"大楼是世界上第一幢摩天大厦,也是当时世界上最高的建筑物。20 世纪 60 年代始,"胜家"公司以遍布全球的 3 万多家专卖店和经销点的强大销售网络,成功地转向多元化经营,其中包括世界著名的美国"阿波罗登月"计划和以后的航天飞机计划。近些年来,"胜家"一直坚持:教全球人民学缝纫,用先进的缝纫机技术吸引顾客。[4]

1.2.2　国外的连锁经营

(1) 国外连锁经营的特点

连锁经营从 20 世纪 80 年代开始进入现代连锁时代,并从零售、餐饮等行业迅速渗透到各类服务行业,同时出现了国际化趋势。随着计算机和信息技术的发展和普遍应用,连锁商店得到了空前发展,由过去十几家、上百家门店的连锁,拓展为几百家、上千家,甚至上万家门店的连锁。连续 4 年在"世界 500 强"排名第一位的沃尔玛,目前已经拥有 5 311 家门店。今天,连锁经营已经成为西方发达国家商业最重要的经营形式。目前,国外连锁经营的特点是范围扩大,业种、业态多样化。

(2) 国外连锁经营发展简况

① 美国的连锁经营

- 开始时代(19 世纪中叶到 20 世纪 50 年代)。
- 黄金时代(20 世纪 50 年代到 80 年代初)。
- 发展时代(20 世纪 80 年代起)。
- 连锁加盟店全球化时代(20 世纪 80 年代末)。

② 欧洲的连锁经营

a. 法国连锁经营

中小型连锁店众多,大型连锁店在总经营额中占较大比重。

b. 英国连锁经营

1862 年伦敦无酵面包公司,出现第一个连锁股份企业。

1.2.3　我国的连锁经营

(1) 我国连锁经营特点

我国自 20 世纪 90 年代初开始发展连锁经营以来,由少到多、从小到大,逐步发展壮大起来,在零售市场的主导地位不断提高,有力地推动了我国商业体制的改革和流通产业的现代化。 由于经营方式与组织结构所独具的优势,使其很快成为现代流通业的发展主流和商业领域最具活力的业态,充分显示了连锁经营对扩大内需、拉动经济增长所起的重要作用。

目前,我国连锁经营呈现出如下特点:规模和数量迅猛扩张,市场份额急剧扩大;经营主体多元化,非公有制企业发展势头强劲;地区发展不均衡;内资连锁业占据主导地位,外资连锁业零售额仅占一成;联合、并购、加盟成为连锁企业规模扩张的重要方式;超市、便利店成为消费者购买日常生活必需品的主要场所;连锁企业呈现出集中化、大型化特征;连锁经营方式向多行业和业态延伸;餐饮业连锁经营发展较快;连锁企业效益明显好于非连锁企业。

(2)我国连锁经营发展趋势

据专家分析,我国连锁经营的发展趋势将呈现以下特征:传统百货店的市场将进一步被连锁企业蚕食和瓜分;大型连锁企业快速发展,企业平均经营规模同比有大幅度提高;跨区域拓展,全国性的连锁集团正在孕育中,地区性特征越来越淡化;连锁经营方式,向更多行业的业态延伸;大连锁企业之间的控股、渗透及合并与收购将愈演愈烈;连锁企业销售总额占社会消费品零售总额的比重将进一步提高。

007

1.3 服装连锁经营的特点

1.3.1 连锁经营的特点

要了解服装连锁经营的特点,我们首先要了解连锁经营的特点。

(1)理念连锁

经营理念即经营的方式、经营的构想或经营的依据。 连锁店的经营理念着眼于消费者,以消费者的立场来发展,比如提供消费者"舒适的环境"、"便捷的服务"、"衷心的关怀"、"流行的消费"、等等。

(2)CIS 连锁(Corporate Identity System)

企业识别系统与连锁经营商标的一致性,除了可以让消费者识别外,当连锁店达到一定规模时，消费者能认可本店，对本店产生信赖感，而不是只买连锁店的商品，这就是 CIS 连锁。

（3） 商品服务连锁

连锁店的商品经过精心的挑选，都以当地消费者的消费需求作为最佳的商品组合，并不断更新换代，以适应消费者的需求变化。 服务也经过统一的规划，对所有消费者都提供一致的服务；无论任何一家连锁店，都提供一流的商品、一流的服务，以满足消费者为宗旨。

（4） 经营管理连锁

连锁店在经营战略、经营策略上采取集中管理，由总部统一规划，并对各分店授权，由分店直接执行。 具有以上四个特性的连锁经营，形成专业管理及集中规划的组织网，利用协同效应原理，使资金周转加快、议价能力增加，物流综合治理容易取得显著的规模效益，获得高速的企业成长，在市场上具有最大的竞争力。 因此，连锁组织本质上属于"纵向营销系统（Vertical Marketing System，VMS）"，或称为"渠道系统（Channel System）"。 连锁经营已经成为我国零售业未来发展的主流。

1.3.2　服装连锁经营的特点

除了具备以上连锁经营的特点外，服装连锁经营还具有自己独有的特点：

（1） 变价快

变价快，即商品的进货价格变动快，通常连锁超市经营的快速消费品价格随着市场供需的变化会有较快的变化，同时生产商或零售商的促销频繁引起经常变价。

（2） 短周期的流行

近年来，服装的流行季节呈缩短趋势，而且在一个流行季节中流行的变化幅度和频率也增加了。 这种快速的变化，对于服装连锁经营来说既是机遇又是挑战。

（3） 小规模

服装连锁经营属于小规模高效率的连锁经营。

（4） 灵活性

服装连锁经营是具有灵活的连锁经营模式，在经营上可以进行不断创新。

思考练习题

1. 什么是连锁经营？连锁经营有哪几种形式？

2. 简述连锁经营的起源与发展。

3. 服装连锁经营有哪些特点？

4. 以小组为单位，就近选择一家服装连锁经营专卖店，了解其连锁经营的企业文化与特色。

5. 通过阅读拓展资料，了解服装连锁经营企业的发展现状和发展优势？

阅读拓展

1. ZARA

ZARA 是西班牙 Inditex 集团旗下的一个子公司，创始人是阿曼西奥·奥尔特加·高纳(Amancio Ortega Gaona)，它既是服装品牌，也是专营 ZARA 品牌服装的连锁零售品牌，首席设计师为约翰·加利亚诺(John Galliano)，主要产品类别有女装、男装、童装、鞋靴、帽子、围巾。

1975 年设立于西班牙的 ZARA，隶属于 Inditex 集团，为全球排名第三、西班牙排名第一的服装商。ZARA 深受全球时尚青年的喜爱，设计师品牌的设计优异，价格却更为低廉，简单来说，就是让平民拥抱 High Fashion。昔日名不见经传的 ZARA 已经成长为全球时尚服饰的领先品牌，身影遍布全球 70 余个国家和地区，门店数已达 2 000 余家。哈佛商学院把 ZARA 品牌评定为"欧洲最具研究价值的品牌"，沃顿商学院将 ZARA 品牌视为"研究未来制造业的典范"。ZARA 作为一家引领未来趋势的公司，俨然成为时尚服饰业界的标杆。分析 ZARA 成功的原因大致是：顾客导向；垂直一体化；高效的组织管理；强调生产的速度和灵活性；不做广告、不打折的独特营销价格策略等。

从设计到把成衣摆在柜台上出售的时间，中国服装业一般为 6～9 个月，国际名牌一般可到 120 天，而 ZARA 最厉害时，最短只有 7 天，一般为 12 天。这是具有决定意义的 12 天。ZARA 的灵敏供应链所展现出来的韵律，使得有"世界工厂"之称的中国相形见绌。一些国际服装品牌巨头明知ZARA厉害,就是学不来,模仿不了。为什么?ZARA一年大约推出120 000种时装,而每一款时装的量一般不大。即使是畅销款式,ZARA也只供应有限的数量,常常在一家专卖店中一个款式只有两件,卖完了也不补货。一如邮票的限量发行,提升了集邮品的价值,ZARA通过这种"制造短缺"的方式,培养了一大批忠实的追随者。"多款式、小批量"使ZARA实现了经济规模的突破。

ZARA是西班牙总部直接开店,不走代理或渠道的,不做加盟,都是自开直营店,但在有些国家特别是欧洲有不少合营的形式。据统计,截止2012年5月,ZARA在中国已开业门店达到130多家,从数量上和范围上来讲,ZARA的扩张步伐明显在加快。

(摘编自网络)[5]

2. 七匹狼

福建七匹狼男装品牌对男性消费者有着巨大的影响力。发展至今,七匹狼全国终端网点已达3 000多家,并在全国设立福建、北京、上海三大物流与信息中心。近年来,七匹狼的连锁经营做了哪些?

(1) 狼性的文化传播

广告,什么是广告?其实就是用不同的形式对消费者说同一个内容,不断的重复,让你死都忘不了,临死前遗言都是相信自己,相信伙伴,没有什么做不到的。不再一味追求表现方式的创意突破,而是历久弥新的传承经典。古今中外的长久品牌都是如此,像可口可乐,你要变了,消费者都不愿意。所以,无论是从产品设计还是广告设计,甚至是店铺设计,都要有意无意,若隐若现地透露着一点狼性,让看到七匹狼广告的人感到一种野性,让走进七匹狼专卖店的每一位顾客感觉像是走进了狼窝,让每一位购买七匹狼男装的顾客在穿上衣服之后都感觉像是披上了一层狼皮,顿时充满了狼性。具体做法在产品、广告和店铺设计中加入狼元素,不单单是一个图标或者一个名字,更可以是抽象的线条、颜色、道具等等。

(2) 企业、品牌、产品的内部整合,统一品牌资源,统一对外宣传口径

企业定位、企业形象、品牌形象、品牌文化、产品档次、产品利益用狼的精神串起来,不能互不相关。在宣传层次、宣传定位上模糊,只是知道为了销售服务,也得看是不是广告商在瞎掰、在忽悠,他的广告片是不是有违七匹狼的品牌文化方向,他到底有没有认真研究七匹狼,还是他根本就是骗子。具体做法是利用连锁经营管理中的标准化原理将所有的直接基础消费者的零售终端统一建设,严格管

理,不接受统一管理的,在合约到期后不再继续授权。

(3) 品牌文化、产品、消费者关联的紧密建构

在广告传播上,品牌文化、产品、消费者之间关联已经形成,但是在消费者行为的影响中还未建立。一般的消费者说到"七匹狼"会说知道,但具体是什么就显得迷茫,不像说"纪梵希"、"范思哲"、"鳄鱼"、"罗宾汉"等,消费者的心理就会反应那是高档品牌、这是中档品牌、那是大众品牌。

不能把七匹狼强大的品牌文化力扔在一边,不为产品和消费者搭桥。说到底什么是品牌,不就是消费者与产品的沟通媒介吗?一味地打广告,搞公关活动,搞促销活动,就能相应地收回成本,实现盈利吗?站在高处的品牌,处于半山腰的产品,还有河对岸的消费者,围着各自的中心推磨盘,在高处打广告、在半山腰卖产品,在河对岸做公关做促销,累死也凑不到一起。不把品牌文化与产品、消费者拎到一块儿,做再多的活也是白搭。宣传叫好不算好,宣传以潜移默化的形式影响消费者的认知和行为才是好宣传。具体的实施方法是加大推出高端产品进军高端市场且逐步淡出中端市场,换季促销时以打折清仓的名义可以主攻中档消费市场。

(4) 品牌文化贴近消费者宣传

不要抱着品牌睡大觉,孤芳自赏;要来点贴近消费者的狼性温柔,拉近品牌文化与消费者的距离。其实七匹狼的高端宣传已经确立,但是随之配合的中间层次的宣传还没做好,导致了品牌文化促销力不能为中端的销售出力。在品牌宣传与产品宣传之间没有形成很好的衔接是许多品牌的问题,也是很多名牌的问题。具体办法是,按连锁经营管理精细化管理原理,对企业的一线销售人员进行服务培训,做好标准、专业的售前、售后服务,在此过程中展现出企业文化的专业的一面。让每一位能接触到顾客的员工都用专业的行动和态度来向每一位消费者传达出一个信号:狼群来了!

(摘编自网络)[6]

3. 2010 年全球零售 10 强的基本资料(表 1-3)

表 1-3 2010 年全球零售 10 强(百万美元)

	公司名称	中文名称	国别	2010 年零售额	业 态
1	Wal-Mart	沃尔玛	美国	257 708	折扣商店、大型综合超市、超级市场、超级商店、仓储商店
2	CARREFOUR	家乐福	法国	80 968	折扣商店、大型综合超市、超级市场、便利店、现购自运、专卖店

011

续　表

	公司名称	中文名称	国别	2010 年零售额	业　态
3	ROYALAHOLD	阿霍德	荷兰	76 927	食品零售业务及饮食服务
4	METRO	麦德龙	德国	54 511	大型综合超市、超级商店、DIY、现购自运、百货店
5	KROGER	克罗格	美国	54 451	食品零售商、超级市场、便利商店
6	伊藤洋华堂	伊藤洋华堂	日本	50 936	便利店、大型综合超市、超级市场、百货店、专业店和折扣店
7	TARGET	塔吉特	美国	46 202	超级市场
8	TESCO	特易购	英国	42 937	大型综合超市、超级市场、超级商店、便利店、百货商店
9	COSTCO	好事多	美国	41 746	仓储商店
10	SAVEWAY	赛夫威	美国	37 754	超级市场

注释

（1）百度文库《连锁经营的认识》

Http：//wen ku. baidu. com/view/c08f2bfbaef8941ea76e058e. html

（2）摘自《终端为什么缺货》

作者：王蓁　出版社：清华大学出版社　出版时间：2006 年 06 月

（3）百度百科《QSCV 理念》

http：//baike. baidu. com/view/645894. htm

（4）百度百科《胜家缝纫机》

http：//baike. baidu. com/view/3372204. htm

（5）百度文库《西班牙 ZARA》

http：//wenku. baidu. com/view/3638c236ee06eff9aef807fa. html

百库文库《休闲服装公司 ZARA 战略分析》

http：//wenku. baidu. com/view/ez67433567ec10zdezbd893e. html

（6）百库文库《七匹狼连锁经营案例》

http：//wenku. baidu. com/view/9df26aefe009581b6d9ebbf. html

第 2 章 服装连锁门店店铺开发

知识要点

1. 服装连锁门店的选址调查内容
2. 服装连锁门店选址方法
3. 连锁门店的形象战略

2.1 连锁门店开发

2.1.1 市场评估

（1）市场调查

① 市场调查的概念

市场调查是指运用科学的方法，有目的、有系统、有计划地对一系列有关服装门店经营与管理的信息进行搜集、筛选、分类并做统计和分析，以此来了解现有的和潜在的服装市场，并以此为依据做出经营决策，从而达到进入市场、占有市场、取得预期效果的目的。

服装经营不仅仅要面对各种零售问题，而且还要面对时尚流行趋势、季节、天气变化等突变情况。为了接受每天遇到的挑战，服装零售商开始研究市场，了解顾客的行为举止和习惯、商业区的位置选择、潜在顾客的生活方式、顾客所需的服务方式等，以便调整销售策略，吸引顾客。

因此，做好市场调查是服装企业有效利用和调动市场情报与商业信息的主要手段，是企业开展市场营销活动的基础，在很大程度上影响着企业的前途和未来。

市场调查在服装连锁门店经营与管理中的主要作用如下：

• 为企业经营决策提供依据。

- 帮助企业开拓新市场。

- 帮助企业改善管理水平。

- 帮助经营者在市场竞争中占领有利地位。

- 帮助经营者了解消费者，并与之进行有效沟通。

② **市场调查的原则**

市场调查必须满足如下的基本要求：

- 资料的准确性。

- 调查的及时性。

- 内容的针对性。

- 计划的严密性。

- 信息的系统性。

- 费用的经济性。

- 调查的定期性。

- 信息的连贯性。

③ **市场调查的主要内容**

一家连锁店在设店之前，对于该地区的各种条件，诸如商圈内的消费购买能力、同业竞争店的营业状况等，必须作出分析判断，以作为开店时预测营业额及决定商店规模的参考。

服装连锁门店开店准备所做的市场调查，可以分为两个阶段：第一个阶段的调查主要是针对开店的可能性做大范围的调查，如开店地区的市场特性，其结果可作为开店意向的参考，第二阶段的调查主要是依据前一阶段的调查结果，对消费者的生活方式做深入地研究，作为决定店铺具体营业政策的参考，比如具体的商品构成、定价及促销策略等。

a. **顾客调查**

- 消费者购物倾向调查。 以本品牌目标顾客为对象，或是依据商业区、办公区、居住地点以抽样方式进行抽样调查。 调查方法可以是街头直接访问或调查问卷邮寄的方式。 调查的项目包括：居住地、逛街习惯、上街频率、消费习惯、使用交通工具、年龄、职业、学历、收入水平、工作地点、服装购买品牌倾向、对本品牌的评价品牌知名度、款式、价格、面料、颜色、促销、服务、月购买服装消费额等。

- 顾客流量调查。 顾客流量调查需事先准备计时工具和流量记录表，对预设商业街、商场和店铺地点进行客流量记录，早、中、晚的每小时进行抽时记录（10 分钟内）。 连续进行至少一周的记录，并向周围店铺人员打听全年的平均客流量，对比记录，以分析评估是否适合开新店。

- 其他调查。 利用各种座谈会的机会，或利用公共场合进行各项有关资料的收集与调查。

b. 竞争品牌调查

- 竞争品牌营业位置调查。 对开店预定地点商圈内竞争品牌的店铺位置进行调查并画图，目的是通过调查竞争品牌的位置，作为新店选址的参考。

- 竞争品牌商品构成。 对于不同季节的竞争品牌进行服装各品类构成的调查，分析竞争品牌品类强项和弱项，进行本品牌品类配置和销售策略制定。

- 竞争品牌价格层调查。 对常备商品的价格层进行调查，作为新店铺的参考，调查对象主要是在一定营业额或毛利额以上的商品，由采购人员与销售人员共同进行，列出各品类的最高价和最低价，明晰价格范围，为定价做出参考。 节假日期间的各种促销价格调查更为必要。

- 竞争品牌顾客数量和营业额调查。 对竞争品牌店铺的顾客进行调查，其方法与顾客流量调查相同，了解竞争品牌不同时间段、不同日期的顾客数量，尤其注意特殊日期或各类别顾客流动量的调查，并对成交数量进行记录和进行日营业额的推导。

④ 市场调查的方法

a. 顾客调查

顾客调查包括顾客购物倾向调查、顾客购物动向调查和顾客流量调查，调查方法见表 2-1。

表 2-1　顾客调查的方法

调查项目	调查目的	调查对象	调查方法
购物倾向调查	了解居住地消费者的年龄、职业、收入、购买倾向，调查可能的商圈范围	学校或家庭	邮寄调查问卷或直接访问
购物动向调查	了解设店预定地的实际消费购买动向，调查连锁业的商业力	设店预定地同行人数的调查或连锁店主力顾客的调查	在设店地点采取面谈的方式，按照一定时间间隔对通行的人进行抽样调查，时间以 10 分钟为佳
客户流量调查	在设店地分日期、时间段对人流量进行调查，作为确立营业体制的参考	在不同时间段通过设店预定点的人数	实地调查

调查项目	调查目的	调查对象	调查方法
交通因素调查	来店交通方便否,是否有停车场,是否接近主要公路地铁	拟设店地点顾客	实地调查

（根据安盛管理顾问公司资料整理）

顾客购物倾向调查的优点是居住地购物倾向与设店预定地的评价易于比较,缺点是用于调查的费用较高;购物动向调查的优点是调查费用较低,缺点是对于居住地与设店地购物依存度较难明确把握;客户流量调查的优点是调查费用较低,缺点是调查时间较长,并且要分不同的时间段进行调查。

b. 竞争店调查

竞争店调查包括竞争店营业场所调查、竞争店商品构成调查、竞争店价格线调查和竞争店出入顾客数调查,它们的调查方法见表 2-2。

表 2-2　竞争店调查的方法

调查项目	调查目的	调查对象	调查方法
竞争店营业场所构成调查	竞争店的楼层构成,作为新店楼层构成的参考	设店预定地所在商圈内竞争店主力销售场所及特征销售场所	销售人员与促销人员共同进行,针对营业面积、场所、销售体制的调查,以便共同研究
竞争店商品构成调查	在调查竞争店营业场所构成的基础上,对商品构成细目进行调查,作为新店商品类别构成的参考	与前一项竞争店调查相同,着重于主力商品更深入调查	在主力商品调查方面,由销售人员、采购人员和销售促进人员共同进行,着重于商品量的调查
竞争店价格线调查	对于常备商品的价格线与价值进行调查,作为新店的参考	与前一项竞争店调查相同,对于常备商品,对一定营业额或毛利额以上的商品进行调查	采购人员与销售人员共同进行,对于陈列商品的价格、数量进行调查,尤其是逢年过节期间的调查更为重要
竞争店出入顾客数调查	调查出入竞争店的顾客人数,以作为新店营业体制的参考	针对出入竞争店 15 岁以上的顾客	在竞争点现场记录出入店得顾客数,以了解竞争店各时间段、各日期出入竞争店的顾客人数,尤其注意调查特殊日期或各楼层的客流量

（根据安盛管理顾问公司资料整理）

（2）市场形态

① 独立式

独立式在国内较为少见,地点一般设置在郊区或小镇,其特色为可放置较大型而醒目的招牌,且设有停车场和弹性的活动空间,需要具备独立吸引客源的能力。

② 商业街

此类店铺大部分位于商业区的街道上，形态上可能会与多种行业店铺共同营业。 此类店铺有可能租用或购买整栋大楼、或商业大楼的一二楼层，也可以与其他相关行业共同承租店面分担使用，缺点是停车空间有限。

③ 百货公司、百货大楼

比如较大规模的开放式购物中心，其缺点是无法设立明显的独立招牌，但拥有较为固定的客源，节假日客流量大。 因此，交易次数较高，营业额也会相对随之提升。

④ 交通枢纽

交通枢纽主要指机场、车站、码头等为旅客服务的场所。 由于客流量大，有固定的客源，且淡旺季分明。 须权衡店面面积较少、客源流量大、停留时间短等问题。 多采取招投标方式取得经营权，且必须考虑产品与店铺组合的市场影响程度。

⑤ 写字楼

多半设立于地下或最初几层，以吸引大楼本身及过往行人为主，但店铺必须配合大楼外观及与管理委员会协商来规划店面，因属商业区域，故店面面宽最为重要。

⑥ 公园、动物园、博物纪念馆、游乐区、名胜古迹区

此类地点是封闭式的商业区形态，仅节假日呈现巅峰营业状况，因此淡旺季区别大，而且大多以儿童市场为主，强调家庭组合的产品较符合此特定性诉求。

⑦ 大专院校

大专院校类连锁店大部分设于学校内，主要顾客为学生及教职员工。

⑧ 特殊地点

此外，尚待开拓的市场形态包括加油站、购物区、多功能休闲功能区、批发市场等。

（3）市场评估

对目标区域市场进行市场容量评估，是选址的基础性工作之一。 较为准确的市场容量评估，有利于企业作出合理的选址决策。 由于采用的手段和分析方法不同，市场容量的评估可分为定性评估和定量评估两大类。

① 定性评估

定性评估方法是根据经验和定性分析判断，对评估对象的发展变化趋势和状态进行预测的方法。 该方法适用范围广、成本低、费时少。 缺点是受评估者

的主观因素影响大，较难提供准确的数据作为统计的评估值。常用的定性评估方法是集体判断法和参照法。事实上，由于市场中服装品牌间的竞争是一个复杂的动态博弈过程，当中包含着很多不确定因素。如果定性的研究能够充分了解行业的发展历程，了解行业的产业链状态，了解行业的机会点以及远景，并且结合目前的市场状况，以此来做出未来市场的评估，这样的评估比单纯的数据预测更科学。

a. 集体讨论法

这种方法是将销售人员集体讨论的看法和评估结果与统计模型相结合，形成对市场容量的集体评估。虽然是以个人经验为基础，不像统计数字那样令人信服，但由于销售人员熟悉市场，凭着丰富的经验与敏锐的直觉预测市场，也可以弥补统计资料不足的遗憾。具体操作可先让每个参与评估的人员分别进行评估，提出书面意见，由管理部门算出不同人员的概率值，再据此求出平均预测值。

b. 参照法

通过各种渠道了解该市场中现有的和自己品牌相近似品牌的经营状况，以此作为本品牌的决策依据，这种方法具有直接、便捷的优点。

② 定量评估

定量评估方法是根据历史和现状的统计资料，应用数学方式对评估对象的发展变化趋势进行预测的方法。针对某个区域的容量定量评估，可用于终端布点的速度与数量等决策。定量评估的方法很多，较常用的是简单平均法、移动平均法、加权移动平均法、指数平滑法、一元线性回归法等。定量评估是用各种变量构建的模型来表示需求和各种变量之间的关系。

③ 市场容量评估的注意事项

a. 宏观分析、行业分析是前提

宏观分析、行业分析是一切市场分析的前提，当前服装市场价格竞争异常激烈，其根本原因在于同质化的产品市场供给已经严重饱和，这样的特点必然导致低层次的价格竞争。行业环境是一个企业最终能否制胜的根本，而行业分析往往又是整个市场研究领域里难度最大的一个研究方面。例如，一个地区人口所从事的行业比例结构也会决定当地服装消费的总体水平和结构比例。

b. 认准细分市场

服装产品的整体市场之所以可以细分，是由于消费者或用户的需求存在差异性。引起消费者需求差异的变量主要有四类，即地理、人口、心理、行为。实际上，企业一般是组合运用有关变量来细分市场，而不是单一采用某一变量。以这些变量为依据来细分市场就产生出地理细分、人口细分、心理细分和行为细分四种市场细分的基本形式。分析市场变量只能按照所针对的服装产品、所针对的客户群来搜集不同的数据作为决策依据，同一种数据对于不同定位的服装品牌，其重要程度也不同。

c. 正确搜集数据

有些企业在做市场容量分析的时候，由于对新市场充满热情，分析中的感性成份太多，常常会无意识地抬高市场潜力期望值，表现在某些估算数据明显比实际状况要高得多，而对不利因素或风险因素则人为地避重就轻。此外，有时还需要对某些数据进行修正。例如，对人口收入水平进行分析时，一般采用商圈所在的某一地区的平均收入水平。统计到的数据常常是一些表面数据，与实际相比，可能有较大的出入，因为对有些行业或个人，会有相当高比重的灰色收入未被考虑在内，若不根据实际对需要采用的数据进行必要的修正，势必会造成商圈分析的误区。再如，人均 GDP 基本表现了一个地区的发展水平，但并不能完全表明这个地区人民的生活水平，而人均储蓄和人均可支配收入则能够表现这个地区的居民购买力。

d. 避免单纯的数据分析

单纯的数据分析就是仅仅从数据去预测数据，从表面上看非常科学。很多市场研究人员也非常苛求数据的正确性，然后按照大家所熟知的最小二乘法、因子分析、聚类分析等方法来预测未来的市场潜量。事实上，未来绝不可以仅仅用已有数据来分析。即便对于一个相对饱和的市场，如果某品牌具备相较之于对手的竞争优势，那也可能意味着巨大的市场机会。

对于一个具体的服装品牌来说，在进行市场容量评估的时候，由于涉及的各种影响因素非常繁杂，既包括宏观经济形势和当地经济环境，又涉及各种不可预测的因素。在一个地区之中，各品牌所占的市场份额始终处于动态的竞争与变化之中，因此还必须考虑品牌之间竞争结构的变化趋势。

2.1.2 开发评估

（1）连锁门店开发的原则

连锁企业在店铺开发前提出的原则性要求主要有以下几点：

- 选择符合连锁企业的发展战略、品牌战略和竞争战略。
- 进行科学的开店布点。 可以请专业机构进行评估分析，制定开店布点规划。
- 做好财务规划，充分考虑佣金、押金、租金、订金、赔偿金等问题。
- 依法签订房产使用权等多类合同。 如房地产的使用权使用者有权处理，合同中允许签约者转让和拥有优先承租续约权、购买权。
- 弄清楚所在城市的开发规划，这将对店铺开发具有重要影响。
- 认真研究当地的民俗文化与开店业务的关系。
- 充分考虑物流配送的问题。
- 认真研究当地人民的收入水平与开店密度的关系。
- 经营效益是开店考虑的关键问题，也是首要问题。
- 必须进行充分的市场调查和可行性分析。

（2）服装连锁门店布点

① 连锁门店布点要求

开店布点是开店计划的具体执行，应提出明确的要求。

a. 年度开店数量

根据企业的各项资源及市场的需求分析，可以制订一个年度开店目标。 由开店目标的多少，可以看出本企业开店策略是保守还是开放。 当然，这里需考虑实际开店数减去关闭店数而形成的净开店数。

b. 开店范围选择

开店范围的选择有全面性选择和部分性选择两大类。 全面性选择面向全部市场空间，随着顾客群的发展而发展。 部分性选择有三类，第一类是选择城市繁华区，第二类选择城乡结合部，第三类是选择在交通要道处。

c. 开店的条件

连锁店铺的发展，必须对所开店铺的面积、交通、招牌、内外卖场、装潢设计有统一的标准,不同的店铺规格将影响店铺各项策略的选择。 为了应对不同的建筑形式、规格,有的公司具有 3～5 种不同面积的店铺设计,进行菜单式选择。

d. 商业区的选择

依店铺、商品、服务内容、客层来找有特定功能或属性的商业区。 如童装店应该选择在居民区附近,因为大多数母亲都不方便远距离购物;又如高档时装店宜选择在城市的商业中心开店,因为高档时装店的消费者多数是在商业中心的写字楼上班。

e. 店铺立地条件

立地条件指店铺所在地周围的环境条件。 如交通状况、公共设施、停车空间、商店密集度、办公室密集度、住宅密集度、社会稳定状况等。

f. 店铺布点顺序

开店布点顺序指各项立地条件的优先顺序。 主要有三种顺序:全面布点、中心放射及包围布点。 全面布点多半在强攻据点或各类立地条件差异不大时使用;中心放射布点是以一个特定区域为范围,先占中心点后再分别扩展到边区,进驻城市繁华地段;包围型布点的典型做法就是以"乡镇包围城市",如大城市先沿着边缘环形公路进行新城卫星城布点,然后根据情况向中间渗透。

另外,还有政策性布点和卡位开店。 政策性布点指具有宣传或形象塑造作用的店铺,虽然持平或略为亏损也会考虑经营;卡位开店指为了避免其他同行进驻好的经营地点,虽然有商业区重叠的缺陷,但连锁企业也会在商品结构上进行区别经营的前提下,采取具有一定垄断色彩的布点策略。

g. 零售网联结

优良的零售网联结战术,可有效增强宣传效果,形成网路。 零售网联结战术主要考虑,是单一业态店铺通路还是多业态店铺通路。 对于多业态店铺连锁经营者,不但要考虑每个单店的经营,更要考虑到整体销售网互相支援呼应的效果。 所以对同一商业区中,客源重叠的店铺或政策性布点都要有一定的规律,以避免造成互相制约而失去连锁的优势。 这种现象经常在连锁店开到一定数量时出现。

② 连锁门店布点战略

服装企业在进行连锁门店布点时,常见的战略类型如下:

a. 辐射型

辐射型布点战略是指在最重要的市场建立一个规模大、形象好、市场旺、管理严的理想卖场。这种理想卖场是推动服装品牌营销的核心力量，并且能够对周边市场形成强烈的辐射、带动作用。辐射型战略实质上属于一种强势选址战略，该战略适合强势品牌进入一个新的国家或者新的区域市场，或是品牌公司处于企业高速发展期及战略转型期，以配合企业发展速度和规模要求，在当地繁华商业地段开设大面积店铺为企业带来强大气势。以下是两种不同辐射模式的对比，如图 2-1，图 2-2 所示。

"洋葱圈"渠道扩张模式的特点：

- 一个区域范围内获得较集中的市场占有率。
- 资源需求相对较集中。
- 在扩张至周边地区时，分销能力变得更为重要。

"点到点"渠道扩张模式的特点：

- 能在短时间内在多个主要的城市获得市场占有率。
- 对市场扩张有优先排序计划，并有针对性的分销战略。
- 资源需求相对较分散。
- 在进入二级及三级城市时，分销系统变得更为重要。

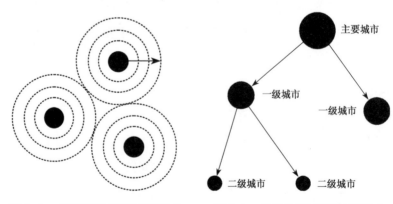

图 2-1　"洋葱圈"渠道扩张模式　　图 2-2　"点到点"渠道扩张模式

b. 包围型

采取包围型战略布点的品牌多是处于相对弱势的品牌，为了避开与强势品牌的正面冲突，而采取避实就虚的布点方式。采取该战略能够保存弱势品牌的实力，将企业有限的资源投放到强大竞争对手尚未重视的市场，在一定程度上获取强势品牌的市场份额。 不仅仅是一些实力不强的新品牌会采取包围型战略,甚至一些实力较强的区域性品牌在拓展新市场时,也可以采取这种方式来减少经营风险。

c. 密集型

所谓密集型布点,指的是在特定销售地区,建立多家有规模、有形象、有市场、严管理的卖场。 这种销售卖场群是确立服装品牌在该地区营销优势的主要保证,通常是品牌在重点市场为确保优势竞争地位时采取的策略。 密集型布点常被运用于运动品牌和休闲品牌,这些服装品牌往往产品同质化程度较高,因此品牌之间的竞争往往集中体现在店铺数量及店铺质量的竞争,密集布点为这些品牌最大化占有市场份额提供了最重要的保证。

密集型开店为服装企业抢占市场先机,垄断市场提供了必要条件,同时也是品牌在进行多元化、多品牌、多层次定位时,快速获得优质渠道的捷径。

d. 分散型

在特征销售地区按照服装经营定位,有针对性地设立销售卖场的营销策略。往往适用于一些定位比较窄的品牌,由于消费对象明确,品牌可以根据顾客群的分布情况而选择分散型布点,以迎合顾客群的需要。 例如,一些高端的奢侈品品牌由于客群往往较为集中,数量也很有限,因此往往布点会非常分散,而不是像大众品牌那样密集布点。

e. 投资型

投资型布点可分成两类:一种是不考虑赢利为目的的策略,其基本要求是建立定位高、管理服务好、商誉形象佳的销售卖场,这种卖场是品牌寻找区域代理、拓展各地市场的一种营销工具。 其实质是将零售终端作为品牌形象店,用于品牌进行市场拓展和带动周边市场的销售。

另一种投资型布点,指的是在进行服装终端布点的同时,将商铺本身作为投资经营项目来运作,利用商业地产良好的市场升值空间来获取利润。 主要表现为两种运作手法,一种是与商铺所有者签订长期租赁合同,另一种是直接购买的方式,其实质是商业地方地产的运作。 当前优质商业地产已经日益成为稀缺资源,对于有实力的品牌公司来说,会考虑以自购的方式来获取商业地产,一方面保证了品牌自身商业经营的稳定性,同时,优质的商业地产本身也具有增值性。

f. 混合型

服装企业在实际终端拓展时,常常根据具体情况将以上各种布点战略进行组合运用。

（3）服装连锁门店开发政策

明确企业连锁门店的开发策略，将有助全体开发成员有的放矢的工作，减少错误状况的产生。

主要的开发策略包括以下几个方面：

- 合约执行时，必须先取得各项执照。
- 不宜采用提成方式计算租金，在类似的百货公司里设点除外。
- 合约中不支付任何佣金。
- 明确各项房产赔偿的权利。
- 使用者有权决定房产的使用方法。
- 合约中允许签约者转让。
- 协商优先承租续约权。
- 分期上涨的租金幅度宜于合约期限内决定。
- 押金的给付时间及可进入建筑物的有效时间。
- 如采用预付租金方式，则需同时有折扣条件。
- 尽量避免订金交易方式，以免节外生枝。

（4）服装连锁门店开发评估报告

一个成功的开发案例有赖于内容完整而组织健全的评估工作，因此一份合格的评估报告应包括以下内容：

① 房产合约

合约书必须经由买卖双方或出租、承租者彼此签字，并认定其所述内容，一般建议至少需备4份正本，甲乙双方各执2份存查。

② 工程评估及大量现场资料

除了绘制一张新案的计划图之外，对于当地的特性、建筑物外观、合法性、适用性、能源供应情形、预定投资成本架构及对方所开立条件等，均应予详细列出。这份调研资料，除了有助于新案规划参考外，也得以作为日后重新装修或重新投资时的依据。

③ 取得相关执照

例如，营业执照的取得及合法性问题。

④ 过户或移转证

假如有过户或转让的记录，我方必须事先取得最后一份转让记录，以兹证明协谈对方确实为持有人，在权利义务方面，必须详阅是否载入优先承租承购权的规定。

⑤ 税单

找出最后一期房屋税及地价税单，将有助于了解房产的价值，并可作为未来税额核定及交易谈判的参考。

⑥ 权益平衡分析

根据商业区调研及租金试算而界定出合理的投资成本，并进而决定出营业额的预设标准及逐年成长目标，以便保障盈利的稳定，损益平衡点的掌控也是合理承租的必要条件。

⑦ 全景照片

取得全景照片有助于记录街道的成熟度、地点的易见度、交通流量、及未来都市计划的目标设施等。

⑧ 电脑档案的建立

建立好的档案系统——电脑化作业，将是知己知彼、百战百胜的利器，可以避免被中介商、房地产公司混淆事实，并有助于在协商谈判中，公平市价的标准制定，并且对于未来再取得该点的可行性，有追踪的机会。

另外，对于既有店面的评估或再投资考虑，必须先进行"店面诊断"方可进行。根据所有的营运数据及历年成长率，做出分析表，实际深入店面，进行至少三次的软硬件诊断，包括房产价值、设施折旧、店面产能、商业区变迁及流动等等，以便进行分析程序，此为时下连锁店重新开发店面的必备要件，而且诊断的时间最好能在合约期前一年实施，以便于重新寻点或准备再续约。

2.2 连锁门店选址

2.2.1 商圈分析

分店开发是连锁店经营中发展战略的核心部分。在连锁店分店开发的流程中,店址是关系到分店生意好坏的最关键因素,为了选择合适的开店地址,必须先进行商圈分析。

（1）商圈的涵义和类型

① 商圈的涵义

所谓商圈,是指以店铺坐落点为中心,向外延伸一定距离,形成的不同层次的吸引消费者前来购物或接受服务的有效范围。

商圈的范围或者大小不仅是空间距离的概念,而且是所覆盖的消费者数量与涉及的空间距离的综合概念。商圈大小与店铺的经营规划、经营范围、所处地段、商品信誉、交通条件等有密切的关系,反映着店铺的经营辐射能力。商圈范围是店铺确定服务对象分布、商品构成、促销方法和宣传范围的主要依据。

一般来说,店铺的商圈由主要商圈、次要商圈和边缘商圈组成,如图2-3所示。

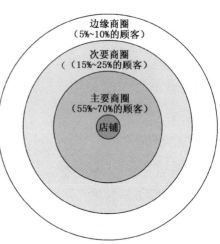

图2-3　商圈组成示意图

a. **主要商圈**

是最接近商店并拥有高密度顾客群的区域。一般认为,主要商圈中所能覆盖的顾客数占商店顾客总数的55%～70%,每个顾客的平均购货额也最高,顾客的集中度也较高。主要商圈又可称为核心商圈、一类商圈,是关系商店能否盈利的关键商圈。

b. **次要商圈**

是位于主要商圈之外,顾客密度较稀,也较为分散的区域。一般认为,次要商圈中所覆盖的顾客数占商店顾客总数的15%～25%。次要商圈又可称为副商圈、二类商圈。

c. **边缘商圈**

是位于次要商圈之外,顾客密度最稀,且非常分散的区域。一般认为,边缘覆盖的顾客数只占商店顾客总数的5%～10%。边缘商圈又可称为三类商圈。

环形只是一种理想状态,实际商圈各有差异。 店铺形态及规模、竞争者分布情况、交通时间、媒体使用等因素的差异都会对商圈的大小和形状产生影响。

② 商圈的类型

商圈有集中型商圈和分散型商圈两种形态。 在选择商圈时,应充分考虑店铺的定位、所吸引的客层、所售商品的价位、商圈范围的大小等多种因素。 一般而言,商圈形态可分为以下几种:

a. 商业区

商业的集中区,其特色为辐射范围大、流动人口多、商铺数量多。 其消费特点为快速、流行、娱乐、冲动购买及消费金额比较高等。

b. 住宅区

住宅区的特点是客户群稳定,商铺经营内容多与日常生活相关。 消费习性表现为消费群稳定、便利性、亲切感、家庭用品购买率高。

c. 文教区

该区附近有大、中、小学校等。 文教区的消费特点是消费群以学生居多、消费金额不高、休闲商品、文教用品等购买率高。

d. 办公区

该区的办公场所多而集中。 办公区的消费习性表现为:便利性、外来人口多、消费水平较高。

e. 工业区

工业区的消费群多为工厂管理者及打工一族,其消费水平较低,但消费总量较大。

f. 混合区

该区住商混合、住教混合。 由于城市功能日益出现多变性,商圈形态也趋向复合式,所以混合区具备多种商圈形态的消费特色,属于多元化的消费习性。

(2) 商圈的调查

商圈也称商业圈,店址与商圈之间是"点与面"的关系,选择一个好的商圈,对门店选址及日后的经营发展起着决定性的作用。

① 商圈调查的目的

对选定的商圈进行调查,可以了解意向店铺所在商圈内的顾客群消费能力、

027

有效商圈的范围、商圈内市场占有率、商圈可变因素等要点,进行调查和分析,以评定意向店铺的选址是否适合开店。

商圈调查的目的包括:

• 了解区域内居民的基本情况。例如居民的人口特性、生活形态及购买习惯等。

• 确定商品组合及促销的重点。

• 分析商圈是否存在重叠。

• 合理布店。计算在某一区域内应开几家店,注意饱和度。

• 找出商圈内的不利因素。例如,道路设施不便、人口拥挤、交通过度堵塞等。

• 政策法规方面的考虑。考虑租金、税收、执照、营运、最低工资及区域划分等情况。

• 其他因素。例如,了解一地区内同性质的竞争对手的数量竞争是否激烈、将来的变动趋势、供应商位置、运输是否方便、可否利用物流中心一次补齐所需物品、停车场是否宽广等。

② **商圈调查的流程**

商圈调查基本流程可分为五个阶段,

第一阶段:宏观分析,把握总体情况

具体调查内容包括,通过对各种权威性统计数字与资料的分析,把握人口分布、生活行动圈、中心地区功能分布等总体情况,然后根据自己的开店政策确定目标区域,主要参照人口规模、地域发展性、商业饱和度等指标。

第二阶段:对特定或选定区域进行市场调查

具体调查内容包括立地环境调查、商业环境调查、市场特性调查、竞争店调查等。市场调查的一般程序是:确定问题——拟定计划与方法——制作表格——进行调查——资料整理——资料分析——市场评估。

第三阶段:筛选出具体的目标地点

具体调查内容包括,通过主要考察以下几个方面的内容,可以确保必要的家庭人口数的具体位置。如从道路、交通条件等考虑,何处较为有利? 是否受自然性因素的阻碍? 何处较有希望成为生活区和工业区的发展地? 何处会成为人口聚集地? 何处从商业环境上较为有利? 确认有无竞争店? 能否在面积、停车场、商品构成、营业力等方面与竞争店形成差别？何处是将来具有良好发展前景的地区？人口增长率、城市规划政策是怎样的？对销售额做出预测,粗略地确定商圈范围等。

第四阶段:对选定地址进行详细调查

具体调查内容包括门店房产的适用性,面积是否合适？是否符合国家指定用途？道路的标志及该道路的价值判断？对周围环境状况进行确认,包括对公共设施、游乐设施的确认,对将来发展余地的确认,对感觉上的明暗性作出判断等。

第五阶段:对选定门店的每个必要条件进行确认

具体调查内容包括,对门店房产所有者、用途、面积的确认,经门店房产所有者的认可,制定设店计划书,经房产物业管理公司批准后,签订房屋合同。

③ **商圈调查的方法**

- 查阅有关统计资料,包括年鉴及各种公布的统计报告。

- 走访城市或所选地区的各种主管部门,包括统计部门、规划部门、商业部门等。

- 实地调查法,实地调查可以分为两种:一种以车站为中心,另一种以商业区为中心。 以车站为中心的调查可以是到车站前记录车牌号码,或者乘公共汽车了解交通路线等;以商业区为中心的调查需要调查当地商会的活动计划和活动状况,调查抛弃在路边的购物纸袋和商业印刷品,看看人们常去哪些商店或超级市场,从而准确地掌握当地的购物行动圈。

- 抽样调查法,在该商圈内,设置几个抽样点作为对当地商圈的实地了解和评估。 抽样的主要目的是取得基准数据,了解主要人流的走向、人口和住户数、交通状况等。 抽样统计可将一周分为三段:周一至周五为一段,周六为一段,周日和节假日为一段。 从每天早晨 7 时开始至午夜 12 点,又分上午、下午、晚上三个时段,以每两个小时为单位,计算通过的人流数、汽车数和自行车数。 人流数还要进一步分类为男、女、青少年、上班和下班的人群等,然后换算为每 15 分钟的数据。

- 询问调查法,是以询问的方式向顾客了解情况、收集资料的调查方法。可以采用直接询问、电话询问、邮寄询问、留置问卷等方式进行。 这是一种常用的方法,通过这种方法取得的数据比较准确。

· 类推法，是指通过现有分店的商圈状况来类推拟开设分店的商圈范围。具体讲，就是根据加盟店特性、选址特性、购买习惯、各种统计分析以及商圈特性等项目，推测诸条件接近现有分店的地区，即从现有分店的商圈状况来预测设定拟开分店的商圈。

④ **商圈调查的项目**

· **分析人口特征**

关于商圈内的人口规模、家庭数目、收入分配、教育水平和年龄分布等情况，可从政府的人口普查、购买力调查、年度统计等资料中获得，也可从商业或消费统计公告中查到特定商品的零售额、有效购买性支出等资料。

· **分析竞争对手**

在做商圈内竞争分析时必须考虑下列因素：现有商店的数量、现有商店的规模分布、新店开展率、所有商店的优劣势、短期和长期变动以及饱和情况等。

· **分析商圈内经济状况**

如果商圈内经济状况很好，居民收入稳定增长，则零售市场也会增长；如果商圈内产业多角化，则零售市场一般不会因对某产品市场需求的波动而产生相应波动；如果商圈内居民多从事同一行业，则该行业波动会对居民购买力产生相应影响，商店营业额也会相应受影响，因此要选择行业多样化的商圈开业。

⑤ **商圈调查的主要内容**

商圈调查主要包括：市场整体评估、消费者调查、商圈人流监测与聚客点评估、商圈饱和度、商圈气质与定位、商圈竞争调查等。

· **市场整体评估**

城市基本形态：内陆城市，沿海城市，主流消费形态，对周边地区影响等。

城市经济指标：社会消费品零售总额，人均 GDP，人口结构，人口总量等。

居民经济指标：人均可支配收入，人均消费支出。

政府商业规划：近期、中期和远期商业规划，城市交通建设，城市改造等。

城市人文状态：文化娱乐形态，资讯消费情况，媒体影响度等。

· **消费者调查**

消费者人口统计变量：区域的人口数量，人口结构，经济收入，职业结构等。

消费者购买行为和习惯：购买场所，交通工具，购物时间等。

消费者满意度研究：对目前商圈的满意度，对不同商家的评价和喜好度等。

消费者生活方式研究：其他娱乐、饮食、休闲、资讯方面的研究。

- **商圈人流监测与聚客点评估**

在工作日与节假日进行定点监测，统计出不同时段经过店址的客流总数、各性别的人数、年龄层人数等信息，并进行分析。

一个商圈有没有主要聚客点是这个商圈成熟度的重要标志，聚客点的选择也影响到商圈的选择。通常一个可选择的聚客点基本满足以下三个条件：

店址所在商圈能否吸引大量人流？店址接近或位于大型商业街中心区域、政府机关集中办公地区、休闲娱乐及商业活跃地区等，聚客能力强。

商圈外部人车流能否便捷进入？以店址为中心的周边交通网络密集、道路通畅且附近有大型停车场等，聚客能力较强。

商圈内部人车流是否能方便到达店址？店址周边住宅或商务楼的人群，从任何角度都能轻松到达店铺，就如到达一把扇子的轴心部分，那这个位置就是最具聚客能力的地方。

连锁店址聚客点的评估方法正确与否，直接关系到门店的成败。因此，服装企业在选址过程中，应根据品牌的定位、开店的条件及选址要素，综合分析和评估，积累经验，逐步建立一个适合自身的、有效的选址模型，并坚持按标准流程执行。

- **商圈饱和度**

任何一个商圈都可能会存在商店过少、过多或饱和的情况。饱和指数表明一个商圈所能支持的商店不可能超过一个固定数量，可由下式求得：

$$IRS = C \times RE / RF$$

式中：IRS——商业圈的零售饱和指数；

C——商业圈内的潜在顾客数目；

RE——商圈内消费者人均零售支出；

RF——商圈内商店的营业面积。

IRS 越大，意味着该商圈内的饱和度越低；该数字越小，则意味着该商圈内的饱和度越高。在不同的商圈中，应优先选择零售饱和指数较高的商圈开店。

- **商圈气质与定位**

商圈的气质，指商业圈本身的特点和素质。如老式商圈、成长型商圈、新型商圈、成熟商圈、专业商圈等。不同的商圈，目标消费人群结构与特质不同，消费购买力也不同,投资收益模式也会不同。 如老式商圈的人口结构比较固化,商气难以高涨;成长型商圈的人口结构合理,人口膨胀快,消费需求成长快,投资回报呈上涨态势;成熟商圈则消费稳定、客流量大、商业氛围浓厚、投资回报率高;专业商圈则主要看管理者的经营能力与招商管理。 一般来说,选择成长型商圈或成熟商圈进行投资是比较明智的,这需要投资者具有较强的判断力。

- **商圈竞争调查**

竞争品牌的调查主要包括竞争品牌的数量、品牌结构、潜在竞争品牌等方面。 竞争品牌数量、品牌结构的调查主要是调查当地市场是否饱和、竞争是否激烈,如果是同一个行业品牌数量极多、品牌结构比较丰富,那么就很容易吸引顾客的高度聚集,增加整个区域的市场容量,当然这是选择的重要场所。 而对于一些中小城市来讲,某些知名度较高的品牌的进驻甚至会改变当地的商业街局势。 服装企业在设店之前,要对竞争对手店铺的多方面情况进行市场调查。

（3）商圈的评估

商圈调查之后,预选商圈的评估成了关系店铺成败的关键一环。 一般而言,评估是开店前必须做的一项工作,因为大多是靠相关人员的经验来论定的,所以评估的结果可能各不相同。 调查经验丰富的老手,其评估结果比刚加入评估行业的新人要更准确。 因此,开店新手如果怕经验不足而影响评估的可靠性,可以请教行业内经营良好的店铺主人或请相关专家协助,千万不可掉以轻心。

① **商圈评估的步骤**

在商圈的评估过程中,数据化、定量化的评价数据是非常重要的,它可将人为的干扰因素降至最低。 可根据周围 250 米内交通、道路、住宅及公共场所的位置关系,判断该点的位置是否理想。 商圈评估一般可分为以下几步:

- 确定资料来源,包括销售记录分析、信用证交易分析、邮政编码分析等。
- 确定调查的内容,包括购物频率、平均购买数量、顾客集中程度。
- 对主商圈、次商圈、辅助商圈进行确定。
- 根据有关资料确定商圈内居住人口的特征。
- 根据上述分析,确定是否在商圈内营业。
- 确定店铺的区域、地点和业态等。

② 商圈评估的方法

商圈评估的方法有很多种,但常见的主要有以下几种:

• 根据区域位置进行评估

如果顾客需经几番周折才能到店里来,那么即使他住得很近,这地方也不能列入你的商圈内;相反,如果店址交通便利,附近又有各具特色的货品专卖店,那么即使顾客住在几十公里之外,心理上也不觉得远,就可以列入商圈内。

• 根据商圈的形状进行评估

一般而言,商圈的形状通常不规则,上下班或顺道从店门前经过的人,购物的可能性大,该顾客居住的地方应列入商圈;而那些即使住在附近却从未光顾店铺的人,其所处区域则不应包含在商圈内。 在商圈评估时,可根据不同的商圈形状进行。

• 根据实际消费者乘车或步行时间进行评估

无论顾客以何种交通工具前来,选址时都应该亲自顺着顾客购物的可能路线,了解道路的坡度、公共汽车线路及等车时间等状况,估算一下顾客大概需花多少时间。 此外,还要了解单行道等交通限制及塞车地点、程度,出入停车场是否方便等。 如此沿路测出消费者实际经过的距离,然后做上记号,最后把这些点连起来,就能确定出商圈范围。

• 修正初步估计商圈

最后的工作就是对已初步确定的商圈进行修正。 主要的途径就是根据所经营的商品或服务,对店址附近的顾客进行调查。

③ 商圈评估报告

商圈的评估报告综合反映了整个评估工作的过程和成果,多以商圈简报的形式出现。

• 商圈简报的方式

演绎法商圈简报。 此方法是一种慢慢导入结论的方法。 先将商圈调查所收集到的各种资料加以分析,再得出最后的结论。

归纳法商圈简报。 此方法则是一种一开始便提出建议事项的方法。 即在简报一开始,便提出此商圈在何处适合开店及开何种类型的店铺,然后再用各种收集到的资料来支持此论点。

• 商圈简报的规范

商圈简报的内容应包括:商圈范围的确定,商圈特征的分析,人流及交通状况的分析,消费特征与人口特性的分析,可能净利的推算,本商圈的优、缺点评估,未来可供开店的有利地段及发展情况,最后的结论等。 一般情况下,商圈简报按以下步骤来进行:

用商圈简图的投影片来确定商圈的分界线。

介绍商圈特征。 包括商业干道旁的建筑、行业形态及分布数量。 说明此商圈的建筑情况及分布密集度,说明场所类型及聚集人口类型,分析竞争对手等。

介绍人流及交通状况。 说明固定住户及人口的情况,平日及假日的人流状况及走向,公交车的往返方向,公交车乘客下车后的走向,以及未来交通系统对本商圈的影响等。

介绍消费特征与人口特性。 教育程度,消费者平均收支情况,此商圈人口平均每年每户在个人生活上的支出等。

简单介绍可能净利的推算,制作可能净利预估表,说明各立地点的预估收支情况。 将此商圈的优、缺点逐一分析,说明此商圈可供设店的地段,简述未来的发展情况等。

2.2.2 选址策略

(1)好店址的重要性

连锁店选址是一项长期性、战略性的投资,它与企业的发展密切相关,是确定经营目标和经营策略的重要依据,是影响经营效率的重要因素。 连锁店的正确选址,不仅是其成功的先决条件,也是实现连锁店经营标准化、简单化、专业化的前提条件和基础。

具体来说选择好店址的重要性体现在以下几个方面:

① **关系着店铺的发展前途**

店铺店址不管是租赁,还是购买,一旦被确定下,就需要大量的资金投入。当外部环境发生变化时,它不能像人、财、货物等其他经营要素那样进行相应调整,它具有长期性、固定性的特点。 因此,对店址选择要深入调查,周密考虑,妥善规划,以免造成资金的巨大浪费。

② **关系着店铺经营目标的实现**

店铺的地址是店铺经营目标和经营策略制定的重要依据,因为店铺在确定经营目标时,首先要考虑所在区域的社会环境、地理环境、人口、交通状况及市政规划等因素。依据这些因素明确目标市场和目标顾客,并按目标顾客的构成及需求特点确定经营战略目标,制定包括广告宣传、服务措施在内的各项促销策略。

③ 关系着店铺经济效益

店铺的店址是影响店铺经济效益的一个重要因素。店址在某种程度上决定了店铺的客流量、顾客购买力及消费结构、店铺对潜在顾客的吸引程度,以及是否有竞争力。选址恰当,店铺便占尽了"地利"优势,能吸引大量顾客,生意自然就会兴旺。

④ 关系着是否可以满足潜在顾客的需求

店址选择要以便利顾客为原则。从出入店面、停车泊位到搭乘公共汽车等角度出发,最大限度满足顾客的需求。失去顾客的信赖和支持,店铺也就失去了存在的基础。即便是经营方向、产品构成和服务水平相同的服装连锁店,也会因店址不同,而使经济效益出现明显的差异。不考虑店铺周围的市场环境及竞争状况,随意或仅凭直观经验来选址的店铺,是难以经受考验并获得成功的。

（2）门店选址应考虑的因素

从全球范围来看,连锁企业在其发展初期,多以商业中心为主要选址区,期望以较高的客流量带动各店铺的发展。但是也有采取"农村包围城市"策略的连锁店。服装行业的连锁店,在店址选择上应考虑的主要的因素包括:

① 商业环境因素

a. 城市结构因素

- 城市特点,如产业结构、自然环境、风土人情、文化氛围等。
- 城市规划,如土地征用规划、市政设施规划等。
- 城市公共设施现状。
- 交通条件,包括道路状况、车站设施等。

b. 商业结构因素

- 城市的商业结构。
- 商业的集中化程度及趋势,如商业街、购物中心等。
- 行业竞争关系,如地区间竞争、地区内竞争。

c. 消费结构因素

- 人口现状及动态,包括人口密度、人员构成、人口布局、人口的未来增减。

- 人均收入、人均消费水平。

- 生活方式、消费习惯、追求的生活方式、休闲及购物倾向等。

② 店铺选址因素

a. 位置条件

- 邻近条件,包括附近的商业情况、道路情况、交通情况等。

- 用地条件,包括地理环境、相关法规等。

b. 相对条件

与竞争店的竞争及互补效应。

c. 潜力条件

商圈与购买力,包括购买频率、购买时间、采购距离等。

（3）门店选址应遵循的原则

① 注重有效客流量

客流量是决定生意成败的一个重要因素,了解客流的消费目标,是更重要的工作。 在开店以前要研究的,不仅仅是每天有多少客流,更重要的是在这些客流中,店铺的“潜在顾客”或者说“有效客流量”是多少。

有效客流评估指标包括客流量的稳定性、人群结构的固定性、客流动线的合理性等要素。 社区型商业的有效客流主要以常住人口特征与流动人口的结构为参考,商业圈或专业市场则要看整体商业氛围。 如校园经济圈的客流以学生为主,CBD 商圈以商务人士和上班族为主,专业市场主要以特定消费群为主。 客流量结构不同,消费能力也会有天壤之别。

此外,选址时还需要考虑客流的主要流动方向,尽量选择客流主流向的一侧开店。

② 根据主营商品来确定地址

营业地点的选择与主营商品及潜在客户群息息相关,不同类型与风格的服装往往有着不同的消费对象,商业繁华区并不是唯一的选择,比如运动装品牌除闹市区外还可开在大学校园附近。 地点的不同对销售业绩的影响很大,而且对不同地点的顾客应采取不同的营销对策。 所以,店址一定要与商品的类型、风格相匹配。

③ 成行成市

相关店铺的聚集有助于形成专业市场，提高相同目标消费群的关注，人们一想到购买某种商品就会自然而然地想起这个市场。因此，根据客户层的定位和品牌的定位，选择此类区域开店，既能够提升店铺的形象，又有助于提高店铺人气。甚至可以考虑和对手联合，以多家客群相似、风格互补的品牌联合创造市场。

④ 业态互补

互补性体现在各自业态对客流的交换性，分享客流，相互促进，使商圈内客流产生最大效益化的利用。如繁华的商业圈往往是包括了商务写字楼、商业街、银行、影院、购物中心等众多业态的集合，这些业态之间有很好的互动性与互补性，彼此之间都能为对方带来客流和商气。商业业态定位的互补性，对商圈的整体氛围和可持续发展起到非常重要的推动作用。

⑤ 主力店效应

一个大型百货商场、购物中心将带动周边的商业、物业全面升值。主力店周边商铺的经营主要是"寄生"业态，它本身不具备聚客能力，所以也不具备商铺升值的潜力，只有借助主力店的作用才能充分挖掘其商业价值，使商铺做旺并不断升值。

⑥ 品牌店效应

在选址时，是否有一些强势的品牌进来，也是一个很重要的参考因素。这主要有两方面的原因：一是品牌客户对商铺的选择有严格的商圈评估标准和计算方法，所以他们选择的商铺从经营和发展的潜力上讲，肯定是有保证的；二是知名的品牌客户本身具备聚客能力，会影响商圈的形成。反过来，一家经营有品位产品的正价店，应尽量避免与经常打折的店面为邻，以免受到影响。

⑦ 注意南北朝向和客流动向

店铺的朝向也非常重要。如果店面的朝向是南方或者西方，那么在漫长的夏季里，火辣辣的阳光会赶走很多客人（室内店铺或顾客主要在傍晚以后进店的店铺除外）。此外，直射店铺的阳光会增加店铺夏季空调的费用以及加快店内模特及装修的损耗速度。在客流方向上，最好在客流来向的右手边选址，由于中国交通规则和行走习惯的原因，大多数逛街的人会走在自己的右手边，因此，很多大型卖场的进口方向右手边的货架陈列费会高于左手边。

⑧ 产权关系明确

首先，要求与房东进行深度沟通，以免上当受骗；其次，如果确实为理想地段，为了达到长期的赢利及控制房租的目的，应尽量签定长期合同；再次，仔细分析租金等各类费用，如果无利可图，那么应该趁早放弃；最后，除了谈租金外，还要注意谈妥有关的附加条件，比如是否可正常供暖、通水、通电、通电话，是否可对店面的房顶、地板、墙壁作基本的修缮，是否可添置或维修水电设施等。这些事项都应该事先考虑清楚，并在房屋租赁合同中体现，以避免在未来与房东发生纠纷，影响正常营业。

2.3 连锁门店的形象战略

2.3.1 连锁企业形象战略

企业形象是指公众或消费者对某个企业经过主观打造所表现出来的形象特征，形成的整体看法和综合印象。换言之，企业形象就是该企业的相关者对企业的整体感觉、印象和认知。当前，塑造良好的企业形象已成为连锁企业在市场角逐中取胜的无形力量，以及连锁企业无形资产保值、增值的重要手段。

一般来讲，连锁企业的形象战略就是我们常说的"CIS（corporate identity system，企业识别系统）"战略。通过企业形象识别系统，使消费者将其从众多的企业、品牌或商家中识别出来，进而购买该企业的商品或服务。

（1）企业形象识别系统

企业形象识别系统，是指社会公众对企业的整体印象和评价，是企业的形象与特征在公众心目中的反映。企业形象主要体现在产品形象、环境形象、职工形象、企业家形象、公共关系形象、社会形象等方面。CIS是企业形象策划、设计、传播和管理的一系列战略步骤，其实质是组织形象的一体化。

（2）企业形象识别系统的特征和作用

① 企业形象识别系统的特征

· 它使市场营销与企业形象见之于具体行动，变成可观、可感知的识别系统,而不是架空的经营理论与策略。

- 企业信息的传达不单指向消费者,而且面向内部员工、社会大众、机构团体等。 企业信息传达媒体,并非专门注重大众传播媒介,而是动员与企业有关的所有媒体。

- 它不是短期的即兴之举,而是长远规划,并定期监测,具有管理控制的组织性、操作实施的系统性。

② 企业形象识别系统的作用

- 为企业市场竞争提供了一种有利武器,良好的企业形象识别系统战略可有效统一和提升公司形象,不仅有利于企业与顾客的沟通,而且能够制造产品与企业的差别优势,创造品牌,提高经济效益。

- 可理顺企业内部关系,规范企业行为,实现企业素质与管理水平的提高。

- 使企业文化得到优化,能有效提高企业员工的工作热情与积极性,同时它还对社会文化环境的改善发挥一定的作用。

- 可大大提高企业的信息传播率,减少浪费,同时使其无形资产迅速增值。

(3) 企业形象识别系统的构成要素

企业形象识别系统主要包括理念识别系统、行为识别系统和视觉识别系统三部分内容。

① **理念识别系统**

理念识别系统(mind identity system,MIS)是在企业长期的发展过程中形成的、具有独特个性的价值观体系,是企业宝贵的精神资产,是企业不断成长的根本动力。 理念识别系统主要用以确定企业的战略发展追求,以及为实现这一战略发展追求所需要的指导思想、精神规范、道德准则和价值取向。

② **行为识别系统**

行为识别系统(behavior identity system,BIS)是在企业理念识别系统指导下逐渐培育起来的、企业运行的规程和策略。 它是在企业实际经营过程中,对所有企业行为、员工操作行为实行系统化、标准化、规范化的统一管理,以便形成统一的企业形象,便于统一地经营管理。

③ **视觉识别系统**

视觉识别系统(visual identity system,VIS)是指通过组织化、系统化的视觉表达方式来传递企业的经营信息。 它是理念识别(MI)的外在的、形象化的表现,是理念识别的具体化和视觉化。 视觉识别(VI)在 CIS 中最具有传播力和感染力,最容易被社会大众所接受,具有主导地位。

综上所述,企业识别系统中的三个方面的内容是一个整体,相互联系、相辅相成,具有不可分割性。 其中,理念识别(MI)是组织基本的精神所在;行为识别(BI)是组织行为活动的动态形式,可直接显示理念识别(MI)的内涵;视觉识别(VI)能将企业识别(CI)的基本精神、差异性等充分表现出来,让公众一目了然地识别组织。 它们三者的交集组成完整的 CIS,三者的关系如图 2-4 所示。

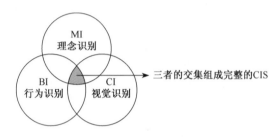

图 2-4 企业形象识别系统的构成要素

2.3.2 连锁门店的形象塑造

(1) VI 对连锁门店形象的重要性

① 降低连锁店的经营成本

企业形象视觉识别系统具有整体性和系统性,要求连锁店的造型、色彩与制作上均能达到统一化和规范化。 即可以节省各店另行设计与制作的费用,又可以采用共同的材料与施工工程,大量节省分别采购或施工的程序与沟通成本。因而有效降低了连锁店的经营成本。 同样道理,连锁企业在广告公关、教育训练、或其他共同行为上的标准化,也将使单位成本更加低。

② 加深消费者对连锁店的印象

对于连锁店而言,这些规范化的外观造型、色彩设计和组合陈列等,能够给人强烈的一致感,日积月累下来,就会产生强而有力的识别性作用。

③ 提高连锁企业的知名度

连锁门店在消费者心目中印象加深,它的产品就容易被认可,就有利于在市场竞争中取胜。 通过一系列同一化、整体化、全方位的视觉识别系统的反复运用，也可以不断强化社会公众对企业的印象，从而提高企业的知名度。

（2）连锁门店形象的战略实施

一般而言，连锁企业各连锁店的外观都是一致的，如果规划不当或者维护不好，容易引起不良印象。所以，连锁门店应恰当运用企业的视觉识别系统。

① 识别标志

连锁企业常见的识别标志是各种图案、文字符号，它可以使企业形象明确化，能使消费者从中体验到企业整体的鲜明个性。例如，夏奈尔的双"C"造型。

② 识别口号

这主要包括广告口号、宣传口号。通过独特创意的识别口号，可凸现企业形象，扩大品牌知名度。比如，美特斯邦威的"不走寻常路"，展示了此品牌年轻、独特的经营理念。

③ 识别色彩

色彩是人类生活中的特殊语言，通过恰当的色彩运用，能够使企业形象更加鲜明具体、生动丰富。比如，Scat 女装的玫红色、七匹狼男装的墨绿色都成了其特有的识别色。

④ 识别环境

这里主要是指连锁门店的环境形象，作为企业经营链终端与消费者的第一接触点，独特而美观的陈列、广告及环境空间可以很大程度上有效提高连锁店的形象。这也是为什么近些年来服装类连锁企业更加重视卖场终端形象的原因。

| 思考练习题

1. 某服装加盟店，又是 XX 品牌在华南某省的主加盟商，它的选址靠近一个 1 000 户的小区大门口，临近交通要道和地铁。在 2008 年元旦前开业时，当天营业额超过万元。开业后，每天的营业额维持在 4 000～5 000 元。逢阴雨天时，营业额不足 2 000 元。试分析，该店选址是否存在不当之处？如果存在不当，请你指出如何改进。

2. 服装连锁门店的选址调查有哪些内容和方法？以小组为单位，对某服装连锁经营店的选址和门店形象进行一次调查分析活动。

阅读拓展

想开服装连锁店,服装店开店地址十分重要。人潮就是钱潮,开店特别讲究人气,有了人气才有生意。服装店若是选址在车站、灯光夜市、娱乐场所、大型商场或是购物步行街附近,就至少占了七分地利。因为川流不息的人潮就是利基,有了这么多潜在的顾客,只要销售的服装或者提供的服务能够满足消费者需求,就不怕没有好的业绩。在开店以前,要研究人流,不仅仅是每天的人流,同时了解客流所属的定位市场,也就是剔除那些不可能成为消费者之后的真正客流,要研究人流中潜在的或有效的顾客流量。一般来说,好的店址都有一些共同的特点:

1. 门店最好选在城市中心

城市中心,或者是居住集中地区,常常是寸土寸金的地方,商业气氛浓厚,经营氛围良好,周边多是剧院、电影院、公园等娱乐场所,容易吸引行人,顾客也更容易记住该店铺的地点,并且来过的顾客向别人宣传介绍,会比较容易指引他人光顾。对于服饰来说,城市中心的流行更新快,会给店铺带来更多的顾客,并使其在经营上更具发展潜力。

2. 最好选在交通便利的区域

理想状态下的商铺或商业街市应有较大的停车场,具备接纳各种来客的交通设施,同时商铺周边拥有轨道交通、公交车站点。临近主要车站的附近,或者在顾客步行不超过15分钟的路程内的街道设店。另外,观察马路两边行人流量,选择行人较多的一边更有利于经营。

3. 要选择较少横街或障碍物的一边

有时候,当行人注意到你的店铺时,但由于需要穿越马路而放弃光顾,要么行人为了过马路,而集中精力去躲避车辆或其他来往行人,而忽略了一旁的店铺。所以,门店要选择在拐角或十字路口的位置。拐角或十字路口设店,可以增加橱窗陈列面积,两条街道人流汇集,有较多的人光顾。

4. 根据经营内容来选择地址

店铺销售的商品种类不同,其对店址的要求也不同。对于服装服饰这类商品,若能集中在同行扎堆的地段,则有利于经营。因为经营同类商品的店铺多,顾客可以有更多的机会进行比较和选择。如上海的城隍庙、北京的西单、重庆的解放碑、福州的东街口,因为集群效应,生意大都不错。

第3章│服装连锁门店设计

知识要点

1. 现代服装企业家应该具有的文化素质与服装连锁门店设计
2. 服装公司特色与服装连锁门店空间规划
3. 服装连锁门店商品陈列与服装专卖店的实际布局

3.1 服装连锁门店形象设计

3.1.1 店面设计

（1）店面设计的原则

店面，又称为门面。 对于大多数服装店来说，门面又是计量店铺大小的单位，有一定的长度和宽度。 狭义的"店面"是指店铺的正面入口处，顾客进入店铺的主要门道，但通常情况下很多店铺的入口处往往不止一个，有的并排好几个入口，有的几个方向都有入口，但所有的入口都有迎街的特点。 如何吸引过路人的注意，就成了店面设计的主要目标。

良好的店面形象能够向顾客传达品牌独特的理念、文化和风格，同时也可以体现出商品的精神及独特个性。 因此，服装连锁门店应通过组织化、系统化的形象设计，吸引过路人的注意，使顾客一目了然，从而达到识别服装店的目的。

① 充分体现自身经营特色的原则

根据本店经营的服装的风格、定位，以及光顾本店的顾客的类型和特点，充分体现本店的经营特色，使顾客一看到店面的外观，就能感觉到特有的气氛，产生较深刻的印象和进店的欲望。 因此，店面的设计必须着眼于增强对顾客的吸引力,突出本店个性与特色,使自己与众多竞争对手区别开来。

② **最大限度地方便顾客的原则**

坚持以顾客为中心,满足顾客的各种要求,这也是现代营销思想的核心所在。 丰富、时尚的服装,方便、专业的服务,对于连锁门店尤为重要。 这就要求在店面空间设计、色彩设计、商品的陈列与搭配等方面都要符合顾客的购物特点和规律。

③ **具有美观性和时尚性的原则**

好的店面形象不仅要达到易于识记的功能性,更要达到赏心悦目的美观性。 这就要求在进行店面设计时要有独特的创意、出奇制胜的效果和强烈的视觉吸引力。 同时,时尚和潮流是服装行业永恒的主题,所以服装店连锁门店的形象必须与时尚潮流相融合,在理念上始终领先于顾客,引导时尚,创造时尚。

④ **经济性原则**

店面形象设计常常是求新求变的,而且周期较短,所以应尽可能降低单位面积的投资,保持合理的投资比例。 在进行可行性研究时,要认真进行测算,既要符合经营的需要,又必须留有发展余地。

还应注意一些其他原则,如保证顾客的人身与财产安全,为营业员提供良好的劳动条件等。

（2）招牌设计

招牌是店铺店标、店名、吉祥物及其他广告宣传的载体,它以文字、平面图形或立体造形等方式,标明店铺名称、经营范围、经营宗旨、营业时间等重要信息。 对于一个店铺来说,招牌是其外观最具代表性的装饰,对消费者的视觉刺激和心理影响是很重要的。 例如,国外有一家少女服装店,把店面招牌以45°斜挂,远远望去似落非落,十分醒目,从而达到了加深消费者印象的预期目的。

良好的招牌设计可以引导顾客,标明店铺主要的商品或服务。 新颖、独特的招牌便于记忆、易于传播,在很大程度上能吸引眼球引起顾客的兴趣。

① **招牌设计的基本原则**

a. **色彩醒目**

人们对于事物的识别往往先从色彩开始,再过渡到内容,所以消费者对招牌的识别往往是先识别色彩,再识别店标的。 色彩对消费者会产生很强的吸引力。 当把这种设计要求一致性地推广到各个连锁门店时,更会使消费者产生对企业的认同感,从而有利于企业的规模化发展。

b. 简洁、醒目

招牌的内容必须做到简明、扼要,传递重点信息即可,让消费者一目了然,容易记住,这样才能达到良好的信息传播目的。

同时,为了使消费者便于识别,不管店标是用文字来表达,还是用图案或符号来表示,其设计要求要达到容易看清、容易读、容易理解和容易联想。 招牌设计的大小有一定的标准。 一般而言,招牌文字大小与位置、视觉距离的最佳对应关系见表3-1。

表3-1 招牌文字大小与位置、视觉距离的最佳对应关系

招牌位置	视觉距离	文字大小
一楼(4 m以下)	20 m以内	高8 cm左右
二楼(4~10 m)	50 m以内	高20 cm左右
楼顶(10 m以上)	500 m以内	高1 m左右

c. 材质耐用

店铺招牌一般均需要暴露在外,因此要选用具有耐久、防腐、防水等特性的材料。 现在已经有越来越多的新材料应用于招牌设计中,有显得厚实、稳重、高贵的薄片大理石、花岗石等石材;有显得明快、活泼、富有时代感的不锈钢板、薄型彩色铝合金板等金属;还有色彩鲜艳、易于加工的塑料。 这些新材料,不仅经久耐用,而且使招牌更加丰富多彩。

② 招牌的种类

a. 屋顶招牌

为了使消费者从远处就能看见连锁门店,在条件允许的情况下,可以在屋顶上安装一个招牌,用来宣传,这就是屋顶招牌。

b. 栏架招牌

装在连锁门店正面的招牌叫栏架招牌,是所有招牌中最重要的招牌,可以采用投光照明、暗藏照明或霓虹灯照明来使其更引人注目。

c. 侧翼招牌

侧翼招牌位于连锁门店的两侧,这种招牌一般以灯箱或霓虹灯的形式展示。

d. 路边招牌

这是一种放在店前人行道上的招牌，用来吸引行人的注意力。可以是连锁企业的吉祥物、形象代言人模型或一个商品模型。

e. 墙壁招牌

对于有些独立的连锁店，也可以利用它的外墙来做招牌，就是墙壁招牌。一般用来书写店名、经营方针、经营范围或店铺广告。

f. 垂吊招牌

悬挂在连锁门店正面或侧面墙上的招牌便是垂吊招牌。其作用基本上与栏架招牌一样。

g. 遮阳篷招牌

遮阳篷招牌就是利用店门前的遮阳篷来展示连锁门店店名、经营方针、经营范围或店铺广告。

（3）店门设计

店门设计不仅包括了门本身的设计，而且包含了出入口的设计。店门的重要性不言而喻，总体上必须是以让顾客容易进入为原则，对于服装服饰店来说，过往行人一旦被橱窗或出入口的货品所吸引，进而就会产生兴趣，进入店内。因此，我们必须注意以下几个方面店门的设计：

① 店门的位置

将店门安放在中央，还是左边或右边，需要根据具体人流情况而定。

a. 街角店铺

对于街角店铺而言，店铺有两面墙临街，在考虑店门设置的位置时，街道的人流量和街道的宽窄是两个重要的参考点。

下面是根据不同的人流量而进行的三个规划方案：

若主路人流量为 70%，则可以将主路一侧定为店铺的正面，将次路一侧作为墙面，店铺的出入口和橱窗设计如图 3-1 所示。

若主路人流量为 60%，则可以将主路一侧定为店铺的正面，将次路一侧的部分墙面作为橱窗，店铺的出入口设计靠近侧路，效果如图 3-2 所示。

若两条道路不分主次时，则可以设置两个出入口，或者是将切角作为入口，效果如图 3-3 所示。

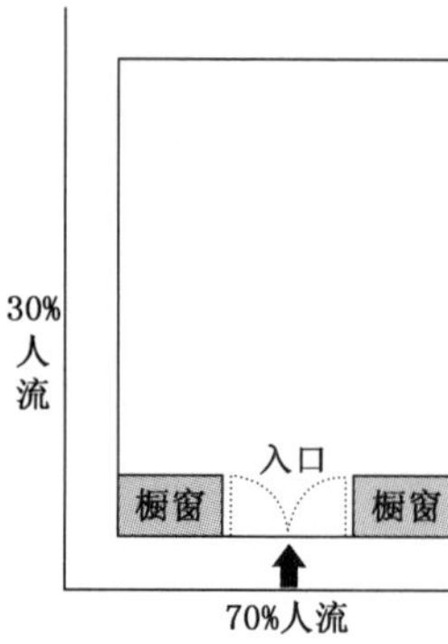

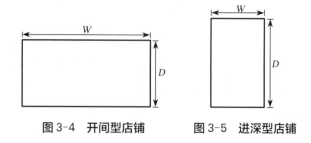

图3-1　街角店铺1 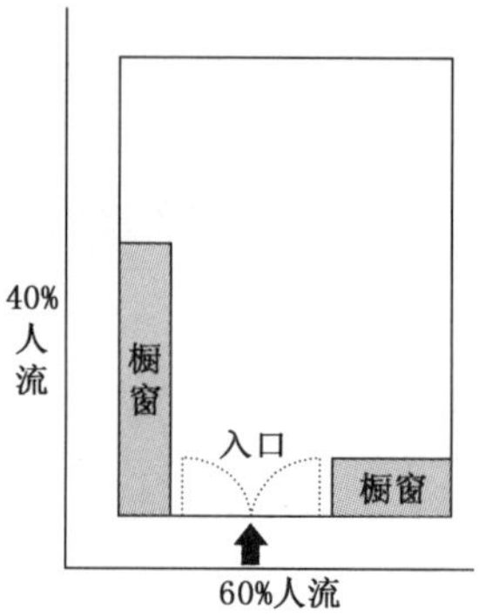　　　　图3-2　街角店铺2 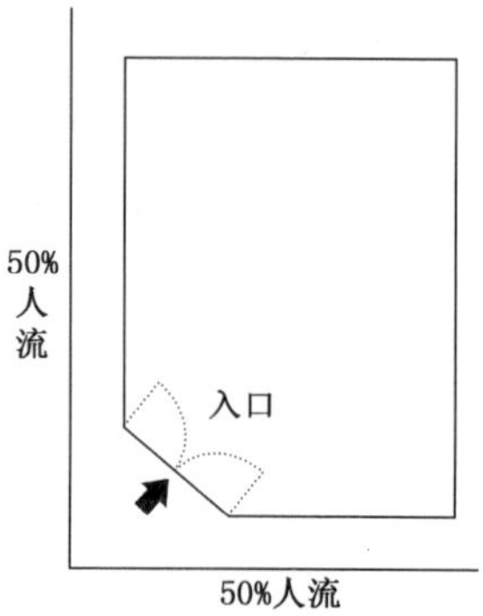　　　　图3-3　街角店铺3

b. 街边店铺

对于街边店铺而言,根据其平面形状的宽度和深度,可分为开间型店铺和进深型店铺(图3-4,图3-5)。

开间(W):指观察者面对空间时水平视野方向的空间尺度;进深(D):指观察者面对空间时顺着视线方向的、与开间形成垂直关系的空间尺度。

图3-4　开间型店铺　　　　图3-5　进深型店铺

- 开间型店铺。 开间型店铺由于开间较大进深较短,可以沿开间方向开设两个入口,然后利用陈列架或展示柜引导人流,减弱进深短带来的空间局限。 或者在开间方向的位置设置橱窗展示,把入口放在一侧,可以使店铺内部构成进深型的空间,使人产生好奇感,营造神秘气氛。

- 进深型店铺。 这类店铺容易给人安全感,适合经营高档品牌服装、贵重的首饰、手表、眼镜等商品。 入口位置设计比较自由,基本不受什么影响。

② 店门的形式

店门的形式主要有三种:开放型、半开放型和封闭型。 相对而言,开放型店门的出入口最宽,半开放型的其次,封闭型的最窄。 店面出入口的宽窄主要关系到店铺入口的通行量和外界对店内的干扰。 从营销的角度来看,低价位品牌多采用开放型且开度较大,平易近人的店门设计,主要原因是店铺客流量相对较大,而且这些品牌的顾客群在店铺中作出购物决定的时间相对较短,对环境要求相对较低。 高价位品牌多采用封闭型,且开度较小,感觉尊贵的店门设计,因为每日的客流量相对较少,顾客群作出购物决定的时间相对较长,且对环境要求相对较高。

③ 店门前的环境影响

如果店门前有台阶时,会产生一定的阻力感,条件允许的话可以使用斜坡,尽量不使用台阶。 如果店门入口相对于道路而言有缩进的话,店门可以设计成"诱导型"。 前边是否有隔挡及影响店门形象的物体或建筑,采光条件、噪音影响及太阳照射方位也是应考虑的因素。

④ 店门的材料

根据开启方式,店门的种类有旋转门、推开门、推拉门、卷帘门、双重门等。

无论哪一类,店门的安全和美观都同等重要。 店门所使用的材料,现在多以金属和玻璃为主,比如铝合金材料的商门,轻盈、美观、安全,富有现代感,而玻璃材料的店门透光性好、造型华丽,都得到了广泛应用。

3.1.2 橱窗设计

(1) 橱窗展示的功能

由于橱窗的直观展示效果,使它比电视媒体和平面媒体具有更强的说服力和真实感,其无声的导购语言、含蓄的导购方式,也是店铺中的其他营销手段无法替代的。

① 橱窗展示的目的

把品牌及商品的物质和精神,运用艺术手法和技术手段呈现给观众。

橱窗设计的水平直接体现品牌的品味和内涵,是诱发消费者进店,产生购买欲望的关键。

② 橱窗展示的功能

a. 展示企业文化及品牌形象

好的橱窗设计,可以使企业的文化和品牌形象得到充分展示,达到高效的信息传递和信息接受,实现品牌与消费者之间的交流,是消费者认知、认可、认同品牌的重要途径。

b. 展示商品信息

设计师通过陈列设计把商品的性能、特点等信息完整、准确地展示给观众。通过空间设计、灯光、色彩、道具等元素的综合调控，创造独特的视觉效果，赋予商品鲜活的生命力。

c. 促进贸易，引导消费

有调研显示，有65％的顾客认为吸引他们进店的因素依次为品牌、橱窗、促销信息、导购介绍、朋友推荐。可见橱窗展示在企业文化传播和产品销售中的重要性。

d. 美化环境

橱窗展示以最直观的方式传递时尚信息，以艺术化的手法带给人们美的享受。

（2）橱窗的分类

① 按照产品展示位置划分

橱窗可以分为两类：

a. 店头橱窗

b. 店内橱窗

② 从橱窗结构形式上划分

橱窗可以分为三类：

a. 通透式橱窗

通透式橱窗又叫开放式橱窗，是指橱窗背后及两侧设有物理分隔，与卖场的空间相通，连成一体，人们可以透过橱窗将店内情况尽收眼底。通透式橱窗的最大特点就是给消费者足够的亲和力，给人以近距离触摸产品的感觉。在设计上，通透式橱窗具有两面性，创意设计难度大，但操作简单易行。

- 创意设计难度大。要求店面与橱窗无论在色彩、结构还是货品展示方面都能形成统一完美的画面。

- 操作简单易行。整个橱窗设计基于店铺，无需用其他物品进行过多修饰。

b. 半通透式橱窗

半通透式橱窗又叫半封闭式橱窗，是指橱窗与卖场之间有半透明物件（如广告画、纱类织物、网型材料、磨砂玻璃等）相隔，使得橱窗空间相对独立，既有较大的空间感觉，又不会减弱橱窗空间自身的视觉吸引力。 该类橱窗的设计有一种"借景"的艺术效果，既可借助内部的装修设计来吸引顾客的眼球，又能突出空间的层次感。 其特点有：

• 方便、快捷，可以随着季节进行变更，能够非常及时地将信息传达给顾客。

• 能够很好地兼顾橱窗展示和店铺的整体展示，使用范围较广，实施方法灵活多样。

c. 封闭式橱窗

封闭式橱窗是指橱窗背后装有壁板，与卖场完全隔开，形成单独的空间。 高档服装品牌通常运用封闭式橱窗进行展示。 封闭式橱窗的空间被相对限定，因此要想得到良好的空间展示效果，就必须利用很高的设计技巧来实现空间的扩展。 其特点有：

• 适合有大空间的卖场及橱窗较多的店铺。

• 容易营造气氛，体现橱窗故事的完整性。

• 不受周围环境的影响，能充分表现产品。

③ 从橱窗展示内容划分，橱窗可以分为六类

a. 场景式陈列

将服装置于某种设定的场景中，使其成为角色，通过场景传达出生活中商品被使用的情形，充分展示商品的功能、外观特点以及使用者的状态和情绪。

使消费者产生共鸣，把眼前的情景与自己的体验联系起来，产生亲切感，进而产生对商品的认同感和归属感，从而达到促进销售的目的。

b. 专题式陈列

以某一特定事物或主体为中心，组织不同品类而又有关联的服装、饰品和道具进行陈列，组合设计成一个整体，从而细致、深刻地表现陈列主题。 如派对、冲浪、环保等主题陈列。

c. 系列式陈列

系列式陈列分为两种，第一种是指将具有某种共同特征的商品按照某种关系组合成一个整体。 如同质同类的系列陈列、同质不同类的系列陈列、同类不同质的系列陈列等。

另一种是指同一品牌的多个连锁店的橱窗，采用主题、内容基本相同，而组合形式略有不同的系列式陈列从而增加趣味性，避免单调乏味。

d. 季节式陈列

按照一年四季的变化来陈列，通过相应的主题和内容创造典型的季节气氛，使适应季节的产品得到充分展示，以促进销售。

除此之外，每年也有商业的销售黄金季节，在我国一般是春秋两季。

e. 节日式陈列

有针对性地利用富有节日特色的陈列形式来烘托热烈的节庆气氛，淡化商品直接式的销售宣传，掩去赤裸裸的商业目的，以浓郁的文化色彩为主导，在形式上采用戏剧化的情节、场面和展示效果，来创造橱窗形象和意境，以感染消费者，促进销售。

通常要比实际节日或特殊纪念日提早半个月到一个月的时间，以达到提前提醒顾客进行消费的目的。

f. 综合式陈列

将许多品类的物品陈列在一个空间环境中，组合成一个完整的橱窗，传达一种总体印象，多应用于综合性百货商场或多品类经营的品牌。

（3）橱窗设计原则

① AIAD 效应

Attention——注意。

Interest——兴趣。

Desire——欲望。

Action——行动。

指消费者在营销中获得的一系列心理意识活动。

服装展示的目的首先是引起消费者注意，使顾客对商品产生兴趣，进而产生拥有的欲望并最终付诸购买行动。

因此，设计师在进行橱窗设计前需要研究目标消费群的生活方式、心理特点，善于发现消费者的兴趣点，并运用艺术手法将这些兴趣点及品牌要传达的信息夸张、放大。

② 突出商品特性

橱窗设计不仅仅是追求视觉的刺激，还要符合品牌的文化内涵，传达商品信息，突出产品特性。

③ 创造愉悦的美感体验

对于美与和谐的追求是人的本能反应，作为服装营销前沿阵地的橱窗更应该是美的传达者。

④ 引导理解，深化记忆

通过橱窗设计将抽象的品牌内涵和产品设计理念转化为形象化的视觉语言，使其与产品组合成一个有机整体，创造艺术化的语境氛围，引发消费者的联想，加深对品牌和商品的印象，使企业的文化和品牌形象得到充分理解和记忆，实现消费者对品牌的认同。

（4）橱窗的色彩与照明

① 橱窗的色彩

每季货品都有不同的色彩方案，在进行橱窗的色彩设计时，需要考虑到服装的色彩与橱窗中其他配置的色彩搭配。 一般而言，在设计橱窗之前，展示陈列部门要制定标准色卡。 色卡通常分三组：

a. 主色调基本色卡系列

一般不使用纯度高的浓重色彩及低明度色彩，多选择色阶中间靠上的和谐色彩。

b. 辅助色卡系列

为扩充主色调系列色卡范围，与主色调色卡搭配成色系，一般不选择纯度高的色彩。

c. 点缀色系列

多选择纯度高的色彩，在局部、小面积运用。

② 橱窗的照明

照明是体现橱窗品牌定位的重要因素之一，同时也是提升产品审美价值的最好方式。 照明能赋予空间一定的个性，营造独特的魅力。 品牌在进行市场定位的时候，对于照明色彩的定位也随之产生。

在白天，由于受到自然光线的影响，照明需要考虑灯光与自然光线所形成的反差。 在夜晚，橱窗灯光是表现橱窗艺术效果的重要手段，既要适当加大橱窗的灯光强度，又不能过强。 一般而言，橱窗照明的照度达到周围环境照度的 2～3 倍，就可以避免橱窗照明形成反光。

053

橱窗的灯光往往与品牌定位联系在一起，通过灯光，我们能感受到服装的内涵与品牌的价值。 灯光是体现品牌理念和品牌价值的最好方式。

（5）橱窗设计的表现手法

① 直接展示

道具、背景减少到最小程度，让服装自己说话。 运用陈列技巧，通过对服装的折、拉、叠、挂、堆，充分展现服装自身的形态、质地、色彩、样式等。

② 寓意与联想

寓意与联想可以运用部分象形形式，以某一环境、某一情节、某一物件、某一图形、某一人物的形态与情态，唤起消费者的种种联想，产生心灵上的某种沟通与共鸣，以表现服装的种种特性。

寓意与联想也可以用抽象几何道具通过平面的、立体的、色彩的表现来实现。 抽象形态同样可以加强人们对商品个性内涵的感受，不仅能创造出一种崭新的视觉空间，而且具有强烈的时代气息。

③ 夸张与幽默

合理的夸张将商品的特点和个性中美的因素明显夸大，强调事物的实质，给人以新颖奇特的心理感受。 贴切的幽默，通过风趣的情节，把某种需要肯定的事物，无限延伸到漫画式的程度，充满情趣，引人发笑，耐人寻味。 幽默可以达到既出乎意料之外、又在情理之中的艺术效果。

④ 广告语言的运用

在橱窗设计中，恰当地运用广告语言，能加强主题的表现，由于橱窗广告所处的宣传环境不同，不能像报刊、杂志广告那样有较多篇幅的文字，一般只出现简短的标题式的广告用语，在撰写广告文字时，首先要考虑到与整个设计与表现手法保持一致性，既要生动，富有新意，唤起人们的兴趣，又要易于朗读，易于记忆。

⑤ 系列表现

橱窗的系列化表现也是一种常见的橱窗广告形式，主要用于同一品牌的商品陈列，能引起延续和加强视觉形象的作用。 它可以通过表现手法和道具形态色彩的某种一致性来达到系列效果，也可以在每个橱窗广告中保留某一固定的形态和色彩，作为标志性的信号道具。

3.1.3 店内环境设计

（1）氛围设计

① 色彩设计

a. 店内环境色彩的设计原则

店内环境色彩的设计是指环境中的总体色调、展具色彩、文字色彩、装饰色彩、灯具色彩等的设计。如何将这些繁杂的空间色彩关系完美地组合在一起，形成一种既统一又变化的色彩基调，是店内环境色彩研究的重要课题。因此，创造同主题及商品特点相协调的色彩环境是色彩设计的任务。

• 统一性。对店内环境起决定作用的大面积色彩即为主导色，也称主色调。主色调要与商品主题协调，道具、商品、空间造型、照明等方面的色调都应该服从于主色调，形成完整系统的色彩空间。

• 丰富性。选择调节色时，应由大到小，在统一中求变化，利用色相、纯度、明度、肌理的对比营造有规律的变化，给人以丰富多彩的感受。

• 突出性。局部色彩设计要服从总体色调要求，同时，要考虑商品的个性特点，选择的色彩要有利于突出商品，能使主题形象更加鲜明。

• 情感性。店内环境色彩设计务必充分考虑目标顾客对色彩的偏好和敏感程度，把握消费者对色彩的心理感受，充分利用色彩对观者产生的温度感、进退感等引导消费者有秩序、有兴趣地观看、选购商品是店内环境色彩设计追求的目标。

• 适时性。所谓"适时"是指环境色彩要适合商品销售的季节。例如，销售夏季用品时，可采用天蓝色进行装饰，以表现海水、天空，突出清凉的感觉。

b. 店内环境色彩的设计功能

• 创造完美的店内环境。运用色彩的对比作用和调节作用，通过商品色彩之间的反衬、烘托或色光的辉映，使消费者在特定的环境中对商品产生良好的视觉效果与心理感受。

• 增强视觉识别与导向作用。成功的店内环境的主色调可以成为其标志象征，并起到良好的指示性和导向性的作用。如许多连锁门店的营业空间及在商业宣传中都以企业色为主色调，体现着"商品—标志—包装—广告"的完整色彩战略。

- 强化特定的视觉感受以及展示环境的氛围。 不同风格、定位的商品有着不同的设计特征,不同的企业对店内环境的氛围要求上也各不相同,这种大环境色调和商品自身的色彩基调能很快地作用于人,使人产生强烈的视觉印象。

- 增强商品的美感。 赏心悦目的色彩、统一和谐的色调、富有韵律感和节奏感的色彩组合序列,能创造出非常出色的店内环境空间,从而美化商品,并给人视觉上和心灵上愉悦的审美效果。

c. 店内环境色彩选择参考因素

- 品牌 VI。 VI 中的企业标志色和辅助色是店铺色彩设计的第一参考色彩。 店铺设计本身就是企业文化中的一个环节,结合企业色色彩店铺就可以成为品牌的标志或者象征。

- 商品风格定位。 店铺是商品展示的平台,是商品与顾客交流的场所。色彩从商品的角度出发,每个品牌服装的风格和定位各不相同,即使是同一个品牌也会结合市场和时代的不同而对产品色彩做出适当的调整。 因此也可以利用色彩的象征意义,扩展商品的时尚性。

- 流行色。 流行色意为时髦、时尚的色彩,是社会经济文化、艺术观念和科学技术的时代背景下产生的一种心理产物。 流行色体现了人的审美,也是商业社会环境下,人为促进的行为结果。

服装行业与流行的紧密关系同时也决定了服装店环境色彩与流行的不可分割性,因此流行色也是服装店内环境色彩设计的重要参考因素之一。

- 商品色彩。 店铺的主角是商品——服装,销售的服装色彩和服装展示方式影响着店铺色彩因素。 为了更好地体现商品的特性,作为陪衬地位的店铺空间色彩、展示道具色彩的选择,首先要根据本季服装的色彩。 一般会选择中性的柔和色作为店内立面色彩,或者选择黑白灰颜色,它们可以更好地适应服装的不同色彩变化;再有就是采用服装色的对比色,衬托出服装的色彩。

d. 店内环境色彩的组合要素

- 店内空间色彩。 店内空间色彩是指对吊顶、地面、墙面的色彩设计,它对环境的协调起着主导性作用,同时也决定着店内空间色彩的基调。

- 商品色彩。 商品色彩是中心和主体,其他色彩因素都是为美化和衬托商品色彩,充分展现商品色彩的魅力而存在的。

- 道具色彩。 道具色彩设计是为衬托商品色彩而存在的。 当道具的面积相对较大时,应该注意道具色彩的统一性。

- 光源色彩。 除了自然光源对店内环境形成的色彩,大多数光源色彩主要来自于人工光源。 灯光有着美化或加深商品印象的作用,同时对统一店内环境的色彩有一定的作用。

以上色彩组合要素构成了店内环境的基础色彩,在店内环境色彩设计中应做到色调的变化与统一,形成完美的店内色彩环境。

e. 店内环境色彩的设计步骤

- 店内环境色彩的整体设计。 首先,根据店内环境色彩选择参考因素来确定主体色彩基调,用统一的色彩基调来协调整个店内环境的色彩,在确定各部分之间的色彩关系时要做到既有统一感和连续感,又有个性变化,前后形成节奏感和韵律感。 即使在较大的店内,通过不同的色调来区分不同系列的商品时,也必须使各区域的色彩有明显的体系感,或采用相同的明度和彩度,或采用色相差异较小的同类色、相近色,最大限度地保持店内环境色彩的完整与统一。

- 店内环境色彩的局部设计。 局部设计关键在于巧用色彩的视觉感受与心理作用,以创造良好的顾客参观路径,同时还要注意路径的引导性、各处信息的易辨性与可读性。

f. 店内环境色彩的设计要领

店内环境色彩设计的要求是要表现商品主题,突出商品的特性和用途,通过对比手法、协调手法或中性手法来衬托商品,无论从空间还是从展具的色彩方面都要有利于烘托商品。 店内环境色彩设计的要领如下:

- 确定空间基调,设计空间氛围。 色彩是比形态、材质更容易令人感知的视觉元素,也是影响店内环境效果的辨识率最高的视觉要素。 设计中常常借助色彩的性格特征来调整店内环境的平衡关系,烘托所要达到的特殊空间气氛,强化品牌形象,提高信息传达效率。 比如,暖色、亮丽的色彩会使人感觉到青春与活力,较适合休闲、运动的服饰品牌;冷色、厚重的色彩会使人感到稳定与庄重,较适合典雅、大气的服饰品牌。 色彩明度高的店铺空间使人感到轻快、活跃;明度较低的空间使人感到严肃、凝重;而中调子的空间则使人感到平和、稳定。

- 利用色彩分割空间,调整空间布局。 服装店内环境色彩往往是由几种色彩层次分明地组合而成。 店内空间的大小、形态有可能对空间区域的划分形成制约,而通过色彩来划分不同功能区域,改善原本存在的某些空间制约因素,是常采用的有效方法。 例如,利用不同色彩划分不同服装品类区域,在不规则的空间中用浅淡的色彩使狭小的空间产生扩张感,利用色彩将空间中需要强调的重点陈列区域或商品凸现出来等。

- 色彩设计以突出商品为前提。 色彩搭配设计必须以突出商品为前提,恰当的色彩对比会使商品更加突出。

- 主色彩设计注意事项。 一般来说,一个店内环境中的主色彩应控制在三种以下,不宜过多。 色彩设计纯度不宜过高、色彩明度不宜过高,否则会使人产生视觉疲劳。

② 照明设计

a. 采光的形式和照明方式

- 采光形式。 分为自然采光和人工照明。

自然采光。 利用自然光是最基本的采光形式,既能使人在心理上产生与自然的接近感,又可节约能源。 室内采光一般分为侧光、高侧光和顶光三种形式。 但采光效果局限于采光部位和采光口的面积大小和布置形式,照度不稳。而且光线中有害射线较多,对服装的保养不利。 阳光直射室内时,易产生眩光和过热的不适感觉。

人工照明。 人工照明是利用人工光源进行的照明。 人工光源主要有白炽灯、荧光灯、高压放电灯等。 不同类型的光源具有不同的色光及显色性能,对室内的气氛和物体的色彩会产生不同的效果和影响,因此应按不同需要进行选择。 人工照明可以弥补自然采光的不足,还可以渲染出特别的室内环境,但设备投资较大,能源消耗较大,还存在一定的色彩失真现象。

- 照明方式。 国际照明协会以照明过程中光通量散射到空间的比例分类,将照明方式分为直接型、半直接型、漫射型、间接型、半间接型五种。

直接型照明。 光源通过灯具作用,90% ~ 100%的光通量直接到达指定工作面上,是应用最广泛的一种照明方式,如图 3-6 所示。

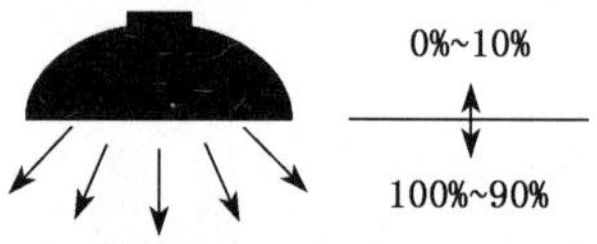

图 3-6 直接型照明

直接型照明具有对比强烈、照度高、消耗小的特点,并能造成有趣生动的光影效果,但容易产生眩光,如落地灯、点射灯、筒灯等。

半直接型照明。 光源通过灯具(如上方有透光间隙或半透明材料的灯罩)作用,有 60%～90% 的光通量直接到达指定工作面,其余的光通量通过反射间接到达,如图 3-7 所示。

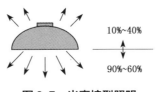

图 3-7　半直接型照明

半直接型照明光线相对比较柔和,但主导照明方向仍然是指向工作面上的。

间接型照明。 光源借助灯具或其他界面将 90%～100% 的光线投向天花板或墙面,再通过反射间接到达指定工作面,如图 3-8 所示。

图 3-8　间接型照明

间接型照明的特点是光量弱,光线柔和,不会产生直接眩光和明显阴影。 如灯具只有上端开口的壁灯、落地灯、吊灯以及顶棚采光等。

半间接型照明。 光源通过灯具(如下方有透光间隙或半透明材料的灯罩)作用,有 10%～40%

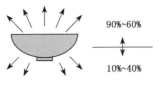

图 3-9　半间接型照明

的光通量直接到达指定工作面,其余的光通量通过反射间接到达,如图 3-9 所示。

半间接型照明的主导照明方向是指向非工作面上的,效果类似间接型照明,但可以避免产生阴影。

漫射型照明。 光源通过灯具(如半透明全封闭灯罩或特制的格栅)的折射功能,将光线向四周扩散漫散,如图 3-10 所示。

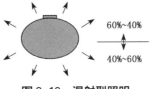

图 3-10　漫射型照明

漫射照明的特点是所产生的光线均匀柔和,没有眩光,照度小,消耗大。

b. 照明分类

店铺的照明设计由于店铺中各区域功能的不同,会采用不同类型的照明方式,主要有基础照明、重点照明和装饰照明三种。

• 基础照明。 基础照明是指保证基本空间照度要求的照明系统。 功能是使人看清店内空间的通道、设施,并能够有效识别展品。

• 重点照明。 重点照明主要是对服装货架和橱窗等重要区域的照明。

- 装饰照明。 装饰照明主要的功能是调节气氛,营造戏剧性的或超现实的气氛,渲染展品的特性。

c. 店铺照明的设计原则

- 舒适原则。 舒适的灯光可以增加顾客进入和停留机会。 过弱或过强的灯光都会影响顾客的进入和试穿率。 一个灯光通明的店铺给人一种愉悦的感觉,反之一个灯光灰暗的店铺给人一种昏昏沉沉的感觉。 不仅看不清服装的效果,还使店铺显得毫无人气。 所以一个店铺必须要满足一种基本的照度,一些店铺由于生意不好 ,总是用减少灯光的亮度来节约费用,其结果只能导致恶性循环。

- 选择适当的照度。 店铺的灯光设置,要考虑人的舒适度, 过强和过弱的照明都会影响顾客的购物感受。 一般来说 1 000 lx 左右的照度是比较舒适的,高的照度可以作为局部点缀用,加强顾客的关注度。

照度是决定店内空间明亮,商品清晰易见的主要因素。 亮度增加,店内感觉宽敞舒适,商品的易见程度也随之提高。 店内空间各部分的照度也因其功能的不同而有所差异。

- 选择理想的光源。 店铺常用光源包括白炽灯、卤素灯、一般荧光灯、荧光汞灯和金属钠盐灯等,其色温在 3 000～6 500 K 之间。 光源色温应该同照度水平协调。 在低照度的情况下,以"暖光"为好,随着照度增加,光源色温也要相应提高。 店铺内部环境的光源应具有良好的显色性能,并应根据不同部位对光源显色性能的不同要求,做相应的选择。

- 吸引原则。 在终端店铺中,除了造型和色彩以外,灯光是重要的一种吸引顾客的手法。 在同一条街上通常灯光明亮的店铺要比一个灰暗的店铺更吸引人。 因此适当地调高店铺里的灯光将会增加顾客的进店率。

而在店铺中,明亮的灯光也会增加顾客的注目度,所以店铺中的一般照明都会采用明亮的照度。

- 创造适度的刺激。 为了吸引和促使顾客购买,在考虑舒适的前提下可以适当调高灯光亮度,尤其是橱窗和导入区位置。

咖啡馆、酒吧、宾馆内的灯光,通常都设计的比较温馨。 而服装店铺的灯光,通常在考虑舒适的前提下比前者亮度提高,以方便顾客购物。 在橱窗、以及店铺中一些展示的地方还适当地再次增加亮度,适度地刺激顾客兴奋度,以增加顾客的购买力。

简而言之,在设计店铺的灯光时,要注意如下几点:橱窗位置适当增加亮度,并要比隔壁的店铺明亮;充分利用彩色灯光,使橱窗变得更显眼、更有吸引力和视觉冲击力;善用灯光营造服饰的立体感、光泽感、材料质感和色彩感。

• 设计视觉冲击点。 将店铺某一个区域作为第二橱窗来考虑,善用灯光使之变得更有吸引力,比如店铺深处的正面墙。

• 真实显色原则。 服装和其他商品不同,它是直接穿在人身上的,通常顾客会直接在店铺中试衣,来确认服装的色彩和自己的肤色是否相配。 而顾客检验服装的色彩的真实度,通常是根据日光来决定的。 我们经常看到一些有经验的顾客会到店外的日光下观察服装的色彩。 因此在店铺中重点照明的灯光,应该考虑色彩的真实还原性,其色温一般要接近日光。

• 主次分明原则。 我们在规划店铺的时候,一般都会考虑区域的功能分类,以及货品的主次关系,有针对性的对店铺的灯光进行设计。 重要的部位可以加强灯光的强度,一般的部位只要满足基本的照度就可以了,这样既在灯光的规划上,使整个店铺主次分明,并且富有节奏感,同时又可以控制电力消耗的成本。

店铺各部位灯光的主次顺序,根据其在店铺中的作用,排列如下:橱窗—边柜—中岛—其他。

• 与品牌的风格吻合原则。 不同的品牌和不同的顾客定位,对灯光的规划也有所不同。 一般而言,大众品牌店铺中的基础照明部分相对要亮一些,和局部照明的差距比较少。 而一些高价位的或者是一些追求独特风格的品牌,往往通过降低基础照明的照度,使局部照明显得更富有生动的剧场式效果。

• 保护货品原则。 自然光源会产生热辐射,日光中的大量紫外线和红外线会对服装产生影响。 例如,印染纺织品的变色标准是 500 000 lx/h,这就意味着假定用 5 000 lx 的照度连续照射 100 h 就有可能使纺织品变色。 另外,人工光源也会产生热辐射,用植物染料染成的衣服,在接近 100 lux 照度的荧光灯照明下,由于紫外线的影响,在短短的几天时间里就能使其变色。 其他如革制品、皮毛、珍珠宝石等也会因为紫外线和热辐射而产生变色、变质现象。 据有关研究表明,经日光照射 568 h 后,丝的强度下降 98%,棉的强度下降 39%,

麻的强度下降 29%,羊毛的强度下降 16.5%;经紫外线照射 18 小时后,丝的强度将会下降 82%。 这种辐射引起的服装面料受损会直接影响服装的质量。

不仅如此,热辐射还会使顾客和售货员的心情烦躁,特别是在夏季,即使使用空调也难以压倒照明辐射所发出的热量。 这样势必对服装终端店铺的销售造成不良的影响。

可以通过一些措施控制热辐射,如在重点照明的高照度下,白炽灯用配有滤光镜片的卤钨灯器具可以地滤除热辐射,根据不同种类的照明灯具安装反光镜,并基于照射物的特性使照射距离有所改变,一般照明灯具至少要离开商品 50 cm以上才能保证货品的安全。 表 3-2 所列即为服装设计常用面料的特性与照明需求的关系。

表 3-2　服装常用面料的特性与照明需求的关系

面　料	面料特性	色彩特性	照明需求
棉、麻纤维	着色性好	色泽柔和	对光照的要求限制比较少
毛纤维	着色性好,有一定的反光度	色泽柔和	对光照的要求限制比较少
丝纤维织物	着色性好,织物光泽华丽	色彩表现力好	光照需要结合重点照明表现面料质感
化学纤维	着色能力受限,织物光泽较好	色彩表现力好	光照需要结合重点照明表现面料质感
皮革、合成革	表面光泽	色泽偏暗	对光照的要求较高

d. 店铺照明光位设计

光位是指光源相对于被照明物体的位置,也就是光线的照射方向和角度。通常情况下,照射角越正,立体感越差;照射角越偏,立体感越强。 通常服装店铺照明设计的光线照射方式有顶光、侧光和底光等多种光位。

- 顺光。 正面光照射,能完整地展示出服装的色彩和细节,但立体感和质感较差,效果平淡,一般用于店铺中货架区域的照明。

- 侧光。 侧光可以使被照射物明暗对比强烈,一般不单独使用,只作为辅助用光。 斜侧光是服装照明中最能表现服装细节的光位,层次分明、立体感强,能在服装的侧面形成视觉焦点,并渲染气氛。 这种光位也是使用最为广泛的服装展示照明方式。

- 顶光。 顶光照射容易造成服装上部过亮,下部阴影过重,不利于表现服装的色彩、面料、细节,也不利于塑造体积感,一般只用于制造特殊效果,不单独使用。

- 底光。 底光是指光源位于被照射物的下方,适用于表现服装底部的细节,营造神秘的气氛。 一般只用于制造特殊效果,不单独使用。

- 逆光。 逆光是指光源位于被照射物的背面,背面光不利于塑造体积感,但可以呈现出富有魅力的剪影效果,一般只用于制造特殊效果。

③ 背景音乐设计

音乐是创造店铺气氛的一项有效途径,音乐的合理设计可以舒缓顾客和店员情绪,可以吸引顾客对商品的注意,营造愉悦的购物氛围。

一般来说,店铺在播放音乐时,应注意以下几点:

a. 背景音乐的选择

背景音乐的选择要根据品牌的定位、顾客的类型和特征来决定,以形成一定的店内风格。 比如,流行服饰专卖店应以流行且节奏感强的音乐为主;童装店则可放一些欢快的儿歌;高档服装店为了表现其优雅和高档,可选择舒缓的轻音乐。 再比如,在炎炎夏日,店中若播放有关涓涓流水和莽莽草原的悠扬乐曲,能使顾客在炎热中感受到清凉舒适。 又如,店铺在促销时,可以播放一些节奏比较明快、旋律比较强劲的乐曲,使顾客产生不抢购不罢休的心理冲动。 这在繁华的商业街上屡见不鲜、效果显著。

b. 背景音乐的播放时间

音乐的播放时间要合适,否则,往往会适得其反。 通常来说,上午宜播放清新的大自然轻音乐,迎接顾客一天的开始。 下午客流少时,可播放慢节奏的音乐,延长顾客逗留店铺的时间。 当店铺没有客人时,可把音乐的音量放大,吸引顾客进店。 晚上则播放浪漫温馨的音乐,让工作了一天的顾客的购物体验成为一种放松漫步。 平时打折促销时,可选择快节奏的音乐,以加快顾客的购买决定。

同时,音乐的播放还需要考虑店员的工作状态和店铺的氛围进行合理安排,上班前,先播放几分钟优雅恬静的乐曲,然后再播放振奋精神的乐曲,效果较好。当员工紧张工作而感到疲劳时,可播放一些安抚性的轻音乐,以松弛神经。 在临近营业结束时,乐曲要明快、热情,带有鼓舞色彩,使员工能全神贯注地投入到全天最后的繁忙工作中去。

c. 背景音乐的密度控制

在使用背景音乐时,要注意控制好声音密度。 声音密度指的是声音的强度和音量。 声音过高,会令人反感;声音过低,则不起作用。 音乐的响度一定要与门店力求营造的店内环境相适应,既不能影响顾客正常说话,又不能被店内外的噪音淹没。

④ 气味设计

和声音一样,气味也有积极的一面和消极的一面,好的气味会使顾客心情愉快,对提高销售额也至关重要。 比如,以棉、麻为卖点的服装上散发出的天然纤维的味道,以皮革为原料的服装上散发出的特别处理过的皮革的清香,都是令人愉悦的味道,它与店铺本身是相协调的,会使顾客产生购买欲望。

在店中喷洒适当的清新剂,有时也是必要的,有利于除去异味,也可以使顾客感觉舒畅。 但要注意,在喷清新剂时不能用量过多,否则会使人反感,要注意使香味的浓度与顾客嗅觉上限相适应。

同时,要严格控制使人不愉快的气味,不愉快的气味会把顾客赶走。 比如,地毯的霉味,强烈的烟气,刚刚装修过的油漆味和保管不善的清洁用品的气味等。

⑤ 通风设计

连锁店铺内顾客流量大,空气极易污浊,为了保证店内空气清新通畅,冷暖适宜,应采用空气净化措施,加强通风系统的建设。 通风来源分为自然通风和机械通风。 采用自然通风可以节约能源,保证店铺内部适宜的空气,一般小型店铺多采用这种通风方式。 而有条件的现代化大中型店铺,在建造之初就普遍采取紫外线灯光杀菌设施和空气调节设备,来改善店铺内部的空气质量,为顾客提供舒适、清洁的购物环境。

店铺的空调使用应遵循舒适性原则,冬季达到温暖而不燥热,夏季达到凉爽而不骤冷。 否则,会对顾客和店员产生不利的影响。 如冬季暖气开得很足,顾客从外面进零售店铺都穿着厚厚的棉毛衣,在店内呆不了几分钟都会感到燥热无比,来不及仔细浏览就匆匆离开店铺,这无疑会影响店铺的销售。 夏季冷气习习,顾客从炎热的外部世界进入连锁店铺,会有"乍暖还寒"的不适应感,抵抗力弱的顾客难免出现伤风感冒的症状,因此在使用空调时,维持舒适的温度和湿度是至关重要的。

(2)装潢设计

① 天花板设计

天花板的作用不仅仅是把店铺的梁、管道和电线等遮蔽起来,更重要的是创造美感,创造良好的购物环境。

a. 天花板的颜色设计

在设计天花板时,要考虑到天花板的材料、颜色、图案等,特别是天花板的颜色,更要与产品风格或品牌定位相吻合。比如,以年轻白领女性为销售对象的店铺,可以选用有清洁感的颜色,以成熟男性为主要销售对象的店铺,可以选用有稳重感的颜色。

b. 天花板的高度设计

天花板的高度主要取决于店铺的面积,如果太高使人产生空旷感,太低又有压抑感。一般的服装店铺面积为 50～200 m²,天花板的高度最好为 3 m 左右;如果店铺面积为 300 m² 左右时,天花板最好为 3～3.3 m 的高度;如果店铺面积为 600 m² 左右时,天花板的高度最好为 3.3～3.6 m;如果店铺为 1 000 m² 左右时,天花板的高度最好为 3.6～4 m。

c. 天花板的造型设计

天花板的造型对于顾客的心理、陈列效果、店内气氛以及成本造价都有很大影响。依据造型的特点,天花板一般可分为三种形式:

• 平面天花板。就是传统的平顶天花板,造型简洁,相对而言易给人一种单调的感觉。

• 造型天花板。如垂吊型天花板、波型天花板、船底型天花板等,造型丰富美观,但施工较复杂,成本较高。

• 开放型天花板。这是一种前卫的装潢设计方式,不管屋顶上是粗糙的水泥梁,还是各种管道,全部裸露在外,装潢时只在它们的下面安装一层网格。开放型天花板施工简单、成本较低,对于灯光的运用、网格的设计要求较高。

d. 天花板的材料设计

天花板的材料有多种,如各种胶合板、石棉板、玻璃绒天花板、贴面装饰板等。胶合板是最为经济、方便的天花板材料,但防火、消音性能差;石棉板有很好的耐热、消音性,但耐水、耐湿性差,经不起冲击;玻璃绒天花板不仅防火、绝热,而且耐水、耐湿,但不易加工等等。装修时选择哪一种材料,除了要考虑经济性和易加工性两个要求外,还要根据店铺特点及防火、消音、耐久等要求全面考虑后再进行选择。

② **墙壁设计**

墙面是组成服装店铺空间的重要因素之一,墙壁设计主要指墙面装饰材料和颜色的选择,以及对壁面的利用。 墙面用材料较多,如木质板材、涂料、油漆、墙纸等,可根据经济性、时效性、协调性等各种因素酌情选择。 颜色设计首要原则是要与所陈列商品的色彩内容相协调,与店铺的环境、形象相适应,而且还要考虑门窗、灯具、空调的通风孔洞的处理,以取得完整的效果。 壁面上多用来架设陈列柜,安置陈列台,安装一些简单的设备,摆放一部分服饰,也可以用来作为商品的展示台或装饰用。

③ **地板设计**

地板是服装店铺空间不可或缺的基本项目,顾客动线安排、商场设施配置、店铺区域与商品区域的配置等,都与地面有关。 如何塑造地面效果,使顾客有舒畅的购物兴趣,则取决于地板装饰颜色、图案和材料的选择。

颜色的选用原则同天花板一致,要与产品风格或品牌定位相吻合。 而图案的选用则与图案本身的性格有关,比如以正方形、矩形、多角形等直线组合为特征的图案,带有阳刚之气,比较适合经营男装的店铺使用;而圆形、椭圆形、扇形和几何曲线形等曲线组合的图案,比较柔和,适合经营女装的店铺使用。

地板的装饰材料,一般有瓷砖、塑胶地砖、石材、木地板及水泥等,可根据需要选用。 主要考虑的因素有门店形象设计的需要、材料的费用大小、材料的优缺点及环保等几个因素。

• 瓷砖的品种很多,色彩和形状可以自由选择,有耐水、耐火及耐腐蚀等优点,并有相当的持久性;其缺点是保温性差,对硬度的保有力太弱。

• 塑胶地砖价格适中,施工也较方便,还具有颜色丰富的优点,为一般门店所采用;其缺点是易被烟头、利器和化学品损坏。

• 花岗石、大理石及人造大理石等,都具有外表华丽、装饰性好的特点,在耐水、耐火、耐腐蚀等方面优于其他材料。 但由于价格较高,有特殊考虑时才会采用。

• 木地板虽然有柔软、隔寒、光泽好的优点,可是易弄脏、易损坏,故对于顾客进出次数多的门店不大适合。

• 地毯可以让人感觉豪华,有多种材质、等级和颜色,化纤地毯耐用性好、易于清洗、安装速度快,价格又相对便宜,其缺点是易弄脏、易损坏。

每种材料都有它的优势,选择地板材料不可忽视的重要因素就是舒适性。尽管美观、耐用都很重要,但必须同时确保所选材料要使顾客和销售人员感觉舒适。 地板材料选择不当,往往会带来一些不良的影响,如有些材料站在上面并不舒服,当工作人员站立久时会增加疲劳感,所以在进行地板材料选择时必须多方考虑。

3.2 服装连锁门店空间规划

3.2.1 服装连锁门店空间布局设计

(1)空间布局设计的原则

① 便于顾客进入和购物

服装连锁门店空间布局的设计首先要要有明晰的导向性,方便顾客进入店铺,以及寻找和选购商品。

② 便于商品推销和管理

比如,试衣间旁边的配饰陈列可以帮助店员搭配服装,促进连带销售。 比如,将收银台、试衣间放在店铺的后半部分,可以增加商品和货款的安全性。 比如,在收银台旁边陈列饰品,不仅便于管理,利于销售,也为顾客排队等候带来一点乐趣。

③ 便于商品陈列的有效展示

目前,大多数品牌的服装设计都有一定的系列性,在店铺进行陈列时,也要按系列进行分组陈列。 因此,在空间布局设计中,还要考虑展具之间的组合,即展具的摆放要方便陈列的组合展示。

(2)空间布局设计的方法

① 根据营销管理的流程,可将店铺空间布局按照四个区域划分设计,这四个区域是导入区、营业区、服务区和后台管理区。

a. 导入区

导入部分位于店铺最前端,主要包括店头、出入口、橱窗、海报(POP)和流水台,是店铺中最先接触顾客的部分。 功能是在第一时间告知消费者店铺商品的品牌特色,透露店铺内营销信息,以达到吸引顾客进入店铺的目的。

• 店头。 或称店眉,通常由品牌文字或 logo 图案组成。

• 出入口。 出入口的风格、大小和造型应该与服装品牌定位、风格、商品特点相适应。

• 橱窗。 通常有模特、图片、服饰品或其他陈列道具组成。 以直观的视觉效果,形象地传达品牌的风格、定位、设计理念、服装销售信息、打折促销信息等。 这些都会直接影响顾客的进店率。

• 流水台。 也称陈列桌,通常放在入口附近或店堂中心的显眼位置。 由单独或 2～3 个高度不同的展台组合而成。

• POP 海报。 比较常见的是摆放在店铺出入口处或橱窗中,用图片和文字结合的形式传达品牌的营销信息。

b. 营业区

营业区是直接进行商品销售活动的主体区,是服装店中的核心,主要由展柜、展架等各种展示道具所组成。

营业区通道设计要合理,具有一定的引导性,引导顾客进入店铺的每个角落。

c. 服务区

服务区是为了更好地辅助店铺的销售活动,使顾客能更多地享受商品之外的超值服务。 主要包括试衣区和收银台。

• 试衣区。 包括封闭或半封闭的试衣间,以及设在营业区的试衣镜周边区域。 通常设在销售区的深处和店铺的拐角,以免堵塞通道。

• 收银台。 通常设立在店铺后部,是顾客付款结算的地方。 既是顾客在卖场中购物活动的终点,也是培养顾客忠诚度的起点。

d. 后台管理区

后台管理区主要是指仓库、服务员休息区,要注意相对的封闭性,尽量不要让消费者直接看到这一区域。

同时,结合商品企划、商品销售现状以及展示效果,又将部分导入区和营业区细分为 A 区、B 区和 C 区。

• A 区。 A 区位于店中最前方及入口处的区域,是顾客最先看到的或走到的区域，包括展桌、展板、展柜等。 A区通常摆放主打商品、应季商品和特别推荐的商品，是最能代表品牌风格的，也是品牌商品销售率最高的区域。

• B区。 B区通常位于店铺中部，是顾客经过A区后即可达到的区域。 通常陈列从A区撤换下来的服装以及次新款、基本款。

• C区。 C区一般位于店铺后部，是顾客最后走到或通常被忽略的区域。适合陈列个性鲜明的款式、色彩鲜艳的商品或过季商品。

3.2.2 服装连锁门店通道设计

（1）通道设计的原则

① 便捷性

连锁门店的通道是顾客在卖场内购物行走的路线，以方便顾客在店内能够顺利地进行购物为基本原则，通常要有足够的宽度，笔直且平坦，少拐角、无障碍物等。 良好的通道设置，能够引导顾客按通道设计走向方便地走到店内的每一个角落，接触所有商品，又能够使连锁门店的店内空间得到最有效的利用。

② 引导性

通道设计首先必须考虑到良好的通过性，使顾客方便进入和容易通过，方便顾客到达每一个角落，避免产生店铺死角。 一些重要的部位要留有绝对的空间，因为店铺最终的目的不是让顾客通过，而是停留。

主通道一般指边柜与中岛区展具之间的距离，是店内最宽的道路。 主通道是顾客进入店铺后多数会走的路线，设置时应没有障碍物的阻挡，尽量引导顾客走过店内的每个区域，并延伸到店内的最深处。

副通道指中岛区展具与展具之间的距离，是顾客可选择行走的副路线。 作用是使顾客在店铺的行走路线形成回流，延长顾客在店内的时间，增加顾客对货品的接触机会和次数，从而增加产品的销售几率。

（2）通道设计的类型

① 直线型通道

直线型通道指一条单向直线通道，或以一个单向通道为主，再辅助几个副通道，通常是以店铺的入口作为起点，以收银台作为终点。 顾客依照展具排列的方向单向购物,以商品陈列不重复、顾客不回头为设计特点,它使顾客在最短的线路内完成商品购买行为。

这种通道布局简洁,商品一目了然,节省空间,便于顾客寻找,易于快速结算;但容易形成生硬、一览无余的感觉,不利于调动顾客潜在的探索欲望,不利于延长顾客停留时间。

直线型通道设计适合小型店铺,或者对单位面积利用率要求较高的店铺,但不太适合进深特别长的店铺。

② 环绕型通道

分为 R 型、O 型两种。 R 型指有两个出入口的店铺通道,O 型指只有一个出入口的店铺通道。

这种通道富于变化,容易使顾客分流进入四周边柜区域,延长顾客停留时间,并且有利于其他顾客的进入和通过。 但对店铺面积要求较高,适合于营业面积相对较大或中间有展具的店铺。

③ 自由型通道

指展具布局灵活,呈不规则路线分布的通道,便于顾客自由浏览,随意挑选,但空间比较浪费,而且无法形成明晰的导向感,在客流比较大的店铺容易造成混乱,所以适合价位相对较高,客流量较少的店铺。

(3) 通道设计的尺度

在店铺空间中,通道的宽度是按照人流的股数为依据的。 每股人流以普通男性的肩宽 48 cm 加 12 cm,即 60 cm 计算,一般主要通道的宽度应允许8～10股人流通过,因而通道宽度应在 4.8～6 m;次要通道应允许 4～6 股人流通过,通道宽度应在 2.4～3.6 m;最窄处也应考虑可以允许 3 股人流通过,宽度不小于 1.8 m,否则可能会造成人流拥堵。 展具之间的最短距离至少要允许两个人通过,因此,最窄的展具间隔通道不能小于 1.2 m,见表 3-3。

表 3-3

通道类型	人流股数	通道宽度
主要通道	8～10 股人流	4.8～6 m
次要通道	4～6 股人流	2.4～3.6 m
一般最窄通道	3 股人流	不低于 1.8 m
展架间隔最窄通道	2 股人流	不低于 1.2 m

3.3 服装连锁门店商品陈列

3.3.1 服装陈列基础知识

（1）服装陈列的含义与原则

服装陈列主要是指陈列技法，陈列技法又称为 MP，是英文 "Merchandise Presentation" 的缩写，主要包含三个内容：VP、PP、IP。

VP 是英文 "Visual Presentation" 的缩写，意为视觉陈列。主要作用是表达店铺卖场的整体印象，引导顾客进入店内卖场，注重情景氛围营造，强调主题。VP 是吸引顾客第一视线的重要演示空间。主要表现点在橱窗、卖场入口、中岛展台或平面展桌等位置。

PP 是英文 "Point of Presentation" 的缩写，意为售点陈列。主要作用是表达区域卖场的印象，引导顾客进入各专柜卖场深处，展示商品的特征和搭配，展示与实际销售商品的关联性。PP 是顾客进入店铺后视线主要集中的区域，是商品卖点的主要展示区域。主要表现点在展柜、展架、模特、卖场柱体等位置。

IP 是英文 "Item Presentation" 的缩写，意为单品陈列。主要作用是将实际销售商品的分类、整理，以商品摆放为主，属于清晰、易接触、易选择、易销售的陈列。IP 是主要的储存空间，是顾客最后形成消费的必然触及的空间，也叫做容量区，主要表现点在展柜、展架等位置。

通常情况下，在不同的品牌中 VP、PP、IP 所占的比例各不相同，主要是取决于品牌类别及定位。例如，休闲类服装通常 PP 在店铺中占比例比较大，而中高档女装通常 IP 中侧挂占比较大。但 VP 展示现在越来越得到品牌的重视，很多品牌在原有卖场内 PP 和 IP 展示的基础上加入更多的 VP 展示。

（2）服装陈列的原则

① 显眼原则

"显眼" 这句话并不是表示 "看得见" 的意思。站在顾客的角度来看，如何能让商品变得显眼才是关键。看不到的东西就卖不出去，而不容易看到的东西,也不容易卖出去。

所谓"显眼的陈列"即一个店为使"最想卖的商品"容易卖出,尽量将它摆放于显眼的地点及高度,才可称为有效陈列。 在施行显眼陈列时,应先考虑顾客的性格及其购买的商品,尽量选择能引人注目的场所陈列。 即使在同样的场所,在有效陈列范围中也要集中展示于最显眼的高度上,并在陈列方式上下功夫,运用陈列技法在卖场中制造视觉冲击重点,使某个区域的货品或整个卖场引人注目。

② **易选择、易取拿原则**

所谓"易选择的陈列"即店内的商品以顾客选购的习惯为依据进行陈列,特别商品(手表、皮带等小型贵重商品)以外,都尽量陈列于易取拿的地方。 因此,要在考虑商品的关联性之后,再进行分类陈列。

关于"易取拿的陈列"在显眼、易取拿的有效陈列范围内,依照显眼度、易取拿度的高低顺序,将畅销商品及想要多卖的商品适当地陈列在高效率位置上。

③ **丰富性、生动性原则**

任何人在选择喜爱的商品时,都喜欢从多种类、多数量中选择,以得到购物的满足感。 当然如果就此将过量商品陈列出来,反而会造成商品周转率降低,因此也要注意适度,巧妙运用各种陈列技法使商品看起来丰富、生动是非常重要的。

④ **提高价值原则**

视觉效果与商品价值的体现有极大关系,陈列道具、陈列背景、照明以及商品的搭配组合都与视觉效果的表现紧密相关,在陈列技法部分主要涉及到商品的搭配组合,比如,男士外套可以用衬衫、领带等进行搭配展示,女装可以用丝巾、项链、首饰等搭配展示,运动装可以用相关运动器材搭配展示,都非常有利于商品价值的提高。

3.3.2　服装陈列的方法

（1）服装陈列的基本形式

服装陈列的基本形式有人模陈列、叠装陈列、挂装陈列、平面展示陈列等。

① **人模陈列**

就是把服装穿在人体模台上的一种展示形式。

a. 人模陈列的特点

- 最接近人体穿着时的状态，可以使服装得以充分展示。 这种展示形式将服装用最接近人体穿着时的状态进行展示，可以使服装的款式风格、设计细节充分地展示出来。

- 通常放在显眼的位置，可以有效吸引消费者的注意力。 人模出样的位置一般都放在店铺的橱窗或店堂里显眼的位置上。 它不仅能够形象地表达品牌的设计理念和卖场的销售信息，而且能够在短短几秒钟内吸引路过的消费者。

- 通常用来陈列当季重点推荐或更能体现品牌风格的服装。 通常情况下用人模出样的服装，其单款的销售额都要比其他形式出样的服装销售额高。 因此，当季重点推荐或更能体现品牌风格的服装，就需要选择用人模出样。

- 人模陈列也有其缺点。 首先，是占地面积大，所以要控制使用的数量，如果数量太多就没有主次，反而不能很好地吸引顾客；其次，是服装的穿脱很不方便，遇到有顾客看上模特上的服装，而店堂货架上又没有这个款式的时候，营业员从模特身上取衣服就很不方便。

b. 人模陈列的规范要求

- 同一品牌的店铺空间中展示的模特风格、色彩一般应统一。
- 同组人模着装风格、色彩应采用相同系列。
- 除特殊设计外，人模的上下身均不能裸露。
- 配有四肢的人模，展示时应安装四肢。
- 不要在人模上张贴非装饰性的价格牌等物品。

② 叠装陈列

叠装陈列是将服装用折叠的方式进行展示的一种形式。

a. 叠装陈列的特点

- 空间利用率高，可以起到一定的货物储备作用，能有效节约空间。 卖场的空间毕竟是有限的，如果全部以挂装的形式展示商品，则根本不够。 所以，采取叠装陈列可以增加有限空间陈列品的数量。

- 能展示服装部分效果，大面积的叠装组合还能形成视觉冲击点。 例如，休闲装追求一种量感的风格，叠装容易给人一种货品充裕的感觉。

- 丰富陈列形式，和其他陈列方式相配合，增加视觉变化。 如一些高档女装品牌采用叠装主要是为了丰富卖场的陈列形式。

- 叠装陈列缺点有两个，首先，是展示效果较差，不能充分展示细节；其次，是顾客试衣后整理服装比较费时。比如，在休闲装中通常同一款的服装都有挂装出样，来满足顾客试衣的需求。

b. **叠装陈列的规范要求**

- 每件服装均需拆去外包装，要做到平整；肩位、领位要整齐，吊牌不外露。

- 每叠服装折叠尺寸要相同，如每叠服装尺码不同，尺码排列从上到下，由小到大。

- 应尽量将图案和花色展示出来，同时上下要对齐。

- 叠装陈列附近应同时展示同款的挂装，能满足顾客更详细观看和进行试衣。

- 层板上叠装陈列的服装高度应该一致，为方便顾客取放，上方一般至少要留有 1/3 的空间。

- 每叠服装之间的距离，不能过松或过紧，通常约为 10～15 cm。

- 叠装适合面料厚薄适中，不容易产生折痕的服装。西装、西裤、裙子以及一些款式比较不规则的服装一般不宜采用叠装。

- 叠装有效陈列高度应介于 60～180 cm 之间，应避免在 60 cm 以下展示或光线较暗的角落展示。

③ **正挂陈列**

正挂陈列是将服装以正面展示的一种陈列形式。占用空间不大，能够充分展示服装设计细节，兼具储物作用，是目前服装店重要的陈列方式。

a. **正挂陈列的特点**

- 可以进行上下装搭配式展示，以强调商品的风格和设计卖点，吸引顾客购买。

- 弥补侧挂陈列不能充分展示服装，以及人模出样数受场地限制的缺点，并兼顾了人模陈列和侧挂陈列的一些优点，是目前服装店铺重要的陈列方式。

- 有些正挂陈列货架的挂钩上还可以同时挂几件服装，不仅起到展示的作用，也具有储货的作用。另外，正挂陈列在顾客需要试穿服装时取放也比较方便。

b. **正挂陈列的规范要求**

- 衣架款式统一，挂钩朝向统一，一般向左，方便顾客取放。

- 可单件正挂，也可上下装搭配正挂，搭配陈列时上下装的衔接要恰当到位。

- 如有上下平行的两排正挂，通常上装挂上排，下装挂下排。

- 可多件正挂的挂通，应 3～6 件出样，同款同色的商品，尺码要从外向内依次从大到小或从小到大排列。

- 多款服装同区域正挂时，要考虑相邻服装之间风格和长短的协调性。

④ 侧挂陈列

侧挂陈列是将服装侧向挂在货架挂通上的一种陈列方式，空间利用率较高，但不能直接展示服装的整个面貌和细节。

a. 侧挂陈列的特点

- 服装的保形性较好。由于侧挂陈列服装是用衣架自然挂放的，因此，这种陈列方式非常适合一些对服装平整性要求较高的高档服装，如西装、女装等。而对一些从工厂到商店就采用立体挂装的服装，由于服装在工厂就已整烫好，商品到店铺后可以直接上柜，可以节省劳动力。

- 体现组合搭配，方便顾客进行类比。侧挂陈列在几种陈列方式中，具有类比功能，便于顾客随意挑选。消费者在货架中可以非常轻松地同时取出几件服装进行比较，因此非常适合一些款式较多的服装品牌。由于侧挂陈列取放非常方便的特点，在许多品牌里供顾客试穿的样衣一般也都采用侧挂的陈列方式。

- 侧挂陈列服装的排列密度较大，对卖场面积的利用率较高。

- 服装整理简单，取放方便。休闲装经常采用侧挂方式。

- 侧挂陈列的缺点是不能直接展示服装，只有当顾客从货架中取出衣服后，才能看清服装的整个面貌。因此采用侧挂陈列时一般要和人模出样和正挂陈列结合，同时导购员也要做好对顾客引导工作。

b. 侧挂陈列的规范要求

- 衣架、裤架款式统一，挂钩统一朝里，方便顾客取放。

- 服装熨烫平整，根据款式系好纽扣、拉上拉链或系上腰带，吊牌不外露。

- 服装正面一般朝向左方，由左向右，尺码按照从小到大或从大到小的顺序陈列。

- 侧挂服装的数量要适当，不能太空也不能太紧，一般在 6～8 cm。

- 一般情况下每款服饰应同时连续相邻挂 2～4 件（不同尺码）。

- 侧挂服装距离地面高度不得少于 15 cm。
- 侧挂的最后一件可以反转挂,使之正面朝向顾客。

每种陈列形式各有优缺点,在实际应用时往往综合使用,取长补短。 表 3-4 为以上四种陈列形式的效果比较。

表 3-4　四种主要陈列形式比较

陈列方式	展示效果	卖场利用率	取放和整理便捷性
人模陈列	★★★★★	★☆☆☆☆	★☆☆☆☆
叠装陈列	★★★☆☆	★★★★★	★★★☆☆
正挂陈列	★★★★☆	★★☆☆☆	★★★☆☆
侧挂陈列	★★☆☆☆	★★★★☆	★★★★★

⑤ 平面展示陈列

平面展示的服装通常为搭配好的成套服装和服饰品,有秩序地陈列在流水台或流水桌上,主要是为了丰富商品组合形式,展示效果较好但占用空间较大。

（2）服装陈列的构成形式

从卖场陈列的形式美感角度分析,卖场陈列常用构成方式主要有对称、均衡、重复等几种构成形式。

① 对称构成

卖场中对称构成就是以一个中心为对称点,两边采用相同的排列方式,给人以稳重、和谐的感觉。 这种陈列形式的特征具有很强的稳定性,给人一种规律、秩序、安定、完整、平和的美感,在卖场陈列中被大量应用。

对称法不仅适合比较窄的陈列面,也适合一些大的陈列面。 如果在卖场中过多采用对称法,则会使人觉得四平八稳,没有生气。 因此,一方面,对称法可以和其他陈列形式结合使用;另一方面,在采用对称法的陈列面上,还可以进行一些小的变化,以增加陈列面的丰富感(图 3-11)。

图 3-11　对称法陈列

② 均衡构成

卖场中的均衡构成打破了对称的格局,通过对服装、饰品的陈列方式、位置的精心摆放,重获新的平衡。 均衡构成既避免了对称法过于平和、宁静的感觉,同时也在秩序中营造出一份动感。

另外,卖场中均衡构成常常是采用多种陈列方式组合,一个均衡的陈列面常常是由一系列的服装组成。 所以在卖场用好均衡构成既可以满足货品陈列的合理性,也可以给卖场带来几分活泼的感觉(图 3-12)。

图 3-12　均衡法排列

图 3-13　重复法排列

③ 重复构成

卖场的重复构成是指服装或饰品在一组陈列面或一个货柜中,采用两种以上的陈列形式进行多次交替循环的排列手法。 多次交替循环会产生节奏感,让人们联想到音乐节拍的清晰、高低、强弱、和谐、优美,因此卖场中的重复陈列常常给人一种愉悦的韵律感。

各种陈列构成形成往往不是孤立的,而是相互结合和渗透的,有时候在一个陈列面中会出现几种不同的构成形式,而且卖场陈列构成形式也远不止这些,在熟悉卖场各种功能和充分了解艺术的基本规律后,我们就可以自由地在艺术和商业之间漫步,并且不断创造出更多的陈列构成形式(图 3-13)。

3.3.3　陈列的维护

（1）陈列培训

一般而言,陈列培训包括对陈列人员的培训和销售人员的培训。 公司的陈列部门会在每季主题上市之前,对各分公司进行陈列和货品培训。 包括分发培训资料,专职陈列员接到培训及资料以后,根据主题上市时间对直营和加盟店做出再培训,从而把信息传达到店铺的销售人员。

① 陈列人员培训

培训内容包含:品牌发展规划;美工基础;色彩基础;服装、服饰与色彩、款式搭配；模特着装与动态姿势；店面陈列及布置技巧；POP 海报制作；促销布置方法；店堂卫生；营业员形象塑造、指导及要求；店堂气氛营造。

②　**店铺销售人员陈列培训**

组织销售人员参加陈列方面的标准培训和基础培训，便于统一思想，协同作战。主要培训内容有：店员形象塑造；店堂卫生；挂装、叠装的基本方法与维护；每季根据陈列主题对现场销售人员进行指导。

（2）日常维护

陈列日常维护需要定期对店铺陈列进行巡视调整及指导是陈列师的职责。主要包含如下内容：

①　**检查**

a. **检查店外陈列要素**

门头、灯箱、立牌、橱窗是否完好清洁。

b. **检查店面陈列情况**

陈列道具摆列、服装陈列方式、陈列区域规划、POP 的种类及使用等方面是否符合规范。

c. **营业员穿着、仪表等形象是否符合公司要求。**

②　**根据陈列标准和陈列手册指导各级店铺的实际操作**

a. **现场陈列方案制定**

店长提供近期的销售数据以及店铺人流情况；了解最畅销款及滞销款的情况；与店长现场讨论陈列方案。

b. **明确陈列目的**

当季产品设计主题和系列；产品主题颜色；目标顾客群特征；根据店铺货架平面图确认场地；计算店铺货品基本铺货量；道具使用的目的。

c. **确认陈列场所**

各种陈列道具的宽度与高度；陈列的位置环境；道具的颜色、材料、造型，道具与商品平衡调配；模特的姿态、个数与构成。

d. **选择合适的商品**

根据陈列方案，选择合适的商品，包含服装设计的颜色、款式、材质、号型、价格以及搭配的服装配饰。

e. 陈列布置

整体布局;服装色系与材质的分配;模特的姿态与组合、模特服装搭配;服装之间、服装与道具间、服装与服饰配件的平衡感;POP 与海报等宣传品的更新;灯光的调整。

f. 现场培训

陈列人员确定好商品陈列位置与形式后,现场培训销售人员陈列方式和注意事项,销售人员根据陈列人员的示范,选择合适的服装进行操作和后期维护。

g. 拍照与报表填写

每次巡店结束后,需拍照并填写详细报告,记录巡店和调整效果,对照目标,分析现状和需提高的方面,为下一步工作做好准备。

③ 陈列用品的管理

陈列用品保养;陈列用品的出入登记;陈列用品的挑选及采购;POP、灯箱等陈列道具制作。

④ 季节和节日促销陈列设计

a. 季节促销

根据每季商品风格和商品信息制定上货波段表,并制定出各波段陈列计划和效果图,做好管辖区域的换季布置。

b. 节日促销

重大节日的店铺布置;根据管辖区域展销特卖形式所进行的临时特惠区的布置。

⑤ 同行业情报收集

同行业促销活动的做法、换季布置方法、陈列布置方法。

思考练习题

1. 你认为现代企业家应该具有哪些文化素质? 结合服装企业做出阐述。

2. 服装连锁门店形象,要如何面对环境的挑战? 以小组为单位,设计一个企业品牌的门店建设方案,方案要突出公司特色,切实可行。

3. 以小组为单位,实地考察一个服装专卖店的实际布局详情,并配图加以说明优缺点。

079

第4章 | 服装连锁门店商品管理

知识要点

1. 服装商品定位与分类
2. 服装商品结构与品种
3. 服装商品的采购流程与计划

4.1 服装商品定位与分类

4.1.1 服装商品定位

（1）服装商品定位策略

连锁服装企业在目标市场、业态确定后，就要考虑用什么样的商品来满足顾客的要求，也就是商品定位。商品定位的好坏将直接影响到连锁门店的销售情况以及门店在消费者心目中的形象。商品定位不是一个静态的过程，它是随着季节、时尚、消费者生活方式和偏好等因素的变化随时进行调整的动态过程。

在新的门店决定进驻市场之前，首先应当考虑的就是商品的风格定位。商品是整个门店的核心，店铺的设计、商品的展示无不都是围绕着商品来进行的。因此，商品的风格定位是十分重要的，商品的风格可以是多种多样的，可以是运动休闲风格为主，也可以是豪华高贵风格为主；可以单一品牌的商品进行结构规划，也可以是以品牌群体系列的商品进行结构规划，但是，服装门店的场地选择、陈列设计必须与商品的风格定位相一致。

（2）商品定位的概念及特征

① 商品定位的概念

商品定位是指连锁企业针对目标消费者和生产商的实际情况,动态地确定商品的经营结构,实现商品配置的最优化状态。 商品定位包括商品品种、档次、价格、服务等方面。 商品定位既是服装企业决策者对于市场判断分析的结果,同时又是企业经营理念的体现,也是连锁企业通过商品而设计的企业在消费者心目中的形象。

② 商品定位的特征

商品定位是一种经营策略,商品定位是否正确、结构是否合理、能否保持正常运转,关系到连锁企业的生存和发展。 因为消费者对商品的评价主要在于商品的功能是否能够满足需要。

成功的商品有一个共性,就是始终如一地将商品的功能与消费者的心理需要相联系,通过这种方式将商品的定位明确地传递给消费者。 例如,"男人的衣橱——海澜之家"让消费者明确品牌想要传达的意思,让消费者联想到品牌的贴心。 一种商品的影响是在消费者心目中被唤起的想法、情感的总和,因此,只有当消费者心目中关于商品定位的内容得以确认,企业为此进行的各种资源的利用才会有价值。

③ 商品定位的本质特征

- 商品定位必须具有顾客满意度。
- 商品定位具有长期性。 企业只有长期的发现和满足消费者的需求,才能树立良好的企业形象。
- 商品定位必须具有竞争性。 企业的商品定位要有一定的独到优势,要能够在竞争商品中显示自己的独特之处,才会赢得消费者的关注和购买,只有这样才能赢得竞争优势。

对于企业来讲,最重要的挑战就是针对目标消费者的喜好来作为商品定位;最能持久的竞争优势,就是让消费者认为你的产品比别人的好,这就是制胜定位。

（3）商品定位的原则

由于连锁企业确定自己的商品结构十分复杂,并受到多种因素制约,所以在进行商品定位时,应当遵循一定的原则。

① **准确把握店铺业态的原则**

每一种零售业态都有自己的基本特征和商品经营范围。连锁企业的商品定位一定要与其选择的业态相一致。法国迪卡侬公司是大型运动用品连锁店,迪卡侬的门店将各类运动用品汇聚一堂,以相对最低的价格提供技术性能优良的产品,为更多的人提供运动的可能,享受运动的乐趣。迪卡侬准确地根据店铺的业态,在产品定位中,推出蓝色货品(性价比最高)、中端货品、高端货品,满足不同消费者对于运动产品的喜好。迪卡侬意图根据超大面积的门店的零售业态,利用多层次多品种的商品来吸引消费者,准确地把握住了商品定位,吸引了大量消费者,这种做法在不少国家取得了成功。

② **适应消费者需求变化的原则**

只有准确掌握目标消费者的详细情况,才能有针对性地组织商品服务,才能满足消费者的需求。服装连锁企业应当根据消费者的要求随时调整自己的商品经营结构,使其商品定位与消费者的消费机构相适应。

③ **掌握营销目标消费者的原则**

影响目标消费者的因素很多,但是主要是地理因素、心理因素、人口因素。地理因素指的是连锁门店所处的位置和周围的环境,如交通状况等;人口因素指的是目标消费者的性别、家庭状况、收入水平、文化程度、年龄及对消费者的消费习惯和消费心理产生的影响;心理因素包括消费者的个性、生活方式、购买动机、时尚意识等等,目标消费者的心理因素正越来越显著地影响到消费者的消费习惯,进而影响到连锁企业的商品定位。连锁企业只有对目标消费者影响较大的一些因素做出分析,才能准确地进行商品定位。近几年,快速时尚品牌像雨后春笋一样在全国范围内遍地开花,例如,H&M,ZARA,C&A等品牌,他们最大的特征就是充分抓住了消费者渴望时尚的心态,将T台上最时尚的设计以最快的速度制造并铺货到卖场,同时保持价格的低廉,这样的产品定位立刻捕获了大量消费者的心,在商品上获得了很大的成功。

4.1.2 服装商品分类方法

(1) 服装商品的分类

服装商品的分类方法非常多,并没有一个统一的分类方法,本文所列的几种是服装常见的分类方法。服装的常见分类方法是从人们熟悉的、约定俗成的、在服装的一般流通领域易被接受的角度对服装进行分类,其服装的名称出现频率很高,便于在现实生活中被普通人认知和接受。

（2）服装商品的分类方法

① 根据年龄分类

婴儿装:0～1 岁左右的儿童使用的服装。

幼儿装:2～5 岁左右的儿童使用的服装。

儿童装:6～11 岁左右的儿童使用的服装。

少年装:12～17 岁左右的少年使用的服装。

青年装:18～30 岁左右的青年使用的服装。

成年装:31～50 岁左右的成年人使用的服装。

中老年装:51 岁以上的中老年人使用的服装。

② 根据国际通用标准分类

高级女装:由巴黎女装协会认证,在欧洲高级女装店里出售的高级女装。

时装:是介于高级女装和成衣之间、具有流行意味的、顾客目标较为明确的时髦服装。

成衣:按照计划大批量、在流水线上生产标准号型的服装。

③ 根据用途分类

日常生活装:在普通的生活、学习、工作和休闲场合穿着的服装。 如家居服、学生服、运动服和休闲服等。

特殊生活装:较少人在日常生活中穿着的服装。 如孕妇装、残疾人服、病员服等。

社交礼仪服:在比较正式的场合穿着的衣服。 如晚礼服、婚礼服、宗教服等等。

特殊作业服:在特殊环境下具有防护作用的作业服装。 如防火服、防毒服、防辐射服、潜水服等等。

装扮服:在具有装扮、假饰等要求的场合穿着的服装。 如戏剧服、迷彩服等等。

④ 根据季节分类

春秋装:在春秋季节穿着的服装。 如套装、单衣等。

夏装:在夏季穿着的服装。 如短袖衬衣、短裤、背心等。

冬装：在冬季穿着的服装。如滑雪衫、羽绒服、大衣等。

⑤ **根据品质分类**

高档服装：服装的设计、材料和制作呈高标准组合的服装。

中档服装：服装的设计、材料和制作呈一般标准组合的服装。

低档服装：服装的设计、材料和制作呈低标准组合的服装。

⑥ **根据服装外型分类**

字母形装：外轮廓以对称的英文字母命名的服装。如 A 型大衣、X 型套装等等。

规则几何形服装：外轮廓具有规则几何形特点的服装。如倒三角形服装、箱形服装等等。

自由几何形服装：外轮廓具有自由几何形特点的服装。如 S 形等。

物象形：外轮廓具有某种物体形状的服装。如郁金香形、工字形等等。

⑦ **根据材料分类**

纤维服装：用不同的纤维制成的服装。

皮毛服装：用动物的毛皮制成的服装。

革皮服装：用去毛的动物皮革制成的服装。

其他材料服装：用不常用的材料制作呈的服装，如稻草服、金属服等等。

⑧ **根据商业习惯分类**

童装：0～12 岁左右儿童穿着的服装。

少女装：20 岁左右年轻女性穿着的服装。

淑女装：适合年纪较轻的女性，穿着让人感觉稳重大方、优雅文气的服装。

职业装：在有统一着装要求的工作环境中穿着的服装。

家居服：平时在家里穿着的服装。

休闲服：在休闲场合穿着的服装。

运动服：方便人体运动而穿着的服装。

内衣：穿在外衣内层的贴身服装。

⑨ **根据风格分类**

前卫风格：前卫风格是以波普艺术、幻觉艺术、主体艺术等前卫艺术以及街头艺术等作为灵感来源而得到的一种奇异的服饰风格，包括达达主义、后现代主义、未来派等。前卫风格表现出一种对待传统观念的叛逆和创新精神，常采用夸张的手法表现出对现代文明的嘲讽和对传统文化的挑战。

民族风格：民族风格是指从民族服饰中汲取灵感的一类服饰设计风格。常见的民族风格包括东方风格、俄罗斯乡村风格、美国西部风格等。

浪漫风格：浪漫主义风格主张摆脱古典主义过分的简朴和理性，反对艺术上的刻板僵化。它善于抒发对理想的热烈追求，热情地肯定人的主观性，表现激烈奔放的情感，常用瑰丽的想象和夸张的手法将主张、非理性和想象融为一体，使服饰产品表现出纤细、华丽、透明、摇曳多姿的效果。在服饰细节设计上常采用碎褶、蕾丝等手法，在配色上较多采用淡雅的中间色调，柔和而精致。

活泼风格：活泼风格的服饰产品通常选用功能性好的面料，采用对比度高的色彩，用条形或块状等简单图案来表现强烈的动感，活泼、舒适、青春是其最明显的风格特征。

经典风格：经典风格是指传统、保守的且受流行影响较少的服饰风格，如 Coco Chanel 的套装、YSL 的猎装、Armani 的工装等。用色一般采用黑色、白色、灰色、深海军蓝、酒红色等沉稳、大方的色彩，以素色或传统的条格类居多。

洗炼风格：具有都市洗炼感和现代感的风格。此风格的基调简洁、明快，以反映品位和内涵为特征，但又不失高雅格调，将女性的柔美、风韵与智慧、个性相结合。洗炼风格常采用无彩色或冷调色系，廓型、结构以直线为主。

异性化风格：异性化即在女性服饰中融入男性化特征的服饰风格。此风格通过主张男性化倾向反衬出原本未曾被发现的女性魅力。在款式上以直线条为主，品类以正装、夹克、裤子、大衣居多。

优雅风格：是指优雅、纤细、柔美的服饰风格，以体现成熟女性的端庄为宗旨。一般采用上等面料、披挂式款型来表现女性优美的线条，利用面料的柔性、悬垂性自然地塑造出女性的高贵、优美与文雅。

4.2　服装商品结构与品种

4.2.1　服装商品组合搭配策略

随着社会的发展，服装店铺越来越倾向于用服装商品组合搭配来展示自己的产品，通过将上装、裤子、裙子、鞋、包等集中起来构成组合方案，向消费者传达一个整体的概念，展示了新的生活方式。 因此，在日常的时尚报刊杂志和服装门店中，经常会看到成套搭配的或者组合搭配的服装，服装商品的组合搭配也吸引了不少消费者的眼球。 这也要求服装商品组合搭配具有丰富性和层次感，实现多样化与差异化，统一协调整体形象。

在服装领域中组合搭配是将两种以上的服装品类组合以形成某种整体风格。 通过搭配和组合不同的廓型、细节、色彩和图案，塑造出一种统一协调的形象。 合理的组合搭配既能促进销售，又能形成某种风格。 服装连锁门店在进行组合搭配时，需要考虑到消费者理想的整体生活状态与商品的搭配组合效果是否一致。

（1）服装商品组合搭配的要素

服装商品组合搭配要将不同品类的商品，塑造成统一和谐的形象，一般而言，除了服装以外，也包括鞋、箱包、首饰等配饰，组合搭配主要考虑这几方面：

- 服装之间的组合搭配。
- 服装和配件之间的组合搭配。
- 整体风格和发型、化妆之间的搭配。
- 服装和脸型、身体比例、肤色的搭配。
- 服装和穿着场合、生活场景的组合搭配。

（2）服装商品组合搭配的基本类型

① 款式搭配

将不同的细节、廓型、品类的服装进行组合搭配，形成某种风格，向消费者传达出一种独特的生活方式。

② 色彩搭配

用色彩的色相、纯度、明度的变化进行搭配,产生舒适或者刺激的视觉感受。 色彩搭配组合的关键是对不同的视觉感受的色彩进行和谐、巧妙的组合,以形成预期的视觉冲击,吸引更多的顾客,促进商品的销售。

③ 图案搭配

图案组合的搭配,包括图案的大小和阴阳的搭配。 图案搭配的重点往往是突出图案的特征与独特性,以吸引消费者并给消费者留下比较深刻的印象。

④ 材料搭配

不同的材料具有不同的风格,通过材料的肌理、光泽和厚薄的搭配,突出整体效果。

4.2.2 服装商品构成

服装连锁门店的商品管理,面临着产品种类和数量繁多的问题,在商品开发阶段,就应当对商品进行归类,以满足连锁门店中不同渠道、不同定位、不同消费者、不同竞争等等的需求。 服装连锁门店进行商品组合的目标主要是:让顾客较为便利地选择商品,满足顾客对商品的需求,让顾客购买时方便而又愉悦。因此,服装连锁门店的商品管理的核心是考虑商品款式的构成比例,这要根据连锁门店不同的位置、不同的目标消费者、不同的季节来具体决定。 一般商品构成分为三个阶段:

（1）决定商品构成的比例

根据服装商品在门店中所承担的销售功能来进行划分,可将服装商品分为三类:形象款、畅销款和长销款。

形象款是指能够表现当季商品的理念和主题,突出体现流行时尚趋势,常常作为展示对象的商品。 形象款通常是为了增加门店新鲜度或者是展示陈列的需要,迎合少数对价钱不敏感的顾客。 因此,形象款商品往往是价格高、销量少、风险高,设计、材料、色彩的组合搭配新颖,有很强的生活方式的提示性和倡导性,市场的实际需要程度难以准确的预测。

畅销款是指上一季销售情况较好的商品,往往融入了一定的时尚流行特征,常常作为大力促销的对象,也有部分的畅销款是上一季销售情况较好的形象款。

畅销款是服装企业利润最好的商品。

长销款是指能够稳定销售的商品，受到流行的影响较少，通常为经典款式。 基本款往往由历史销售数据来支持，通过薄利多销，赚取稳定的利润。长销款往往是作为单品推出，需要具有品类丰富，并要与消费者原有服装易搭配的特点。

决定商品构成的比例是确定服装连锁门店中形象款、畅销款和长销款商品所占的比例。

这三大类产品的比例主要取决于连锁门店的定位和渠道。 一般而言，若服装品牌的定位倾向于流行，则形象款所占的比例越高；若定位倾向于保守，则长销款的比例越高。 对于连锁服装企业来说，不同地区门店的产品定位，也会存在一定的差异，这是由于当地的消费偏好、消费水平、季节天气、零售业态等等所造成的。

随着时间的推移，形象款也可能会变成畅销款，畅销款也可能转换成长销款。 常用的比例如图4-1所示，左侧多为大众化的服装店铺所采用，右侧是较为个性化的女装门店的商品构成。

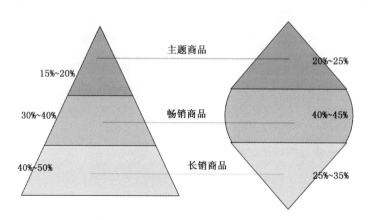

图4-1　形象款、畅销款、长销款商品的构成比例

（2）商品品类数量构成

在设定完成服装的形象款、畅销款和畅销款的整体构成比例后，应当开始关注不同服装品类的具体数量和构成比例。 服装品类是指进行服装细分时所必需的最小区分单元，不同的企业对于品类的认定各不相同，有的企业将裙子作为一个品类，有的企业仅裙子就可能有 5～6 个品类，但是一般我们将品类理解为单位品目。 表 4-1 中为某知名的运动品牌的品类构成列表。

表 4-1 某运动品牌的品类构成

鞋		男	跑步、篮球、网球、越野、训练、足球、沙滩
		女	跑步、篮球、网球、越野、训练、足球、沙滩
服装	男	上装	圆领长 T、圆领中 T、圆领短 T、V 领长 T、V 领中 T、V 领短 T、POLO 长 T、POLO 中 T、POLO 短 T、背心、长袖衬衫、中袖衬衫、短袖衬衫、内衣、连衣裙、泳衣、梭织外套、针织外套、马夹、棉服、羽绒服、针织套衫、起绒套衫、梭织套衫、套服
		下装	梭织长裤、针织长裤、梭织短裤、针织短裤、梭织中裤、针织中裤、泳裤、内裤
	女	上装	圆领长 T、圆领中 T、圆领短 T、V 领长 T、V 领中 T、V 领短 T、POLO 长 T、POLO 中 T、POLO 短 T、背心、长袖衬衫、中袖衬衫、短袖衬衫、泳衣、梭织外套、针织外套、马夹、棉服、羽绒服、针织套衫、起绒套衫、梭织套衫、套服
		下装	梭织长裤、针织长裤、梭织短裤、针织短裤、梭织中裤、针织中裤、梭织裙、针织裙、内裤
配件	中性		帽子、头带、头巾、护腕、围巾、毛巾、袜子、手套、其他附件、泳帽、泳镜、球、水壶、双肩包、单肩包、腰包、其他包类、系带类产品、健身毯、哑铃、其他

服装品类构成比例的设定，主要受到季节的穿衣特点、品牌的着装风格、款式的销售情况、季节的流行特点等因素的影响。

不同季节的气候特征决定了服装款式的类型，如秋冬的服装以外套、长裤为主，春夏的服装以衬衣、裙装为主。

不同的服装品牌也具有着不同风格的穿衣方式。 以职业装为主的女装品牌，一般以西装、衬衫、西裤、连衣裙、半裙等品类进行搭配，这部分品类在整体商品比例非常高；以淑女装为主的女装品牌，则比较喜欢短外套和裙装进行搭配，因此，这类商品在整体商品中的比例要大于中长衫和裤子的比例。

服装的销售情况也是品类构成比例的一个重要的依据，尤其是对于服装连锁企业。 一般情况，企业会抽取市场中业绩较好，或者是在消费者中有影响的门店，对其每月商品配货构成进行调查，收集各商品款型的详细数据。 表 4-2 是某女装企业春夏季新产品的商品品类数量构成。

表4-2　某女装企业春夏季新产品商品品类数量构成

波段	1	2	3	4	5	6	7	8	9	10	合计
时间	1月5日	2月2日	2月19日	3月9日	3月26日	4月13日	5月4日	5月20日	6月5日	6月19日	合计
外套	14	6	4	3	3				1		31
衬衫	5	3	2	4	11	3	4	5	3	1	41
T恤	6	1	4	1	4	1	4	2	2	4	29
连衣裙	5	4	3	5	12	9	7	8	6	3	62
裤子	5	4	6	3	5	3	3	4	3	1	37
半裙	7	2	4	4	6	3	4	4	2	3	39
针织衫	8	6	6	5	7	6	7	4			49
合计	50	26	29	25	48	25	29	27	17	12	288
SKC	140	67	77	67	106	60	69	66	47	26	725
饰品	皮带9款		围巾2款		手包2款		项链6款				19
合计	春130款/351件				夏158款/374件						

备注：SKC是指保存库存中的单品，即单款单色为一个SKC。

4.3　服装商品的采购流程与计划

服装商品的采购计划主要分为三个步骤：首先，分析服装门店的目标消费者，接着分析门店往年的销售情况，并对今年的销售进行预测。 最后，根据销售预测制定商品的采购计划，在合适的时间购买合适的商品销售给适合的消费者。

4.3.1　消费者分析

在充满竞争的服装零售领域，客观的采购计划是取得店铺成功的第一步，只有脚踏实地的进行客观的消费者调研，才能够为消费者提供最合适的商品，才能满足消费者的购物需求，从而实现门店的利益最大化。

所以，在进行商品的采购计划之前，我们必须首先了解消费者，这个消费者指的是服装连锁门店所直接面对的消费者，连锁店铺采购的商品，应当能够满足这一部分消费者的需求与喜好。

（1）消费者分析内容

① 人口分析

人口分析的内容包括人口规模、年龄、聚居地、教育程度以及收入。 通过调查这些指标,服装连锁门店的经营者就能够将其应用于采购商品的过程之中,来决定什么样的商品才可能是消费者所需的。

门店所处区域的消费者年龄对于配置商品有着重要的影响,通常,青少年的需求和已婚人群的服装需求一定是有所差别的,虽然少女和她的母亲都会购买裤子,但是她们对裤子风格的要求往往完全不同。 参见表 4-3,会发现年龄对于服装的喜好有着较大的差异。

表 4-3 不同年龄段人群的消费偏好

划分方式	年龄	偏好商品
儿童	出生~13 岁	电视广告商品、父母的喜好
青少年	14 岁~19 岁	相对低价而前卫的商品、对商品质量要求不高
成年人	20 岁~34 岁	价格中等而较为时尚的商品,对商品质量有一定要求
中年人	35 岁~49 岁	经典而高质量的商品以及奢侈品
年老的中年人	50 岁~60 岁	穿着舒适而高档的商品,价格中等
老年人	60 岁以上	具有保健功能的商品,穿着舒适健康

同样,收入状况,也决定着商品的采购计划,收入状况决定着人们的消费规模,人们往往都喜欢奢侈品,但是收入因素导致不可能人人都去购买奢侈品。 因此,一个优秀的商品采购计划一定会考虑到门店所处位置的消费者收入状况,根据收入情况配置商品。 而两个拥有相同收入水平的消费者,由于各自教育背景的不同,也会选择不同的商品,受到高等教育的人们往往供职于专门的行业,选择货品则更倾向于购买套装;教育背景低的人们往往供职于体力劳动,选择货品则更倾向于结实耐用。

② 生活方式分析

消费者的生活态度与生活方式通常会影响到他们个人的需要。 Sri 咨询公司根据消费者的心理特征,把消费者分为八个大类:

实施者。 凭借自尊与充足的资源"控制"别人的、成功的、久经世故、有能力的人士。 这类人士通常喜欢选择高价位高品质的奢侈品。

履行者。 重视秩序、知识与责任感,勤于思考人生。 他们往往喜好经典款的服饰。

实现者。 拥有成功的事业,乐于控制自己生活的事业型人士。 这类人士的喜好往往介于经典与时尚之间的高价位商品。

体验者。 年轻、有生机、热情冲动,有叛逆意识,寻求多样性和刺激,欣赏新生事物,富有冒险精神。 这类人士通常喜欢较为前卫的产品,以满足求新的喜好。

信仰者。 根据家庭、教堂等传统固有模式确立自己的信仰,是保守传统的人士。 这类人群喜好极为保守的款式。

奋争者。 从身边世界寻找动力、自我定位与承认,寻求安全生活方式的人士。 这类人群往往是流行的跟风者。

制造者。 拥有建设性技能与自我满足的心理,生活在传统生活背景之下的人士。 这类人群往往喜欢追求产品的性价比。

努力者。 无社会关系的长期贫困、教育不当、低技能人士。 他们往往会倾向于追求低价的商品。

（2）消费者分析方法

① 问卷调查法

问卷调查法也称"填表法"。 用书面形式间接搜集研究材料的一种调查手段。 通过向调查者发出简明扼要的调查表,请示填写对有关问题的意见和建议来间接获得材料和信息的一种方法。

问卷调查法的优点是节省时间、经费和人力;调查的结果容易量化;调查问卷也便于进行数据统计分析;并且可以进行大规模的调查。

问卷调查的缺点主要是调研问卷问题的设计较难;封闭型答案很难全面概括被调研者的实际意图,而开放式问题对问卷回收质量、统计和分析有影响;调研问卷由于是由被调研者自己填写,调查结果的质量有时候难以保证。

② 观察法

尽管观察法不是调研的主要工具,但是在门店的货品配置上,确实能够为采购计划提供较好的信息支持。

观察法是指研究者根据一定的研究目的、研究提纲或观察表,用自己的感官和辅助工具去直接观察被研究对象,从而获得资料的一种方法。

与其他需要人员参与的信息收集方式不同,观察法只需要设定环境里面的人们,并记录观察到的情况。使用观察法,应当首先明确需要观察的内容,并且在预定地点设定记录者,记录者可以是工作人员也可以使摄像机,然后,根据观察到的内容进行数据归纳处理。

4.3.2　商品销售情况分析与预测

为了能够选择最正确的商品给消费者,服装连锁门店在进行商品采购计划前需要对往年的商品销售情况进行分析,一般参考两部分的信息,公司内部信息和公司外部信息。公司内部信息主要包括:以往的销售数据、消费者调查、销售人员意见等;公司的外部信息主要包括:产业报告、流行资讯以及商业协会等。

在根据商品往年的销售情况分析和流行资讯分析的基础上,会对下一个季度的商品采购进行预测。

（1）销售信息分析

在制定商品采购计划之前,首先需要对公司的内部信息进行整理。因为,连锁门店应当根据所有商品的销量来决定其采购数量,一切计划都必须根据实际需要的各项数据、报表等资料进行。如果只根据主观想象,往往容易造成库存过多或者缺货的问题。

商品信息基本来自公司的销售报表,如果没有销售分析、没有数据依据,只凭经验去采购,这样采购的盲目性、风险性、危害性比较大,以前很多代理商及加盟商采购数量不准确、过于保守或过于乐观,使货品不能满足市场销售或订货数量过大造成库存过剩,两种结果都会对经营带来不利的影响。

① 销售信息分析的作用

- 可以逐渐克服经验营销导致的局限性和对经验的过度依赖。
- 有助于对流行趋势做出快速反应,迅速调整产品组合和库存。
- 实现精准营销,将精力集中于更少的目标客户上,可降低促销成本。
- 提高经营管理的效率,货品调配在门店间更为顺畅。
- 经常与消费者保持沟通和联系,满足消费者需求。

② 销售信息的内容

以下是在服装连锁门店的经营过程,比较常用和实用的一些销售数据分析。

- 总销售额和销售数量。

- 平均单件售价。 从历年同季产品销售金额和销售数量，计算出销售的平均单件售价。

计算方法：销售单件售价＝销售金额/销售数量（售价以吊牌价为准）

平均销售单价代表了一个连锁门店所在区域的消费能力。

- 平均单件进价。 从历年同季产品进货金额和进货数量，计算出进货的平均单件进价

计算方法：进货零售单件价＝进货零售金额/进货数量（售价以吊牌价为准）

通过计算进货零售单件价格与销售单件价格对比，来确定所采购的商品是否与该门店所处区域的消费能力相适应。

如果销售单件售价＞进货零售单件价格，说明该地区的消费层次高，本季订货采购时平均零售单价就要提高；

如果销售单件售价＜进货零售单件价格，说明该地区的消费层次低，本季订货时平均零售单价就要降低。

- 售罄率。 售罄率是用来表明产品从到货到售出的正价比例。 售罄率计算期间通常为一周，一个月或一个季。 表4-4是售罄率的计算方法。

表4-4　售罄率的计算

产品名称	项目	到货量	月份			
			第1月	第2月	第3月	合计
裤子12010	销售数量	100	40	30	15	85
	比例		40%	30%	15%	85%
裤子12011	销售数量	100	30	30	10	70
	比例		30%	30%	10%	70%

计算方法：售罄率＝指定期间正价销售量÷到货量

售罄率反映了产品的销售速度——是否受欢迎。 要充分关注新货上市的售罄率，发现问题研究问题，及时采取措施。

售罄率较低，则库存大量积压，大量打折导致亏损。

售罄率较高，则说明进货量太少，出现脱销，销售利润不能最大化。

- 订销比。 订销比是指订货预计数与实际销售成交数的比例，反映了货品的销售状况。 订销比低的原因主要在商品的设计问题、版型问题、质量问题、上货时间的错位、卖场陈列的问题以及销售服务的问题上。

- 库销比。

库销比＝期初库存吊牌金额＋期末库存吊牌金额÷本期销售吊牌金额×2

库销比是指库存量与销售额的比率，是一个检测库存量是否合理的指标。库销比过大的货品，成为滞销品的危险性偏高。

（2）销售预测

① 销售预测的概念

销售预测是指根据以往的销售情况以及使用系统内部内置或用户自定义的销售预测模型获得的对未来销售情况的预测。销售预测可以直接生成同类型的销售计划。准确的预测可以使企业或公司有计划地安排面辅料采购、服装生产、合理进仓和减少库存、加快资金流动，对服装企业良性营销活动起着重要作用。销售预测的目的企业可以以销定产，根据销售预测资料，安排生产，避免产品积压，促使产品尽早实现销售，以完成使用价值向价值的转变。

② 销售预测的参考信息

连锁门店采购数量的多少取决于销售预测。对于新设店铺来说，销售预测主要是参照同一地区内其他相类似店铺的销售额。对于已开店铺来说，进行销售预测时主要参考以下几项：去年同一时期销售总额；去年同一时期销售结构/库存结构对销售的影响；去年同一时期是否有大型折扣或其他活动；未来是否整改形象；营运能力的提高；市场的自然增长率；竞争对手的情况对比；近半年的店铺销售增长走势

③ 销售预测的案例

表 4-5 是某运动品牌店铺的销售预测分析表。

表 4-5　某运动品牌店铺销售预测的分析因素

序号	条　　件	11 年冬实际	12 年冬预计	对销售预测的影响
1	销售额	80		
2	正价销售的新旧货之比	65％VS 35％	90％VS 10％	15％
3	折扣销售占比	35％	10％	－15％
4	整改形象		新装修和新道具	20％
5	店铺销售能力	新员工偏多	店铺销售能力明显提升	10％
6	竞争对手	该商圈 5 家	该商圈 7 家	－8％

序号	条　　件	11 年冬实际	12 年冬预计	对销售预测的影响
7	市场自然增长率		15%	15%
8	预测增长			37%
9	预测增长的调整	近 5 个月的销售增长走势较好		37% 的增长应该可行
10	11 年冬计划调整（万/月）		109.6	
11	订销比		1. 15	
12	预测订货量		126.04	

4.3.3　商品采购计划流程

商品采购的流程,围绕着利润最大化而进行。 服装连锁门店的商品采购一般分为以下几个步骤(图 4-2)。 在进行商品采购计划之前,必须进行系统的数据分析,这部分的数据分析是制订合理的采购计划的基础和关键,明确这部分内容后,就要根据销售的指标,制订订货计划。 接着,跟着订货计划,在采购现场

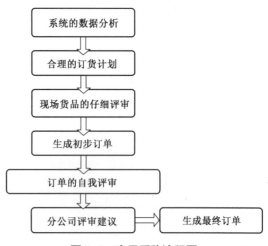

图 4-2　商品采购流程图

仔细的评审,生成初步的订单,并对订单进行详细的审核,包括总的订货额、性别比例、品类构成、上货时间、SKU 数量等等。 订单审核之后,要发往各个分公司或者主要的门店进行评审和建议,对订单进行调整后生成最终的订单。

4.3.4　商品采购计划

在明确连锁门店的目标消费者之后,就要开始进行商品采购计划。 大部分的服装零售人员都会认同商品是企业的生命线,一切的销售行为都是围绕着商品来进行的。 没有好的商品,销售就事倍功半,通过对商品的采购,组织适销对路的商品,商品周转快,资金占压小,商品销售才会充满活力,完成这一切的前提,就是需要制定一个合理的采购计划。

（1）季度商品采购计划

服装门店在做采购资金预算的时候，首先要制定一个商品采购计划或者是资金分配计划。 大部分的服装企业都会将全年的货品分为春夏季产品和秋冬季产品。 因此，一般在做门店采购计划的时候，都是以某一季产品来进行的。

① **影响采购总量的因素**

- 全年的总销售预测和季节占比预测。
- 订销比和平均折扣。
- 同季同类产品的期初库存状况。
- 订货总量和订货结构。

② **采购金额的计算办法**

采购金额的计算办法，主要是根据现有店铺的销售数据进行销售预测，由于在现实销售中，有很大一部分产品是按照折扣金额进行销售，所以必然存在折扣损失，比如清货打折与会员价等，这意味着销售额会小于订货额。 因此，当我们在季初进行商品采购计划的时候，要把这部分的销售金额进行调整，以得到合理的采购金额。

采购金额 = 预测销售额 × 订销比

订销比 = 1/该季货品平均销售折扣率

该季货品的平均销售折扣率 = 销售额/销售额的吊牌金额

= （正价部分销售 + 特价部分销售额）/销售额的吊牌金额

例如，某运动品牌专卖店 2011 年冬季的销售额为 80 万，由于店铺将改造和管理水平提升，预测 2012 年冬季能销售增长 25％，达到 100 万。 去年正价销售70 万，平均折扣 84％，特价销售 10 万，平均折扣 55％，预计 2012 年冬季的正特价销售比例基本一致。 那么 2012 年冬季需要订货多少?

平均折扣率 = 销售额/销售吊牌金额

= 80/（正价销售牌价金额 + 特价吊牌金额）

= 80/（70/0.84 + 10/0.55）

= 83.3％

订销比 = 1/83.3％ = 1.2；

订货额 = 100 * 1.2 = 120 万。

（2）商品采购的种类

如今的商品种类繁多，令人眼花缭乱。 对于任何商品，都可以从遍布全球的供应商那里采购，而供应似乎是无限的，门店的采购者必须从中挑选出最具有销售潜力的商品，才能帮助门店稳步扩大商品的销售量，进而迅速提高企业获利的可能性。

因此，商品的采购显得尤为的重要，选择满足了消费者需求的商品，会给企业带来很好的收益。 但是什么样的商品适合自己的门店销售，是需要进行科学分析的。 通过建立商品品类的销售情况表，可以清晰地发现门店中销售较好和较差的品类，在下次的采购中可以根据销售的实绩进行调整和优化。 根据表 4-6，可以清晰地发现在销售实绩中各商品品类所占的销售数量比例，在采购中，则可根据销售的实绩和销售的趋势进行各品类采购数量的确定，当然，最终的采购数量还要根据当季的流行趋势和消费者喜好的变化再做调整，但是一般基本的比例还是需要根据销售实绩来进行的。

表 4-6　某女装企业的商品品类销售分析表

品类	上期款式数量	本期款式数量	预计款式数量	销售量（件）					
				2010 年销售量	占总销售量比	2011 年销售量	占总销售量比	同比增长率	预计销售量
背心	13	5	0	313	1%	56	0%	−82%	0
棉衣羽绒服	16	19	20	2 688	5%	4 024	7%	50%	5 231
风衣	15	23	25	3 311	7%	5 814	11%	76%	7 558
套装上衣	29	28	28	5 954	12%	5 259	10%	− 12%	4 645
衬衫，T 恤	86	93	89	9 473	19%	7 819	14%	− 17%	7 819
裤子	56	59	59	5 878	12%	7 553	14%	28%	8 308
连衫裙	81	95	90	8 668	17%	8 281	15%	− 4%	8 281
半身裙	59	65	60	5 030	10%	5 871	11%	17%	6 753
针织衫	60	68	79	8 270	17%	9 528	18%	15%	10 976
合计	415	453	450	49 583	100%	54 204	100%	9%	59 570

（3）商品采购的价格

向目标消费者提供合适价格的商品是商品销售过程中一个非常关键的环节。 一般在进行商品采购前，门店对于商品的价格定位都是较为清晰的，但是在采购过程中却可能会存在一定程度的偏差。 而通过分析过往的销售记录，则可对销售情况最好的价位水平有直观的认识。 通过价格分析目的是了解商品的价

格带。 价格带指各个商品品类销售价格的上限与下限之间的范围。 在门店内，
为了满足顾客对既丰富又有效的商品构成的需要，有必要划分价格带。 表 4-7
是某女装企业各价格带的销售情况分析，可以看到中间价格带的销售情况最好，
在采购中则需要把中价格带的产品作为重点采购对象。

表 4-7　某女装企业风衣棉衣的价格带销售情况

风衣棉衣	销售额（元）		销售数量（件）	
价格带	销售额	销售额占比	销售数量	销售数量占比
599 以下	529 594	22%	1 545	27%
600～899	1 241 408	52%	3 030	52%
900 以上	609 170	26%	1 239	21%
合计	2 380 171	100%	5 814	100%

（4）商品采购的尺码颜色

在商品的采购中，往往会有大量的款式、色彩供采购者挑选，但是采购者的资
金往往有限，不可能购买所有的款式、色彩，而只能挑选其中最可能迎合消费者的
集中色彩。 某一个商品确实存在当季的流行色，但是消费者的喜好才是决定商品
销售的最终决定因素，不同的门店往往对于色彩的需求也是不相同的。 因此，单纯
的以流行色为依据进行采购并不明智，需要结合考察往期的销售数据。

例如，去年消费者购买最多的是当季的流行色粉红色，前年购买的最多的是
当季的流行色黄色，大前年购买的最多的是当季的流行色蓝色，那么，采购者就可
以假设其顾客基本是追逐流行色的消费群体。 如果采购者考察销售记录发现，
消费者保持对基本色的稳定喜好，并不喜欢购买新色彩，那么坚持购进基本色的
商品就成为采购者的首选。 通过商品的色彩分析，可以了解服装连锁门店中消
费者对于色彩的偏好。

但是，一般在采购中，需要注意的是，有些颜色特别是比较艳丽色彩的服装在实
际的销售中，可能销售情况并不理想，但是往往能够很好的进行陈列展示，吸引顾客
的目光，这类色彩的产品，在采购中不能因为销售情况不理想就不采购。

当商品的尺码不能满足消费者的需求时，即使消费者对于商品满意，也不得
不去挑选其他的商品。 在商品的采购中，采购者需要根据门店的消费者信息进
行尺码的挑选，因为，虽然尺码齐全对于消费者而言再好不过了，但是往往总有一
些尺码难以实现销售，从而造成商品的积压与滞销。 采购者应当了解什么尺码

的商品最适合消费者，以及什么样的尺码应当少量购进。 通过商品尺码的销售
数据分析，可以了解服装连锁门店中消费者的形体状况，在采购中可以按照销售
的尺码情况进行尺码配货。 根据表 4-8，我们可以发现消费者的尺寸规格，在采
购中可直接按照各品类的尺码销售比进行订货。

表 4-8　某服装连锁门店商品色彩与尺码的销售状况

类别	主题	本季产品											
		男装						女装					
		单款数量	去年颜色销比	颜色/件	尺码	去年尺码销比	数量	单款数量	去年颜色销比	颜色/件	尺码	去年尺码销比	数量
T恤	促销款	401	40%	漂白160件	S	15%	24	425	50%	粉红212件	S	20%	42
					M	30%	48				M	35%	74
					L	35%	56				L	30%	64
					XL	20%	32				XL	15%	32
			45%	粉蓝180件	S	15%	27		40%	漂白170件	S	20%	34
					M	30%	54				M	35%	60
					L	35%	63				L	30%	50
					XL	20%	36				XL	15%	26
			25%	柠黄61件	S	15%	9		10%	黑色43件	S	20%	9
					M	30%	18				M	35%	15
					L	35%	21				L	30%	13
					XL	20%	12				XL	15%	6
	基本款	229											
	形象款	95											

（5）商品采购的时机

在确定商品采购计划后，什么时间采购进商品就成为下一个要考虑的问题。
服装连锁门店的库存量有限，不可能一次性到货整季的商品，一方面店铺内没有
足够的空间放置商品；另外一方面，门店前几周产品可能卖的很好，但是越到后
面，店铺的新鲜感越低，货品配置不全，营业额将会下降。 所以，近年来，服装企
业比较喜欢采用"波段上市"的方法，这是门店根据产品的季节性特征或者根据
不同的节假日分批次上市，而不是一次性把一季所有的新品都摆上，这样可以不
断地给消费者创造惊喜，从而使得营业额出现若干个高峰。

波段设置的最关键因素是上市时间的控制，因为它影响着商品的采购时期、
交货期、促销等程序。 例如，很多门店都会选择 8 月中旬作为秋冬装的上市时

间，这段时间天气开始转凉了，此时将商品挂上橱窗，向消费者进行展示，则可以提前给消费者留下印象。 一般是将量大的款式提前上货，因为库存最大的款式往往就是当初认为最好卖的款式。 所以要把这些款式提前放到消费者的面前，产生一段时间的导入期，观察消费者的反应。

一般的女装企业，在春夏季或者是秋冬季，会把产品划分成 10 个波段进行上货。 一般而言，以春夏季为例，每年的 1 月初要赶着春节前的销售旺季，往往会一次性上较多的款式；接着在春节后，由于天气的变化，会在 2 月初、2 月中旬和 3 月初上部分春季的新款；每年的 3 月底，由于天气开始渐渐转热，此时往往会上较大数量的夏季款服装，并且会在 4 月份和 5 月中旬之前进行中等数量的分批量上货；到了 5 月底以后，一般只会小批量的上货。 在本章的第二节的表 4-2，标注了某女装企业详细的上货时间和波段的设置。

思考练习题

1. 了解典型服装连锁门店的订货、进货、验货和退货作业流程。

2. 以小组为单位，选取一代表性服装连锁门店进行调查，了解该门店的进货流程，提交调查报告，并以 PPT 形式向全班汇报。

3. 以小组为单位，选取一代表性服装连锁门店进行调查，了解该门店缺货情况或对其高档商品盘点，提出改进意见。

第5章 | 服装连锁门店物流配送与管理

知识要点

1. 服装连锁门店物流基本形式
2. 服装连锁企业物流配送中心的建设与运作
3. 服装连锁门店物流运输与配送管理
4. 服装连锁门店的物流管理
5. 现代信息技术在服装连锁门店物流配送与管理中的应用

本章首先讲述了物流的概念和创造的价值、服装连锁经营物流作用与职能、服装连锁企业物流特点与管理目标、服装连锁经营的物流系统与运作、服装连锁门店的物流配送策略与方式，使读者对服装连锁门店物流管理有一个概述的了解；然后，叙述了服装连锁企业物流配送中心的建设与运作，包括配送中心的功能、配送中心的构成和一般运作流程，并以 H 服装品牌连锁企业物流配送中心运作流程为例；再简要叙述了服装连锁门店物流运输与配送管理，及服装连锁门店的物流管理，包括进货管理、存货管理和盘点管理；最后，在快速反应大背景下，讲述了现代信息技术在服装连锁门店物流配送与管理中的应用。

5.1 服装连锁门店物流概述

5.1.1 物流概述

（1）物流的概念

我国国家标准 GB/T18354 - 2001《物流术语》中将物流定义为"物品从供应

地向接收地的实体流动过程，根据实际需要将运输、储存、装卸、搬运、包装、流通加工、配送、信息处理等基本功能实施有机结合。"连锁经营物流是指从商品采购到商品销售给消费者的商品移动过程，包含供应物流、内部物流、销售物流、回收物流在内的由服装连锁企业统一指导下进行的运输、保管、装卸、包装、库存管理、流通加工等的各种物流活动。

物流主要是由"物"和"流"两个基本要素组成。在连锁门店的物流配送系统中，"物"主要指的是商品，商品中一切可发生物理性位移的物质实体，都是物流研究中的"物"。"流"主要指的是物理性的运动，运输是"流"的最突出表现，仓储可以看成是运动速度为零的运输，装卸、搬运配送等是介于运输和仓储的一种"流"的形式。当然，仅仅依靠"物"和"流"还不能够完全的概括物流的定义，"物"和"流"中间还需要一个信息系统把它们串联起来，才是现代意义上的物流。

（2）物流创造的价值

物流创造的价值主要体现在时间价值、场所价值和附加价值三个方面。

① 时间价值

"物"从供给者到需要者之间有一段时间差，由于改变这一时间差所创造的价值，称为时间价值。时间价值可以通过三种形式获得：

a. 缩短时间创造价值

缩短物流时间，可以获得多方面的益处，如减少物流损失、降低物流消耗、增加物的周转、节约资金等。物流研究的一个重要方面就是如何采取技术的、管理的、系统的方法，尽量缩短物流的时间，从而获得更高的时间价值。

b. 弥补时间差创造价值

人们的需求和供给普遍存在着时间差，如一位明星穿着的服装，很有可能成为流行的出发点，为了抢占市场，需要物流快速将此商品上架，上架越快，可能获得的利益越高。换季时，由于地域气候的差别，不同地区对于春夏季服装和秋冬季服装的需求不同，物流可通过科学、系统的方法弥补这种时间差，以实现价值。

c. 延长时间差创造价值

在一些具体的物流中存在人为的延长物流时间来创造价值，如限量版服装的销售，往往通过人为控制可供销售商品的数量，形成市场上的紧缺感，以此提升价值。

② 场所价值

"物"从供给者到需求者之间有一段空间差，供给者与需求者之间往往处于不同的场所,由于改变这一场所的差别所创造的价值称为"场所价值"。 物流创造场所价值由现代社会产业结构、社会分工所决定。 主要原因是供给与需求之间的空间差,商品在不同地理位置有不同的价值,通过物流将商品由低价值区转到高价值区,便可获得价值差,即"场所价值"。

a. 从集中生产场所到分散需求场所创造价值

集中、大规模的生产可以提高生产效率,降低成本,通过物流将产品从集中生产的低价位区转移到分散于各处的高价位区,有时可获得高利润。 如在服装的连锁经营中,往往会需要大量的基本款服装,则可以通过在低成本区域进行大批量生产,再通过物流分派到不同的门店中去,物流的"场所价值"也就产生了。

b. 从分散生产场所到集中需求场所创造价值

在现代社会中,也常常见到与上述完全相反的情况。 服装的连锁经营就是一个很好的例子,不同的区域,往往有着不同的消费习惯与消费层次,大城市往往对于服装的时尚程度要求较高,那么,企业通过在不同地方采购或生产众多的时尚类商品,配货到大城市的店铺中去,形成了分散生产和集中需求,物流便取得了场所价值。

c. 从甲地到乙地创造价值

现代人每日消费的物品几乎都是相距一定的距离,甚至十分遥远的地方生产的,这么复杂交错的供给与需求的空间差都是靠物流来弥补的,物流也从中得益。

③ 附加价值

物流有时也可以创造加工附加价值。 加工是生产领域的常用手段,并非物流本职,而现代物流的一个重要特点,即根据自身优势从事一定的补充性加工活动,这种加工活动并非创造商品主要实体,形成商品主要功能和使用价值,而是完善、补充、增加性质的活动,必然形成劳动对象的附加价值。

5.1.2 服装连锁经营物流作用与职能

(1) 物流在服装连锁经营中的重要作用

在连锁经营中,物流系统主要起到商品集散及带动商流、信息流、现金流三流运转的作用,其通过商品的集中采购、存贮及统一配送,构成连锁门店供应的保障系统。 物流在服装连锁经营中的作用越来越突出,主要体现在以下几个方面:

① **加速流通，降低库存**

服装产品是生命周期短、时尚性强的商品，产品压库一直是一个严重制约企业发展的问题。服装企业的盈利与销售时机密切相关，服装店铺在合适的时间放上合适的商品是其运营的关键所在。高效的连锁物流系统可以整合业内各领域及企业的资源，大大加速物流流通频次，缩短商品流通时间，降低库存，以满足服装行业"短周期"、"小批量"、"多品种"的消费需求特点。

② **降低运营成本，提高营销效率**

服装产品可细分到品类、款号、颜色、号型、价格、尺码以及面料成分、洗涤说明等，使得服装单品的发、退、换、掉、补等业务操作频繁而复杂。据测算，服装产品 95％的时间用于储存、装卸、等待加工、设计和运输等环节，平均直接劳动力成本占总成本比例不足 10％，而储存、运输支付的费用却占生产成本的 40％。采用现代物流管理或更专业的第三方物流，可提高服装货品周转效率、增加服装调拨频率、加快产销品补单效率、降低滞销货品库存及简化人工操作等，大幅度节约人力、降低运营成本和提高营销效率。

③ **信息及时处理，增强市场反应能力**

物流系统的信息及时处理，为管理者提供了较全面、及时、准确的信息，便于连锁企业进行顾客需求变化趋势及商品储备情况分析，并及时提供适应市场的商品，争取服装连锁门店销售利益的最大化。服装是个性化商品，同一服装品牌在不同区域、城市的连锁门店销售情况不同，在 A 区域畅销的货品在 B 地区可能滞销，高效的物流系统可以通过信息的及时处理，快速将合适的商品配送至合适的销售区域，增加货品销售机会。

④ **提高连锁门店的客户服务水平**

有效的物流系统能有效防止货品遗失、破损等事故的发生，及时发现并避免连锁门店缺货、库存积压等问题，提高服装连锁企业配送中心与连锁门店及连锁门店之间的货品发、调、退、换货周转率和安全准点送达率。因此，提高连锁物流系统的运作水平，是提高连锁门店客户服务水平的前提。

（2）服装连锁经营物流职能

提高顾客满意度是企业在市场竞争中立身、发展、超越之本。以最小的物流成本，提供最好的物流服务，为顾客创造增值价值，是企业赢得市场竞争的主要手段。根据服装连锁经营物流的实际工作环节，其主要职能包括七项，即运输、装卸搬运、仓储、包装、流通加工、配送及信息处理。

① 运输

运输是用设备和工具,将物品从一地向另一地运送的的物流活动。 运输在物流活动中占有重要地位,是大多数企业开支最多的一项物流活动,在很大程度上决定物流的效率。 运输主要考虑安全、迅速、准时、价廉等因素,要求选择技术经济效果最好的运输方式及联运方式,合理确定运输量及运输路线。

② 装卸搬运

装卸搬运是以人力或机械将物品装入运输设备或卸下的装卸活动及同一场所内对货品进行水平移动为主的搬运活动,对物品的运输、仓储、包装、流通加工等物流环节起衔接作用。 装卸搬运需充分考虑为下一环节的操作提供方便。

③ 仓储

仓储即保护、管理、储藏物品。 仓储包括进货、检验、保管、盘点及出货等基本仓储作业和库存控制。 对服装仓储活动的管理,首先,要求正确确定各单款单色服装库存数量;其次,要明确仓库以流通还是以储备为主,制定相应保管制度和流程,对不同销售情况的服装货品采取区别化管理方式,力求提高保管效率。

④ 包装

物流含义上的包装,主要指工业包装或外包装以及在物流过程中的换装、分装、再包装等活动。 包装活动的管理根据物流方式和销售方式要求来确定。包装的选择要综合考虑包装对产品的销售促进作用、保护作用、提高装运水平的作用,以及包拆装的便利性和废包装的回收处理等因素,来决定包装材料、尺寸、强度及包装形式等。

⑤ 流通加工

流通加工是在流通阶段实施的对商品的辅助加工、组装活动,其目的在于进一步适应顾客需求和增加附加值。 服装连锁物流中的流通加工主要有集中检验、分类、拣选等,如各服装连锁门店退、调换货产品在运至连锁物流配送中心时,需进行拆装、检验、分类、拣选以及完成在配送中心有条件完成的修补作业等。

⑥ 配送

配送是物流进入最终阶段,以配货、送货形式最终完成社会物流并最终实现资源配置活动。 需要指出的是,商品配送不是一般的输送式运输。 虽然商品配送离不开运输,但从物流中的输送整体来讲,配送在整个输送中居于"二次输送"、"支线输送"、"末端输送"的位置,这种输送的始终点是物流据点至用户。

⑦ 物流信息处理

物流信息处理包括进行上述各项活动有关的计划、预测、动态(运量、进、发、销、存的数量)的信息及有关的费用、生产和市场信息活动。物流信息管理的水平已成为物流现代化的最重要标志。对物流信息的管理,要求建立信息系统和信息渠道,确定需要收集的信息内容、统计和使用方法,以保证其可靠性和及时性。服装是季节性、流行性产品,服装连锁系统的物流信息是打造快速的物流反应能力和提高连锁门店销售的前提。

5.1.3 服装连锁企业物流特点与管理目标

(1)服装连锁企业物流特点

每个服装连锁企业的情况不同,对物流服务的需求也不尽相同,但总体来说服装连锁物流具有其独特的特点。

① 流程长而复杂

服装产品在"生产—批发—代理—经销—零售"的流通渠道中,批发与代理的销售渠道方式,加长了物流操作流程;配货对象从中心城市扩展到二三线城市及乡镇,批发与零售概念的交叉与模糊,总代理、区域代理、经销商、加盟商等多种营销形式,增添了服装连锁物流网络的复杂性。

② 区域跨度大,时间周期长

服装连锁企业的营销中心往往设立在中心城市,服装加工厂虽正从发达的沿海地区向中西部梯度转移,但仍主要集中在我国东南沿海省份,而服装连锁门店遍布全国各地,其物流的区域跨度大,耗费的时间周期也相对较长。如美特斯·邦威在国内首创生产外包、直营销售和特许加盟相结合的运作模式,目前与长三角和珠三角的 300 多家生产供应商建立了合作关系、并在全国设有 3 000 余家连锁店,其物流工程是相当浩大的。

③ 品类繁多、生命周期短,伴随大量反向物流

服装物流的单品(SKU 可能达到 5 000~20 000 个)多而杂,其处理的复杂程度远远高于快速消费品,且服装物流的季节波动比较大,流量的波峰和波谷差距很大;同时,由于服装的生命周期短,为了增加服装商品的销售机会,大量反向物

107

流出现，增添了服装物流的复杂性，对服装物流信息处理能力要求更高。

④ **产品退换调补业务频繁，对数字化物流要求迫切**

服装连锁物流中心要面向全国所有门店分拣配送，工作量巨大，分拣效率低。而盘库工作往往要动用仓库全体员工花上一两周甚至更长的时间，但仍不能确保库存数据的准确性。此外，由于服装单品的个别差异性和消费者地域需求的差别都很大，连锁门店与门店之间，客户与门店之间退、换、调、补的频率很高。经销商、代理商等对工厂的订货、补货、配发、调配、退货、对账、结账等手续繁多也容易出错。在这种背景下，服装连锁企业对数字化物流的要求越来越迫切。

⑤ **高附加值，对货品包装、运输和存储严格要求**

服装的附加值较高，尤其是高档服装，要求对物流进行精细化管理，对货品包装、运输和存储严格要求。如大部分正装和高级时装在储存和运输过程中，需采用挂装方式，这种方式的成衣吊在衣架上，然后挂上胶袋，封上胶袋口，完成包装工序。其优点是服装运输过程中不损坏、不变形，省去二次加工工序，直接可以运送到销售门店，及时性强；缺点是包装和运输成本高。

（2）服装连锁企业物流管理目标

服装连锁企业物流是服装连锁门店经营的强力后盾，服装连锁企业物流管理在本质上要实现5个功能目标，即快速反应、节约成本、合理库存、变异最小及优质服务，且5个目标并非独立存在，而是息息相关的。

① **快速反应**

服装产品生命周期短，消费者对服装的需求呈多样化、个性化、动态化和服务化特点，且服装产品在短时间内市场流通的产品种类变化较大，服装市场的可预测性大大降低，快速反应关系到服装连锁企业能否及时满足顾客需求的能力。因此，采用现代化的物流管理技术与手段，如信息技术、直达物流、联合一贯物流等，以及把物流设施建在供给地区附近，或者利用有效的运输工具和合理的配送计划，首要目标即在于实现服装连锁物流的快速反应。

② **节约成本**

服装物流费用占产品成本的比例较高，成本控制是经济领域的主要规律。服装连锁企业可通过信息技术提高快速反应能力，减少传统按预期客户需求过度存货；发展立体化设施和有关物流机械，有效利用仓库面积和空间；或与专业的第三方物流服务商合作，把流通过程中条码、吊牌等附属品加工及包装等二次加工工作及部分物流业务外包，减少产品在库时间、缩短物品配送周期，减少运输载体非满载和回程空载带来的损失，实现产品在途、在库、在店时段数量和时间的科学控制和专业的订单、库存、物流追踪和退换货管理等措施，以实现节约成本的目标。

③ 合理库存

目前在服装企业物流成本中，占比最高的是库存保有成本，约占 60%，其次分别为物流运作成本 25%、物流相关管理成本 10%、缺货损失成本 5%。库存不但是物流作业最大的经济负担，也会造成库存资金积压，形成浪费，是目前困扰众多服装连锁企业的问题。在物流体系中，库存控制是仓储管理一项内容，库存控制既要有一定的库存量保证销售需要，又要减少库存，降低库存成本，解决这种矛盾的方法就是合理库存。物流系统中，正确确定库存方式、数量、结构及分布即是实现合理库存目标的体现。

④ 变异最小

变异是指破坏系统表现的任何计划外的事件，其可以产生于任何一个环节的物流作业，如连锁门店收到订货的期望时间被延迟、服装到达物流终端发现受损或丢失及货物交付地点错误等。通过信息技术等有效的物流技术与手段，实现积极的物流控制，在一定程度上可将变异减少至最低程度，从而确保不断提高物流生产率。变异最小目标是服装连锁物流的基本目标。

⑤ 优质服务

物流系统是连接生产和消费的纽带，要求有很强的服务性，且物流是发展和维持全面质量管理的主要组成部分，物流的另一个重要目标即提供优质服务。服装连锁物流优质服务要求物流系统能够快速反应，对连锁门店的订货及时安全配送，做到无缺货、无货损、无货差等现象，且费用便宜等。

5.1.4 服装连锁企业物流运作系统

（1）服装连锁经营的物流系统

物流系统是由物流的各功能要素构成的综合系统，其各要素存在着有机联系并使物流总体功能合理化。服装连锁经营的物流系统由自动化、机械化仓储系统，计算机订货、配货情报信息系统，温度、湿度控制设备和系统，运输量、线

109

路、频率规划系统,物流配送组织管理系统等功能子系统构成。 这些子系统各成系统,又彼此交叉。

服装连锁经营的物流要想达到快速反应、节约成本、合理库存、变异最小及优质服务五个功能目标,则需整个物流系统有效运作,而物流信息系统是整个物流系统得以高效运作的核心。 图5-1为H品牌服装连锁企业的物流信息系统。

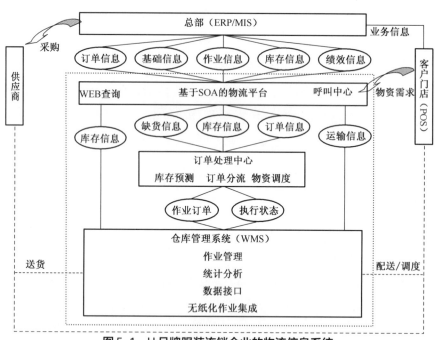

图5-1 H品牌服装连锁企业的物流信息系统

（图片引自高自敏"响应型物流中心的规划与设计研究——以服装企业H公司为例"）

（2）服装连锁物流系统的运作

服装连锁物流系统的运作主要通过物流信息系统连接协调连锁门店、连锁企业总部、物流配送中心和供应商四个环节的运作。

① 连锁店运作

连锁店通过POS系统来收集终端销售信息,连锁门店销售人员上传销售信息,公司总部即可通过ERP系统查询各门店销售及库存信息。 ERP系统即建立在信息技术基础上,以系统化的管理思想,为企业决策层及员工提供决策运行手段的管理平台。 对于自营连锁店,公司商品控制部商控人员即可根据销售和库存信息或店铺销售人员的需要进行配货、调货和退货;对于加盟连锁店,可通过EOS电子订货系统或传真等形式向特许人即公司总部订货。 采用何种订货方式,要根据各连锁门店的信息系统装备情况而定,信息技术越先进,信息处理越及时,如上海 S 商务休闲男装品牌,已逐步在上海、北京等重要销售区域的连锁门店安装实时销售系统,即连锁门店在何时销售何种商品,公司总部都可实时收到,并做出快速反应。

② **连锁企业总部运作**

连锁企业总部设有 ERP 或 MIS 系统,和连锁门店一起进行 POS 终端管理,同时起指挥、协调的作用,从整体上把握连锁门店的经营和管理。 连锁企业总部运作包括:

a. **订货处理**

公司总部在收到各连锁门店发来的电子订货后,通过订单信息、基础信息、作业信息、库存信息和绩效信息分析,做出配货或加工订货决策,并向物流配送中心发送配货信息及向供应厂商发送订货信息。

b. **调、换货处理**

连锁门店可根据自身销售情况,在公司调、换货政策允许下,向公司总部发出调、换货申请,总部根据各门店销售情况和公司库存情况予以调、换货处理,自营连锁门店之间可以自行调货。 为增加服装销售机会,公司总部商控人员会进行日常性连锁门店销售分析,就近原则进行小范围调拨,也会进行数次全国大范围内的商品调拨,尤其是售价高的服装。 如上海 S 商务休闲男装品牌在各品类服装销售的中后期,会进行该商品在全国各门店销售及库存情况的分析,当然该分析往往可在 ERP 系统中自动形成,即可进行快速分析并做出全国范围内门店批量调、换货处理,并将调、换货信息发送至物流配送中心或相应的连锁门店。

c. **退货处理**

连锁门店可根据自身库存情况,在公司退货政策允许下,向公司总部发出退货申请,公司进行批复处理,并将退货信息发送至物流配送中心。

③ **物流配送中心运作**

大部分的物流活动在物流配送中心完成。 物流配送中心运作主要包括:

• 将各地厂商运来的整货验收入库。

• 根据各连锁店的订货要求,通过分货、拣货,将门店所需货品集中并安排配送。

• 处理安排总部或门店发出的调、换、退货信息。

- 对门店退回货品进行检验、维修加工及入库。
- 调查各连锁门店到货以及运输效率情况等。

④ 供应厂商运作

供应厂商在规定的时间内，接受不同客户、不同服装品类的订货信息，将各处的订货指示进行汇总，开始制造订货商品或是调度库存，做好出货准备，再送货至物流配送中心。供应厂商将货品制造情况输入信息系统，以便公司总部及客户查询，并根据市场时需做出相应的物流决策。

5.1.5　服装连锁门店的物流配送策略与方式

（1）物流配送策略

服装连锁门店的物流配送策略主要有差异化策略、合并策略、混合策略、延迟策略和标准化策略。

① **差异化策略**

差异化策略的指导思想是产品特征不同，顾客服务水平也不同。当配送中心备有多种产品时，不能对所有产品都按同一标准的顾客服务水平来配送，可按产品的特点、销售水平，设置不同的库存，采用不同的运输方式以及不同的储存地点。忽视产品的差异性会增加不必要的配送成本。如一家服装连锁企业，为降低成本，按各种产品的销售量比重进行分类：A 类产品是畅销品，占总销售量的 70% 以上；B 类产品是长销品，占总销售量 20% 左右；C 类产品是新潮品，占总销售量的 10% 左右。对 A 类产品，企业在各销售网点都备有库存；B 类产品只在地区分销中心备有库存而在各销售网点不备有库存；C 类产品连地区分销中心都不设库存，仅在工厂的仓库才有存货。

② **合并策略**

合并策略包含两个层次，一是配送方法上的合并；二是共同配送。

a. **配送方法上的合并**

企业在安排车辆完成配送任务时，充分利用车辆的容积和载重量，做到满载满装，是降低成本的重要途径。

b. **共同配送**

共同配送是一种产权层次上的共享，也称集中协作配送。它是几个企业联合集小量为大量共同利用同一配送设施的配送方式，其标准运作形式是：在中心机构的统一指挥和调度下，各配送主体以经营活动（或以资产为纽带）联合行动，在较大的地域内协调运作，共同对某一个或某几个客户提供系列化的配送服务。

③ **混合策略**

混合策略是指配送业务部分由企业自身完成，其余外包给第三方物流完成。这种策略的基本思想是：尽管采用纯策略（配送活动要么全部由企业自身完成，要么完全外包给第三方物流完成）易形成一定的规模经济，并使管理简化，但由于产品品种多变、规格不一、销量不稳等情况，采用纯策略的配送方式超出一定程度，不仅不能取得规模效益，反而还会造成规模不经济。而采用混合策略，合理安排企业自身完成的配送和外包给第三方物流完成的配送，能使配送成本最低。

④ **延迟策略**

延迟策略的基本思想是对产品的外观、形状及其生产、组装，配送应尽可能推迟到接到顾客订单后再确定。一旦接到订单及时快速反应，因此采用延迟策略的一个基本前提是信息传递的快速性。

⑤ **标准化策略**

标准化策略基本思想是尽量减少因品种多变而导致附加配送成本，尽可能多地采用标准零部件、模块化产品。如男正装按统一规格尺寸系列生产西裤，直到顾客购买时，才在门店所在地根据顾客的身高、腰围修改裤腰和裤口。标准化策略要求企业从产品设计开始就站在消费者的立场去考虑如何节省配送成本，而不是待产品定型生产出来后才考虑用什么技巧降低配送成本。

（2）物流配送方式

物流配送根据服装连锁企业的规模、营销模式、历史发展形势、物流环境及企业特点采取不同的配送方式，比较常见的有生产企业配送、批发企业配送、连锁企业自营配送及第三方物流配送。其中，有些企业采取的配送方式不仅限一种，可能是其中几种配送方式的交叉合作。

① **生产企业配送**

许多服装生产企业建立了自己的分销体系，并将分销渠道直接介入到连锁企

113

业中,他们由总部确定统一的供应商,店铺向供应商要货,由供应商直接将商品配送到店铺。 这种模式比较常见于零售业,如家乐福的供应商直送模式就是由服装供应商送货到门店。 这种由供应商直接配送的优点在于:大大降低连锁企业成本和运作的复杂性。

② 批发企业配送

批发企业配送是我们所说的批发商代理物流。 在服装连锁经营中,往往存在大量的批发商,此时批发商作为中间商,包括某一厂家的总代理商、地区代理商等。 批发商在进行商品交易的同时,基本上承担了商品送货的业务,有些批发商建立了自身的配送渠道,甚至还投资建立了大型的配送中心。 提供物流服务是今后批发商工作的主要方面,也是批发商生存和发展的重要契机。 就其配送的具体组织内容来讲,类似于生产企业配送。 比较典型的是百丽集团,百丽集团代理了多个运动服装品牌在中国境内的销售,建立了配送中心,往多个门店进行配货。

③ 连锁企业自营配送

在服装连锁企业中,有一定规模的连锁企业大都选择构建自己的物流配送体系和配送中心,并参与有关物流配送的运作。 据了解,包括雅戈尔、李宁、森马、爱慕、报喜鸟在内,目前不少服装企业建设了现代化物流配送中心。 随着我国连锁经营的不断发展,服装连锁企业对物流配送越来越重视。 对公司而言,自理物流业务部分只作为服装连锁企业的后勤保障措施,不以盈利为目的。 同时,物流的配送往往需要第三方物流配送进行协助。

④ 第三方物流配送

随着第三方物流的发展与成熟,许多小型的服装连锁企业及部分大型服装连锁企业(如美特斯·邦威)开始通过第三方物流公司进行配送。 在日本,大约有30%的连锁企业在很大程度上依靠社会化的专业配送企业。 目前,自营配送中心对服装连锁企业来说,虽然是最理想的商品配送途径,但随着社会专业物流企业的兴起和成熟,将企业自身无力解决的商品配送工作交给专业物流企业,成为服装连锁企业的自然选择。 尤其是小型服装连锁企业,可将有限的资金用于建设一个良好的信息系统,而物流平台则相对较多地交予第三方物流。

5.2 服装连锁企业物流配送中心的建设与运作

5.2.1 配送中心的定义与分类

（1）配送中心的概念

国家质量技术监督局发布的国家标准《物流术语》给出的配送中心的定义为："配送中心是从事配送业务的物流场所或组织，应基本符合下列要求：主要为用户服务；配送功能健全；完善的信息网络；辐射范围小；多品种、小批量；以配送为主，储存为辅。配送中心是接受并处理末端用户的订货信息，对上游运来的多种货物进行分拣，根据用户订货要求进行拣选、加工、储备等作业，并进行送货的设施和机构。"

115

（2）配送中心的分类

由于建造企业的背景不同，配送中心的功能、构成和运营方式不同。根据不同的标准，配送中心有不同的分类，服装连锁经营物流所涉及到的常有的配送中心分类如下：

① 根据配送中心的设立者分类

配送中心的设立者通常会从自身利益出发，考虑所建配送中心在企业经营中的作用。根据配送中心设立者可以分为：

a. 制造商型配送中心

该配送中心专门为制造企业本身的生产、销售活动服务，主要服务于销售物流，有时也作为原材料的集运点参与企业物流供应，使企业获得运输上的规模效应。

b. 批发商型配送中心

该配送中心主要将各个制造商生产的产品集中在一起后，将各种商品进行搭配或单一地向消费者或零售商发货，实现产品的汇集和再销售。

c. 零售商型配送中心

该配送中心主要服务于大、中型零售企业，在零售商的采购过程中起到集运作用，通过产品组合，整车运送到需求点。

d. 第三方专业物流配送中心

该配送中心由专业物流公司建设,属于社会化的配送中心,具有较强的运输和配送能力,通常地理位置优越,能迅速按照客户要求将产品运送到目标地。

② 根据配送中心的服务范围分类

配送中心的服务范围由其服务半径决定,即配送中心所服务的需求点的地理覆盖范围。 配送中心的服务能力越强,其服务半径就越大,覆盖的服务范围就越广。 按照服务范围可将配送中心分为城市配送中心和区域配送中心。

a. 城市配送中心

城市配送中心以一个城市为配送服务范围,公路运输是主要运输方式。 其运输距离短,反应能力强,可进行"多品种、小批量、多用户"的配送,多数零售商建设和管理的配送中心属于这种类型。

b. 区域配送中心

区域配送中心具有一定的库存储备和较强的辐射能力,向大区域、全省、全国范围内的客户进行产品配送。 该配送中心通常规模比较大,配送批量相对较大。区域配送中心的产品可先运至城市配送中心,再从城市配送中心运至各销售门店。

③ 根据配送中心的功能分类

根据各配送中心所强调的功能定位差异,配送中心可分为储存型配送中心、流通型配送中心和加工型配送中心。

a. 储存型配送中心

储存型配送中心强调储存功能,其功能上与传统的仓库较接近。

b. 流通型配送中心

流通型配送中心强调集运功能,其作为货品集中和组合场所,将货物进行集中、重新组合,拼成整车进行运输。

c. 加工型配送中心

加工型配送中心强调流通加工功能,其对进入的货物进行简单加工,如贴服装标签、包装整改等,以实现产品的增值。

5.2.2 配送中心的功能

配送中心是集货物包装、加工、仓储、装卸等多项服务功能于一体的现代物流基础设施,是执行货物配送为主要职能的物流据点。 在物流系统中,配送中心的主要功能包括：

（1）采购功能

连锁经营企业实行"联购分销"制度，统一采购是连锁经营企业的重要特征之一。 服装各连锁门店的订货要求日趋"多品种、小批量化"，配送中心集中各连锁门店订货需求，从众多服装原辅材料供应商中选择优质低价货品，对门店订货进行集中并分类，选择各品类最合适的加工厂商进行制造加工，以备齐连锁企业所需货品。

（2）储存功能

服装连锁经营物流配送中心要统一为众多门店配送货品，通过集中库存的储存功能，配送中心得以根据各连锁门店的不同需要实现及时配送。 物流配送中心的储存功能需要配送中心配备一定的仓储设施（如重型或轻型货架等）、必要的防护设备及零散物品储物箱等，以实现科学合理的统一储存。 一方面，保持一定的库存量（经济库存最佳），保证各门店供货需求；另一面，可降低各连锁门店库存，促进商品周转速度，提高资金周转率。

（3）流通加工功能

物流配送中心的加工功能是为制造商或分销商完成一定的加工作业。 物流配送中心具备的基本加工职能有贴标签、制作并粘贴条形码、物品二次分拣和组装等，以更好的满足用户的需求，是提升配送中心服务品质的重要手段。

（4）配送功能

配送作为连锁业物流的一大核心功能，合理的物流配送使连锁经营中的统一采购、统一配货、统一价格得以实现，能否建立高度专业化、社会化的物流配送中心关系到连锁经营的规模效益能否充分发挥。 配送中心的建设是整个物流体系的重点，服装连锁企业要重视配送中心的建设，根据企业的经营状况合理确定配送中心规模，提供安全可靠、高效率的配送体系；或积极发展社会化的第三方物流配送中心，充分利用和整合现有物流资源，通过资产联合、重组和专业化改造等途径，打破行业界限和地区封锁，满足各连锁企业的经营需要。

（5）信息处理功能

物流配送中心的信息处理功能是在物流配送中心的物流信息进行实时采集、分析、传递，并向客户或工厂提供各种作业信息及咨询信息。 信息化、网

117

络化、自动化是配送中心的发展趋势，信息系统将成为配送中心的重要组成部分。

5.2.3　配送中心的构成

服装连锁企业物流配送中心是开展物流业务的场所，通过先进的管理、技术和现代化信息交流网络，科学、统一、规范的管理商品的进货、储存、分拣、流通加工和配送等业务流程。 物流配送中心构成的合理化，有利于物流活动的良性开展，使物流过程高效、有序，节约成本，实现最佳经济效益。 一个完整的服装物流配送中心构成包括空间构成、物流设备构成和管理系统构成。

（1）配送中心的空间构成

① 配送中心内部功能区域构成

服装连锁企业物流配送中心内部空间通常由进货区、储存区、理货区、加工区、分拣配货区、发货区、退货处理区、废弃物处理区、管理区、及设备存放维护区等功能区域构成。

a. 进货区

提供收货、验货、卸货、搬运及货物暂停。

b. 储存区

通常配有多层货架和用于集装单元化的托盘，对暂时不必配送或作为安全储备的货物进行保管和养护。

c. 理货区

对进货进行简单处理，货物被区分为直接分拣配送、待加工、入库储存和不合格需清退的货物，分别送往不同的功能区。

d. 加工区

进行必要的生产性和流通性加工。

e. 分拣配货区

进行发货前的分拣、拣选和按订单配货。

f. 发货区

对物品进行检验、发货、待运。

g. 退货处理区

供存放进货时残损、不合格或需要重新确认等待处理货物。

h. 废弃物处理区

对废弃包装物（塑料袋、纸袋、纸箱等）、破碎货物、变质货物、加工残屑等废料进行清理或回收利用。

i. 管理区

一般位于配送中心的出入口，中心内部进行行政事务管理、信息处理、业务洽谈、订单处理以及指令发布。

j. 设备存放及维护区

供存放叉车、托盘等设备及其维护（充电、充气、紧固等）工具。 图 5-2 为某连锁企业的物流配送中心平面构成图。

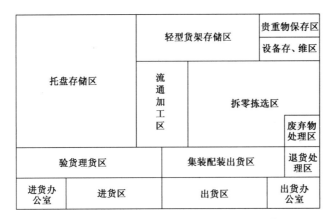

图 5-2 某连锁企业的物流配送中心平面构成图

（资料来源于李滨、邓汝春《服装连锁经营与管理》）

② 配送中心内部通道构成

通道虽不直接属于任何一作业区域，但是通道的正确安排与宽度的合理设计将影响配送中心物流效率的高低。 配送中心一般先规划通道位置，后分配作业区域。 通道的设计应能提供货物的正确存取、装卸设备的进出及必备的服务时间。 配送中心的通道可分为库存通道及库房内通道。 库存通道将影响车辆人员的外出、车辆回转、上下货等动线，库房内通道一般包含工作通道、人行通道、电梯通道及其他等。

③ 配送中心外部空间构成

配送中心外部空间构成主要是指库外通道、站台、停车场等规划设置。

（2） 配送中心的物流设备构成

保障物流配送中心内各物流活动合理、有效运作的各种设备主要包括搬运设备、拣货设备和仓储设备。

① **搬运设备**

叉车、连续输送机、搬运车、垂直升降机等。

② **拣货设备**

拣货输送带、拣货车辆、自动分拣机等。

③ **仓储设备**

回转式货架、储存货架、托盘、重力式货架、立体仓库等。

（3）管理系统构成

① **信息管理系统**

信息管理系统是配送中心的中枢神经，负责指挥和管理整个配送中心，承担汇集信息并对物流配送中心进行管理的功能，对外负责收集和汇总各种信息，包括各门店的销售、订货信息以及供应者的供货信息，并根据这些信息作出相应的决策，对内则负责协调、组织各种活动，指挥调度配送中心内部各部门的人员，共同完成任务。信息管理系统包括订货系统、出入库管理系统、分拣系统、订单处理系统、信息反馈系统等。

② **事务性管理**

事务性管理是物流配送中心正常运转所必备的基本条件，如配送中心的各项规章制度、操作标准及作业流程等。

5.2.4 配送中心的运作流程

（1）配送中心一般运作流程

配送中心的运作流程，也就是配送中心的基本作业流程。根据货物流转的次序，其作业的主要流程为收货、验收、入库、在库保管、流通加工、分拣配货、配装、送达。

① **收货**

收货是指连锁企业总公司的进货指令向供货厂商发出后，配送中心对运送的货物进行接收。配送中心的收货员应当做到按照合同进行货物受理并给货物分配库区，收货的操作程序要求：

- 收货员为商品办理有关手续后方可收货。

- 卸货核对验收，验收商品条形码、件数、质量、包装等。

- 待整份单据的商品件数收齐后，盖章签字。

- 每一托盘标明件数，并标明这批商品的总件数，以便于保管员核对接收。

② **验收**

验收是对商品质与量的控制，一般采用"三核对"和"全核对"相结合的方式。"三核对"是核对商品条码、件数、包装品名、规格、细数；"全核对"是对于品种繁多的小商品，以单对货，核对所有项目，即品名、规格、颜色、等级等等，才能保证单货相符，准确无误。 另外，还需检查包装是否安全、包装标志和标识是否符合标准、包装材料的质量状况。

③ **入库**

经过检查准确无误后，可将商品入库，并及时登录有关入库信息，从而使得已入库的商品及时进入可配送状态。 这一作业最重要的部分是库位的分配，仓库作业人员需要根据货物的性质以及库位的情况进行合理分配库位。

④ **在库保管**

在库保管主要是三方面的内容：加强商品养护，确保商品的质量安全；加强储存商品的数量和仓位管理；科学合理地进行盘点规划和工作。

⑤ **流通加工**

流通加工主要指对即将配送的产品或者半成品按照销售要求进行再加工。 加工这一功能并不具有普遍性，但是通过配送加工，往往可以提高消费者的满意度。

⑥ **分拣配货**

分拣配货的目的在于迅速地集合门店所订需的商品。 拣货策略主要为三种：

- 订货订单分拣，即摘果式拣选。 对于每张订单，拣选人员巡回于仓库从在各个存储点将所需物品取出，完成货物分配。 仓管人员按照采购部门的配货单要求，按门店汇总制作拣货单，从储存的货物中拣出一定品种和数量的商品。该方法作业前置时间短，针对紧急需求可以快速拣选，操作容易，作业责任明确，分工容易、公平。 但是，当订单数量、商品品项较多，拣选区域较大时，该拣选方式耗费时间长，效率低，搬运强度大。

- 批量拣选，即播种式拣选。 把每批订单上的相同商品各自累加起来，从存储仓位上取出，集中到理货现场，然后将每一门店所需的数量取出，分放到要货单位商品运货处，直至配货完毕。

- 分区拣选。 将拣选作业场地划分成若干区域，每个作业员负责拣选固定区域内的商品。 无论是摘果还是播种,配合分区原则,这样可以提高工作的效率。

⑦ 配装

当单个门店配送数量不能达到车辆的有效载运负荷时,则需要集中不同门店的配送物品,进行集中装载,充分利用运力、运能,这就需要配装。 通过配装,可以大大提高送货水平和降低送货成本。

⑧ 配送运输

配送运输最大的特点是如何使配装和运送路线进行最优化搭配,尤其在配送运输的连锁门店量较多情况下。

⑨ 送达

送达是要完成整批货品的移交工作,选择合适的卸货地点和卸货方式,并能够有效地处理相关的手续并完成结算。

(2)H品牌服装连锁企业物流配送中心运作流程

H品牌服装连锁企业物流配送中心运作流程如图5-3所示。 物流不单单是正向物流,还有逆向物流,尤其是服装连锁企业的物流。 图中详细规定了正向物流从采购收购单到进货、验收、入库存储、出货、包装、配送各环节出现的可能及如何运作的过程;规定了逆向物流从连锁门店退换货申请到验收、流通加工、入库存储或退货返修的过程,以及不同环节出现可能问题及如何运作的流程。

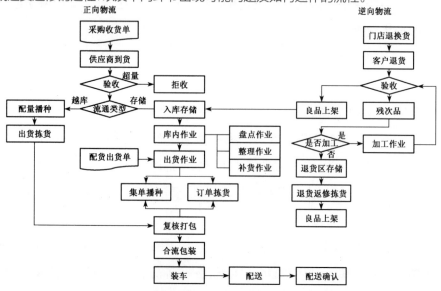

图5-3 H品牌服装连锁企业物流配送中心运作流程图

(资料来源于高自敏《响应型物流中心的规划与设计研究——以服装企业H公司为例》)

5.3 服装连锁门店物流运输与配送管理

5.3.1 服装连锁门店物流运输管理

服装连锁企业要将货品发往全国各连锁门店时，首先，采用运输服务将货品发至各地区或城市的物流据点；然后，采用配送服务将货品从物流据点配送至同一个地区或城市的不同连锁店。

（1）运输服务方式选择

服装连锁门店物流运输服务方式分为两种：自运和第三方物流运输。

① 自运

服装连锁企业，通常是品牌历史较长、规模较大的企业自身组建运输车队，当运量较少或运输距离较短时，采用自己的车辆进行运输配送。企业自运通常只是为企业物流提供服务，而无盈利点，对于自运而言，如何控制运输成本是关键，如车队管理、运输费用、司机及作业管理等。

② 第三方物流运输

随着服装企业的不断发展，服装业物流战略体朝着更快捷、更有效、更准确的方向发展，也有越来越多的服装企业采取了物流外包的方式，将物流环节外包给第三方的物流公司来进行运作。由于服装行业的主要关注点是产品的生命周期和对客户市场的反应速度，通过第三方物流，服装企业不仅可以降低物流成本、强化企业自身的核心业务、改善和提高物流服务水平和质量，更重要的是可以使得产品缩短上市时间，加快产品生命周期循环。因此，即使有些企业拥有自身车队，运量大、路途远的运输亦采用第三方物流运输，甚至有些企业如美特斯•邦威，卖掉自身车队，将物流完全外包给第三方物流。

（2）运输方式选择

常见的运输方式有铁路运输、公路运输、水路运输和航空运输，四种运输方式各有特点和利弊，见表 5-1，服装连锁企业要根据货物的需要特点（如时间紧迫性、运输距离）、包装特点（如规格、数量）和运输费用来选择合适的运输方式。

表 5-1　四种运输方式优缺点比较

运输方式	优点	缺点
铁路运输	覆盖面广,适应性强,连续、可靠、安全;运输能力大;成本较低	受铁轨、站点限制,灵活性不高,发货频率较公路运输低
公路运输	机动灵活、速度快、可实现门对门服务,投资少	运输能力小、运输能耗高、成本高、生产率低
水路运输	运输能力大、运距长、成本低,是国际贸易的强大支柱	受自然条件影响大,速度慢,可靠性与可接近性较差
航空运输	运动速度快,机动性能好	运输能力小、运费高、受天气影响大

（3）运输管理原则

无论服装连锁企业采取何种运输服务方式,运输管理必须遵循安全、及时、准确、经济的基本原则。

① **安全**

安全即将货品顺利送到目的地,包括货物安全和运行安全,是实现及时、准确、经济原则的基础。

② **及时**

按时把货物送到指定地点,尤其在服装运输中,及时运输货品,赶在季节变换前上货,即抢占了销售先机。

③ **准确**

运输过程中,防止货物多发、少发、漏发、发错款式等变异出现,力求与客户要求相符即为准确。 只有准确的及时方能满足服装连锁企业客户的需求、满足顾客的需求。

④ **经济**

经济原则即控制运输成本,在达到安全、及时、准确运输前提下,要求成本最低化。 运输成本的控制可以从运输服务方式、运输方式、路线选择、运输政策等各环节下功夫。

（4）承运人选择

在服装连锁企业中,鲜有企业整个物流过程完全由公司自身完成,越来越多的服装连锁企业与第三方物流进行了或多或少、或浅层次或深层次、或全面或局部的合作。 在采用第三方运输时,首先要做好承运人的选择,选择合适的承运人是有效完成运输任务的必要前提。 选择承运人包括,承运人类型、承运人分析、选定承运人、签订合同及合作评估。

① 承运人类型

根据承运人提供的服务项目，可以将承运人分为以下四种。

a. 单一方式承运人

利用一种运输方式提供服务。对承运人而言，集中于一种运输方式，专门化程度提高，有利于高效运作。而对托运人来说，需要与多个单一承运人进行洽谈合作，花费更多时间和精力，管理工作更多更复杂。

b. 多式联运经营人

使用多种运输方式，以期望用最低的成本条件提供综合性服务。多种运输方式的连接具有经济潜力，吸引了越来越多的托运人选择这种承运类型。

c. 小件货物承运人

提供专门化服务的公司进入小批量运装服务或包裹速递服务市场。一些单品服装价值高的企业在全国范围内，经常会出现门店之间的货品调拨，为了保证货品能及时、安全送达门店，服装连锁企业可选择与合适的小件货物承运人合作进行货品调拨服务。

d. 运输代理人

运输代理人一般自身拥有很少运输工具，主要为托运人和承运人提供联系、沟通服务。

② 承运人分析

服装连锁企业需根据自身情况，如公司连锁门店数量、分布、发展趋势、分销方式及现有问题等，选择合适的承运人类型，并选择几家意向承运人进行全面分析。基本分析项目如下：

- 运输能力，包括车辆数、仓库数、运输网点和管理能力等。
- 信息查询及时性，是否能够及时提供货品运输业务查询、咨询服务。
- 费用合理性，门到门运输服务费用是否合理、低廉。
- 运输操作规范性，是否有有效的操作规范，如正确填制提单、货票等凭证。
- 变异处理能力，运输过程出现变异情况时的处理能力，包含能否及时处理有关索赔事项。
- 信誉，过往与其他客户合作情况、客户意见等。

③ 选定承运人

综合分析、考量各意向承运人的情况,结合企业自身实际需求选择最合适的运输企业作为承运人,并签订详细合同。 有效的物流网络需要托运人和承运人保持良好的合作关系,托运人一般选择与可靠的、高质量的承运人订立长期合作合同。

④ 合作评估

服装连锁企业在选定承运人并开展合作后,需制定评估机制来评估承运人的运输效率和表现等。 托运人可以通过评估与承运人沟通,进一步完善合作方式和操作流程,为长远的继续合作打下基础。

5.3.2　服装连锁门店物流配送管理

（1）配送的概念

王之泰教授对商品配送的定义为:"按照用户的订货地在物流据点(商品配送中心、流通仓库、商店等)进行分货、配货工作,并将配好的货送交至收货人。"配送不同于一般的输送式运输,体现如下:

- 商品配送虽然离不开运输,但从物流中的输送整体来讲,配送处于"二次输送"、"支线输送"、"末端输送"的位置,输送的起终点是物流据点至用户。

- 商品配送是从物流据点至用户的一种特殊送货关系,尽管商品配送的主体是送货,但不是消极的运送,而是在全面配货的基础上,充分根据门店需求的运送。 因此,除了各种运送活动外,还要从事大量分货、配货、配装等工作,是配货和送货的有机结合形式。

（2）配货作业管理

① 配货作业流程

配货作业是指把拣取分类完成的货物经过配货检查后,装入包装容器并做好标志,再运到配货准备区,待装车后发送。 配货作业流程如图5-4所示。

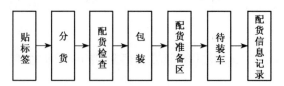

贴标签 → 分货 → 配货检查 → 包装 → 配货准备区 → 待装车 → 配货信息记录

图5-4　配货作业流程

② **管理要点**

服装连锁门店配货作业管理要点包括:

• 配货最重要的是保证配货的准确性,配货的准确性可以避免后续不必要的退换货麻烦,且可以更好的满足门店需求,提升顾客及时服务水平。 保证配货的准确性,储存信息、包装信息首要准确,由于服装涉及到品类、颜色和型号,配货信息复杂,且配货人员在大量配货下无法一一核对。

• 配货检查作业是根据客户信息和车次对捡取的货物进行编号和数量的核实,以及对货物质量的检查。 配货检查员的工作是进一步确认拣货作业是否有误。 用纯人工检查货物号码及数量,效率低且容易出错,服装配货检查通常用条码检查法进行复核。

• 包装是配货作业中的重要一环,起到保护货物,便于搬运、便于辨认等作用。 为了保证商业包装的质量,一般服装商业包装袋及相应物品同样以货物形式随货品发送至门店,由门店在销售前进行整理,并在销售时进行包装。对于运送过程中的包装,要环保经济,最好能够循环利用。 在装箱时,每一箱放置配货清单,方便门店清点,封箱前在顶部放置纸板类物品,以防拆箱时损坏货品。

(3) 送货作业管理

① **送货作业流程**

送货作业是利用配送车辆把门店所订购的货物从物流据点(配送中心或流动仓库等)经配货作业后,送到各门店的过程。 送货作业流程如图 5-5 所示。

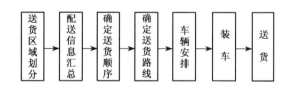

图5-5 送货作业流程

② **管理要点**

服装连锁门店送货作业管理要点如下:

• 送货首先要对客户、门店所在地的具体位置作系统统计,并作区域上的整体划分,将每一个客户、门店包括在不同的基本送货区域中,而处于区域交接

127

地带的门店送货在区域划分基础上，可根据实际送货情况作灵活调整，以节省送货成本。

• 由于配送货品品类、特性各异，为提高送货效率，确保货物质量，配送中心需对各门店配送信息进行汇总。 对特性差异大的货品进行分类，采取不同的送货方式和运输工具，如西服、皮装需要挂装运送。 此外，各门店对货物需求在时间紧迫上不同，根据配送该信息汇总分析，确定送货先后顺序，可以有效保证送货时间、提高送货效率。

• 确定每辆车负责配送的具体门店后，需根据门店的具体位置、沿途交通情况分析确定配送距离短、时间短、成本低的路线。 此外，还需考虑不同门店所在环境对送货时间和车型等的特殊要求，如有些道路在某些高峰期实行交通管制等。

• 装车要遵循"后送先装"的顺序，可以有效利用空间及提高效率。

• 送货的回头车经常是空跑，造成资源的浪费，为了降低送货成本，服装连锁企业在给门店送货前能与各门店做好门店库存分析，把门店滞销的货品或不良品及时载回配送中心，进行流通加工等并再次发往其他门店，增加货品销售机会。

5.4 服装连锁门店的物流管理

5.4.1 门店商品进货管理

（1）进货时机

服装连锁门店的进货管理应当做到在适当的时间，将适当的服装商品上架销售。 进货管理的重点是进货时机和进货验收。

① 换季

换季是服装店进货的重点时机，需要进行大批当季服装进货。 换季阶段，服装连锁门店往往需要更换不同的商品，整个换季阶段是一个过渡的过程，新品并非一夜之间替换上一季货品,为了增加上一季货品的销售机会,服装连锁门店陆续将上季没有销售完的商品撤下,并陆续上新品,以满足不同消费者的不同消费需求。

② 补货

随着销售活动的进行,常常会有一些款式成为当季的热销款,消费者的购买需求较大,往往就会产生缺货,在存货所剩不多的情况下,就需要进行补货;服装行业受流行的因素影响较大,了解服装流行行情,对于相关流行款式、花型、颜色、面料的服装,需要及时进货补货;另外,服装连锁门店节假日期间要进行一些促销活动,在短时间内会销售出大量货品,亦需事先备足货品。 所以,补货虽然只是对连锁门店部分货品的补充,但是否及时补货将会影响店铺的销售及客户服务水平,当予以重视。

③ 装修后进货

服装门店在装修后需要大批进货。 无论是开业装修还是重新装修,连锁门店需要计划好装修时间,根据装修进度提前进货,争取在装修结束就能及时将服装货品上架陈列。

(2) 进货原则

服装门店进货原则应当遵循适时、适量、适当的原则,小批量短周期的进货,加快货品的周转,以获得最大的收益。

① 适时

服装连锁门店应当选择合适的进货时机,一方面,要在货品产生短缺之前就要进行进货,以免耽误销售;另外一方面,应当避免在生意忙碌的时间段进行进货,以免理货人手不足,造成门店内部货品混乱,给消费者留下负面的印象。 要做到适时进货,服装门店的导购及管理者应实时掌握店铺中的销售动态,对于畅销商品要预先做出补货判断;在进行促销时要有计划,在促销活动前备足货品;同时也要对滞销货品做及时退换货处理,以争取该货品在其他区域门店的销售机会。

② 适量

所谓适量指的是服装门店进货的数量既不能太多也不能太少。 太多数量的进货会挤占店铺的空间,店面的展示拥挤不堪、杂乱无章,大量的货品只能躺在仓库里,不能与消费者见面,同时挤占了大量的资金,造成了货品的周转速度慢。

太少数量的进货,一方面导致店铺中货品数量不够,对消费者缺乏足够的吸引力,且部分热销商品容易断货,影响门店的销售;另一方面,也会增加物流成本。 要做到适量的进货,服装门店的经营者需要了解整个门店的商品容纳量,需要根据销售数据和商品容纳量进行进货数量的判断。 一方面,产品要满足消费者对于款式、色彩和尺码的需求;另外一方面,少量多次的进货,可以加快货品的周转,保持消费者对门店的新鲜感。

③ 适当

服装门店的进货,需要和门店的风格、价格等方面的定位相一致,这样才能把适当的产品展现给消费者;另外一方面,进货时要尽量避免出现货品不符、账目与实物不符的现象,否则会耽误销售时机,增加物流成本,这需要在配送之前进行核对检查,做到事前防范。

(3) 进货验收

① 检视

进货验收时,首先应查看货品的名称、单位、箱数是否正确,外包装是否完整,如果不正确或者不完整,应当与运送者当面核对,确认货品的数量和内容,并做好记录交给送货者签字。

② 清点

拆开包装后立刻清点箱内货品是否与货单相符,先点数量,再点款式、尺码、颜色。 在清点中发现问题,应当将有问题的款式、尺码、颜色进行详细的记录,立即告知送货单位。

③ 签收

签收应当跟着货物走,在检视和清点完成后,签收送货单,有问题的货品需要在签收送货单中进行备注。 做到无单不收货,无货不签单,这是进货作业必须执行的操作规程,一旦有所懈怠,就会造成货帐不符,事后再进行查询纠正就会非常麻烦。

④ 回单

签收后的送货单需要立即归档,送回送货单位和相关财务部门,作为财务做账凭证。

5.4.2 门店商品存货管理

（1）存货的储存与保管

① 服装商品的储存

服装商品的储存可以用以下几种方法：第一，实行分区分类、货位编号的管理方法。 为了遵循服装存放地点的规定，合理存放服装，必须根据服装的条件，采取仓库分区管理，服装分类存放，并且按顺序编号。 第二，堆码商品方法。 为了维护服装、人身和设备安全，便于仓库作业、数量清点、先进先出和质量检验。 选择合理的垛形，并在安全、方便、节约的原则下合理堆放，增加单位面积服装的储存量。 第三，建立保管账卡方法。 为了加强对库存服装的管理，及时了解所储存服装的数量动态，防止出错，必须建立服装保管账卡。 服装保管卡片应一货一卡，悬挂在货垛或货架明显处。

② 服装商品的保管

服装的库存品种繁多，规格不一，进出的时间有长有短，销售又有淡季和旺季，所以库存保管比较复杂。 库存保管时需要注意以下四个方面：第一，摆放要合理，主要是考虑摆放配套的问题，根据款式的连带性，确定存放位置，或者以方便取货的原则，把畅销品放于便于提取的位置；第二，跟紧销售，密切关注各门店的销售情况，出现销售多存货少时应当立即发出催产报告，出现售少存多时应当及时发出警报；第三，记录准确，做到收发货单据和库存单据清晰；第四，勤于保养，预防霉变、虫蛀、鼠咬等情况。

③ 服装商品保养要点

服装商品的保养应当做到：第一，存放服装的房间和包装要保持干净，要求没有异物及灰尘，防止异物及灰尘污染服装，同时要定期进行消毒；第二，保持干度，避免服装发生酸败和霉变；第三，防止虫蛀和鼠咬，一般都使用樟脑丸作防蛀剂，樟脑丸用白纸或浅色纱布包好，散放在箱柜四周；第四，保护衣形，使得衣物直观上平整、挺括，不能使其变形走样或出现褶皱。

（2）存货控制

存货是为了保证经营活动正常开展而被迫采取的管理行动，如果存货出现积压，不但使得商品的实际价值降低，而且会增加仓储费、折旧费等多项费用，因

131

此,做好存货管理工作,不仅要把帐管好,做到帐物相符,更重要的是将库存水平控制在合理的范围。

① **存货控制目标**

库存管理有两大目标,一方面需要保证供货的需要,另外一方面需要降低库存成本。库存控制既要有一定的库存量来保证服装连锁门店的供货需要,又要减少库存,降低库存成本,这是一对矛盾体,解决这对矛盾体的方法就是保持合理库存。

② **存货积压的主要原因**

服装配送中心出现存货积压的主要原因有以下几方面:第一,对当前流行趋势估计的不足,对人们的流行观念、消费能力把握错误,造成采购存储了不适销的产品而造成积压;第二,对服装的周转率不重视,导致当季结束时也不愿意打折出售,导致大量产品积压,并且越来越难处理;第三,配送中心采购失误,采购商品不能满足消费者的需求或者是产品在质量上有问题,导致销售不畅产生积压。

③ **存货控制方法**

存货控制的方法主要有:第一,金额控制法,采用售价对存货进行计量;第二,数量控制法,对存货数量进行进行记录,反应每种商品的实际存储量与销量;第三,存货周转率控制;第四,存货分类控制,将产品按照性质的不同进行分类,按照类别的特质分别进行控制。

5.4.3 门店商品盘点管理

盘点作业在物流配送中心的工作过程中,产品不断的进库和出库。在长期积累下理论库存数与实际库存数不相符。有些产品因长期存放,品质下降,不能满足用户需要。为了有效地掌握货品数量和质量,必须定期对各储存场所进行清点作业,这就是所谓的盘点作业。

(1) 盘点目的

① **确认现存数量**

现存量由于多记、误记和漏记,使库存资料记录不实。或者由于货物损坏、丢失、验收与发货清点有误,也造成库存量不实。有时盘点方法不当,产生误盘、重盘和漏盘时,也使库存量不实。为此,必须定期盘点确认现存数量。

② 计算企业实际损益

确认企业损益众所周知,企业的损益与总库存金额有极为密切的关系。 而库存金额与货品库存量及单价成正比。 为准确地计算出企业实际损益,必须进行货物的盘点。

③ **核实物品管理成效**

通过盘点,可发现待处理品和废品的处理情况、存货周转率以及货物保养维修情况,相应的可谋求改善良策。

（2）盘点方法

① **账面盘点法**

通过数据资料统计,根据进出货状况,计算出货品期末存货价值的方法。

② **实地盘点法**

对未销售出的库存服装进行实地清点,以了解实际库存金额的方法。 此方法适合半年或者一年实施一次,再配合账面盘点,可以较为彻底的了解配送中心的实际存货情况。

（3）盘点步骤

① **准备**

盘点作业之前的准备工作是否充分,关系到盘点作业的顺利程度。 为此,必须充分做好事前准备工作。 应做的准备工作如下:确定盘点的程序和方法;备好盘点用表格以及清楚库存资料;盘点前避免频繁出入货品。

② **确定盘点时间**

为了货与帐相符合,盘点次数越多越好。 但是每盘点一次,无论在人、财和物方面都耗资不少。 可将服装按照不同的性质分成 A、B、C 等级,A 类重要货品,每周盘点一次;B 类货品月盘点一次;C 类一般货品每季盘点一次。

③ **清理储存场所**

盘点之前,对已入库货品应心中有数;在关闭储存场所之前应通知有关需货部门预领货品;预先确定不良品的标准以及帐卡、单据及资料应整理清楚等。

④ **盘点作业**

盘点作业单调乏味,易疲劳。 为保证盘点正确性,一方面加强领导,另一方面也要劳逸结合。 人工盘点容易出现误差,有条件的服装连锁门店可以采用信

133

息技术,如通过扫描进行盘点,以提高盘点效率和准确率。

⑤ **盘点结果分析**

通过盘点分析、评判货品出入库及保管情况。具体应弄清的问题有:各品种的实际存量与账面存量相差多少? 这些差造成的损失有多大? 另外,通过盘点,及时发现库存里的货品情况,尤其是滞销产品情况,尽早进行调换退货处理,增加货品流通,争取销售机会。

5.5 现代信息技术在服装连锁门店物流配送与管理中的应用

5.5.1 快速反应下的物流信息化

(1) 快速反应

① **快速反应的定义**

快速反应是指企业面对多品种、小批量的买方市场,不是储备了"产品",而是准备了各种"要素",在客户提出要求时,能以最快速度抽取"要素"并"组装",提供所需服务或产品。快速反应是美国零售商、服装制造商以及纺织品供应商开发的整体业务概念,目的是减少从原材料到销售点的时间和整个供应链上的库存,最大限度地提高供应链管理的运作效率。

美国纺织服装联合会将快速反应定义为"制造者为了在精确的数量、质量和时间要求的条件下为顾客提供产品,将订货提前期、人力、材料和库存的花费降到最小;同时,为了满足竞争市场不断变化的要求而强调系统的柔性。"

② **快速反应的迫切性**

我国知名经济学家朗咸平曾在一次服装行业论坛上指出"服装行业平均而言每天贬值 0.7%,只要提前 10 天卖出去,就少贬值 7%,而毛利率增加 13%。"我国服装品牌经营前导时间过长,与 ZARA、UNIQLO、H&M 等品牌的上货速度差距很大。据中国服装协会产业研究所常务副所长陈国强介绍,"中国服装企业从产品设计到摆上货架,平均周期是 180 天。"而大部分国际名牌的大约为 120

天，ZARA 最快仅需 12 天。 速度经济时代，如何应对服装市场需求变化迅速、多品种、小批量、地域差异大、季节性强等特点，及时、准确将货物送达销售终端，已经成为我国各服装生产销售企业努力解决的问题。

（2）物流信息化

服装企业物流信息化是服装企业供应物流、生产物流、销售物流的结合与统一，它贯穿于企业物流的各环节。 物流信息随企业的物流活动而发生，物流系统中的相互衔接是通过信息予以沟通，物流调度也是通过信息传递来实现。 物流内控必须以信息为基础，只有物流信息畅通，才能使得物流活动正常、规律、快速进行。 正是因为有了物流的信息化，才为快速反应提供了可能。

物流信息处理包括以下五个方面：

① **数据收集**

物流信息处理的首要任务即是把企业内、连锁门店、加工厂等处的数据收集并记录下来，是整个物流信息系统的基础。 数据收集需要考虑的是收集手段是否完善，准确性、及时性、校验功能如何，收集录入操作是否方便、严密等。

② **数据传输**

物流信息收集后，需要把物流信息从一个环节传到另一个环节，或从一个部门传到另一个部门。 信息传输并不是一个简单的传递过程，需要充分考虑计划各部门、各环节之间如何进行传递，传递的信息种类、频率等因素。

③ **数据存储**

数据存储即信息的保存，使得物流信息不丢失、不外泄、随时可用。 数据存储时，需要考虑存储量、存储时间、存储方式、信息的格式、使用方式及安全保密等问题。

④ **数据加工**

已收集到的信息需要通过数据加工，以便得到更直接反映本质的物流信息，供各级管理人员参考使用。 计算机的数据加工范围很大，从简单的查询、排序、合并、分类筛选、计算到复杂的物流模型的方针、预测、优化计算等。 不同的服装连锁企业对于数据加工的需求存在差异性，连锁企业在购买信息系统时需结合企业自身需求有效选择，并要求对方能够根据本企业的需求进行个性化功能开发，包括数据加工功能。 这就需要本企业专业工作人员与对方企业有效沟通合作进行开发，主旨在于提供最简洁、方便、快速的数据加工，强化信息系统

135

的数据加工功能，弱化员工深度分析，以保证数据加工结果的有效性、可靠性及减少对员工的依赖性。

⑤ **信息输出**

物流信息只有通过输出到相应的环节、部门、管理者，方能实现自身的价值。信息输出需要根据该信息的不同需要，以不同格式进行输出，且易读易懂。由于服装连锁企业中，物流部门的工作人员相对其他部门的员工文化水平层次、素质较低，信息输出结果是否易读、易懂，成为该信息系统的主要评价标准之一。

5.5.2　现代信息技术

物流信息化已成为服装企业的关键。我国已有越来越多的服装企业认为，强大的信息收集能力和处理现实物流系统的快速反应能力将成为服装企业的核心竞争力，而现代物流信息技术为此提供了可能。服装连锁企业中，常用的物流信息技术包括条形码技术、POS 系统及 MIS 系统，亦有少部分企业在此基础上使用电子数据交换 EDI 等。

（1）条形码技术

条形码是用一组数字来表示商品的信息，能快速、准确地识别商品、自动读取有关商品的信息，而被广泛采用。条形码根据使用方式分为商品条形码和物流条形码。

商品条形码印刷在商品标签上，以直接向消费者销售的商品为对象，以单个商品为单位使用的条形码。它由 13 位数字组成，分为 4 个部分。前 3 位代表国家代码，690 - 695 是中国的代码，由国际上分配；接着后 5 位代表着生产厂商代码，由厂商申请，国家分配；再接着 4 位代表着厂内商品代码，由厂商自行确定；最后 1 位，是校验码，依据一定的算法，由前面 12 位数字计算而得到。

物流条形码印刷在商品包装上，以物流过程中商品为对象，以集合包装商品为单位使用的条形码。物流条形码由 14 位数字组成，第 1 位数字为物流识别代码，后 13 位数字同商品条形码。在物流过程中，利用条码技术，可以实现数据的自动采集和识别。商品从工厂到消费者的整个物流过程，都可以通过条码来实现数据信息的收集、传输、存储、加工和输出，使物流信息传递更加方便、快速、准确。

（2）POS 系统

POS 系统即销售时点信息系统，是指通过自动读取设备（如收银机）在销售商品时直接读取商品销售信息（如商品名、单价、销售数量、销售时间、销售店铺、购买顾客等），并通过通讯网络和计算机系统传送至有关部门进行分析加工以提高经营效率的系统。POS 系统最早应用于零售业，以后逐渐扩展至其他如金融、旅馆等服务行业，利用 POS 系统的范围也从企业内部扩展到整个供应链。

POS 系统以商品条形码和后台计算机为基础，以条形扫描器为基本工具，配给电子收银机及其他电子设备所构成的一个系统。POS 系统主要用于前台销售，实现价格查询、收款、折扣、退换货、交易取消及简单的数据分析功能，支持多种支付方式。其最重要的功能是及时收集各种商品的销售信息，对商品实施单品管理。

（3）MIS 系统

MIS 信息管理系统（Management Information System）是由人、计算机及其他外围设备等组成的能进行信息的收集、传递、存贮、加工、维护和使用的系统。连锁企业信息管理系统的后台管理系统就是 MIS 系统，MIS 系统与 POS 系统构成了完整的连锁企业信息管理系统。服装连锁企业主要由总公司、销售门店和物流配送中心构成，故 MIS 信息管理系统由总公司信息管理系统、门店信息管理系统和物流配送中心信息管理系统组成。

① 总公司信息管理系统

总公司信息管理系统运行在总公司各部门工作站上，不同部门、不同职位的管理及工作人员对信息管理系统的查询、使用权限不同。总公司的信息管理系统对各连锁门店进行统一经营和销售管理，指导物流配送中心对各门店的配送、退货、调货等业务活动，同时与通用财务软件对接。总公司信息管理系统的主要管理功能包括商品管理、订货管理、销售管理、库存管理、VIP 会员管理、数据管理、基本档案维护和系统管理。

- 商品管理。即提供商品注册、商品类别、款号、条码的维护，商品零售价、折扣价等关于商品基本档案的管理与维护。
- 采购管理。即根据各连锁门店的进销存及补货信息制定采购计划，进行采购管理和配送管理。

• 销售管理。 即对各连锁门店的销售情况进行监控，重点销售区域和门店实施实时销售监控，根据销售分析，进行配货、调货和退货处理。

• 库存管理。 即对物流配送中心库存进行管理，包括商品入库、移库、破损、出库、盘点、库存查询、库存统计等业务管理。 公司营销部和商品控制部不时进行仓库库存分析及各连锁门店销售与库存分析，进行相应的商品配、调、换、退处理，以降低库存，提高销售。

• VIP 会员管理。 即对公司顾客、会员的信息管理。 有效的 VIP 客户管理，是为顾客提供差异化增值服务的基础。 如北京女装品牌"白领"自 1996 年始引入顾客资源管理系统，至今已多达十几万人的顾客资源数据库。 通过对顾客年龄、性别、生活地域、文化背景、活动场景、喜好、购买产品、身体条件、肤色、职业、家庭成员、购买频率等因素的分析，提供差异化的增值服务。 如消费者上一次在店铺里选购了哪款衣服、参加何种场合，当她再一次光顾同一店铺时，专业的导购员会同她交流上次的活动情况以及为她推荐与上次衣服搭配的款式。 这种差异化服务为白领的顾客资源管理系统中积累了越来越多的 VIP 忠实客户。

• 数据管理。 即对各连锁门店上传的销售数据进行管理和数据分析，可根据不同的分析目的进行多样化销售分析。

• 基本档案维护。 即对公司各部门、员工、连锁门店、配送中心、客户、加工厂等基本档案的维护。

• 系统管理。 即系统参数、基础数据定义与设置、期初数据录入、数据备份、数据恢复、密码权限设置等。

② 门店信息管理系统

门店信息管理系统即是门店的后台管理系统，和门店的前台销售管理系统（POS 系统）一起用于门店业务管理。 POS 系统通过收银员在各销售终端收集有关商品的销售数据，通过特定的方式将数据传送并储存于门店信息管理系统，门店信息管理系统与总公司的信息系统联网。 门店信息管理系统具有向总公司订货功能、门店的进销存管理功能、数据分析功能及 VIP 客户管理功能，用法同总公司相同，分析范围仅限于各连锁门店。 对于各连锁门店而言，门店的进销存管理功能和 VIP 客户管理功能是最重要的两大功能。

③ 物流配送中心信息管理系统

物流配送中心信息管理系统位于物流配送中心,主要管理配送中心的商品入库、移库、破损、出库、盘点、库存查询、库存统计、配送情况等业务信息。物流配送中心信息管理系统与公司信息管理系统联网,公司可实时查询物流配送中心的各项信息,为公司管理人员、工作人员进行各连锁门店商品配、调、退,是否进行特卖场,特卖场的货品配发等决策提供参考。

(4) 电子数据交换 EDI

电子数据交换(Electronic Data Interchange,缩写 EDI)是指按照统一规定的一套通用标准格式,将标准的经济信息,通过网络传输,在贸易伙伴或企业内部的电子计算机系统之间进行数据交换和自动处理。传输的内容包括订单、预测、订单变更、订单确认、发货通知、运输文件、对帐单、发票等。EDI 系统中每个环节上信息的出入都有明确的签收、证实,便于责任的审计、跟踪、检测。EDI 安全保密系统中广泛应用密码加密技术,以提供防止流量分析、防假冒、防否认等安全服务。

采用 EDI 业务具有很多益处。EDI 可以将原材料采购与生产制造、订货与库存、市场需求与销售,以及金融、保险、运输等业务有机的结合起来,缩短订货采购提前期,降低了库存水平和费用。EDI 大大简化了订货或存货的过程,使双方能及时地充分利用各自的人力和物力资源。EDI 系统规范了信息处理程序,大大减少了公司文档方面的工作,在提高了信息可靠性和传递速度的同时,大大降低运营成本。

然而,实施 EDI 业务的最大问题是启动费用偏高,建立 EDI 系统需要巨大的资金,运行亦需要专线连接,文件格式必须是专门的标准文件格式,这些均不利于 EDI 的推广应用。

思考练习题

1. 服装连锁经营的物流价值是什么?物流管理内容和目标是什么?

2. 服装连锁经营物流配送方式有哪些?你认为服装连锁门店物流配送的趋势如何?

3. 服装连锁物流配送中心的一般运作流程如何?

4. 服装连锁企业如何选择运输承运人？

5. 试述服装企业物流信息化的发展方向和前景。

6. 建立小组，设计调查问卷，对若干家服装连锁企业进行访谈，了解所调研服装连锁企业的物流现状和特点。并以其中一家服装连锁企业为例，对该企业的物流优化提出有效建议。

阅读拓展

1. 美特斯·邦威牵手安得物流

上海美特斯·邦威服饰股份有限公司（以下简称美特斯·邦威）主要研发、采购和营销自主创立的"Meters/bonwe"和"ME&CITY"两大品牌时尚休闲服饰。公司 2008 年在 A 股上市，在国内首创生产外包、直营销售和特许加盟相结合的运作模式，目前与长三角和珠三角的 300 多家生产供应商建立合作关系，并在全国设有专卖店近 3 000 家，全系统销售额位居中国市场的本土和国际休闲服品牌前列。公司荣获"驰名商标"、"中国名牌"和"中国青年喜爱的服饰品牌"等多项重大荣誉。随着美特斯·邦威业务的飞速发展，迫切需要引入能为服装整个供应链过程提供物流解决方案的物流供应商，以加快供应链反应速度、降低综合物流成本。

芜湖安得物流股份有限公司（以下简称安得物流）是美的投资控股的公司。经过 10 年的发展，安得物流从无到有，不仅建立了完善的信息系统、健全的运作网络、高效的运作流程，而且把国际先进的物流理念、技术与国内现实物流环境有机结合起来，最大限度的满足客户需求，建立了安得独特的竞争优势。目前，公司管理仓库总面积超过 5×10^6 m²，年运输量 60 亿吨公里，配送能力 120 万票次，并在全国 8 个战略城市建立了 200 多个物流服务平台，物流服务覆盖全国。先后荣获"中国 20 家最具竞争力的物流公司"、"中国物流百强企业"第十名、"中国近三年快速发展物流企业"、"中国物流示范基地"、"AAA 级信用企业"、"中国食品冷链物流定点企业、高新技术业"、"AAAAA 级物流企业"等称号，安得以专业化、规模化的第三方物流公司形象跻身行业前列。

经过多次沟通及实地考察，美斯特·邦威和安得物流在 2010 年上半年达成战略合作意向，根据相关协议，安得物流作为物流服务商，为美特斯·邦威"从加工厂提货—全国各地物流中心—配送到终端门店"的各环节提供物流服务。

(1) 先进的 IT 信息系统支持

安得物流自主研制的 ALIS 系统由运作模块、内部管控模块、客户关系管理模块三大部分组成。所有业务均通过系统管理,全面实现单证电子化;与多家客户实现系统对接,方便客户实时查询货物在途情况及单证处理情况;在信息系统基础上,集成 GPS、SMS、手机定位、RFID、远程视频监控等技术,加强客户所托货物的在途、在库管理。

安得物流的 ALIS 系统与美特斯·邦威的 SAP 系统采用实时数据交换,实现订单提货指令、提货信息异常调整、在途货物 GPS 跟踪信息等数据的实时同步,加快双方决策、及处理的反应速度,提高准确率。

(2) 合理的流程设计

根据美特斯·邦威加工厂门店分布范围广、提送货批量小的特点,设计了"循环取货——集拼中转——长途干线运输——省际班车——同城配送"的业务流程,通过开设定点循环取货班车、区域集拼平台、自主的整车及专线运输,保障货物及时从加工厂运到目的地;借助安得物流的 ALIS 系统,安得跟踪人员根据系统进行时段跟踪、地段跟踪、异常信息跟踪等作业,实现对物流过程的全程掌控。生产加工的外包使得服装库存压力大大减小,市场反映的敏捷性促使整体流通精、快、准,减少了逆向物流成本及残损成本,订单的处理有了更好的柔性和反应能力,缓解了紧急销售等特殊情况产生的销售压力,而物流的保障能力是实现该供应链顺畅运作的关键。

(3) 深度合作方向共探

借助安得物流遍布全国的运作网点、先进的物流管理系统,为美特斯·邦威在销售地、中转地库存管理方面提供解决方案,通过合理布局、安全库存量设置、优化配送路线等多种方法,提高整个供应链反应速度、减少中间环节,在满足前端销售市场需求的同时,实现综合物流成本最优。

服装行业物流管理是典型的供应链管理。服装行业有其独特的特点,如变化快、小批量、多品种,以及强烈的地域性消费差异的存在、持续不断降低成本的需要等等,这些都要求服装企业的物流配送必须做到及时、准确,能够尽快缩短交货周期,通过强大的物流网络、及时的运输、配送能够给企业有力的铺货能力支持。

安得物流服装物流项目组负责人表示,对于第三方物流企业来说,如何更好地满足服装企业在物流上的需求,安得物流已经过 10 年的探索,在全国建立了 200 多个服务平台,培养了一大批专业的物流人才,建立了先进的物流信息化监控与处理平台,通过以上措施,安得物流服装物流项目组可针对不同的服装企业、不同的服装品牌的特点制定相应的物流解决方案,帮助物流企业做出合理、科学的配送规划。美斯特·邦威服装物流项目是安得服装物流的一个成功案例。通过与美斯特·邦威的合作,也使得安得物流自身供应链水平得到了迅速提高,安得也希望借此不断提高各环节管理水平,以打造中国服装物流供应链第一品牌。

(详见参考文献 29《让"霓裳羽衣"舞动起来——记安得服装物流供应链》)

2. 衣服、杂货也靠新鲜度决胜负——为求当日配送增强物流能力

衣服、杂货等乍看之下跟新鲜度没有太大关联的商品,当透过 EC(电子商务)来购买时,迅速配送的必要性变得越来越高了。时尚 EC 的 MAGASeek 将自身的物流据点扩大为原本的 1.5 倍。网络购物跟实体店铺间竞争的阶段已经过去了,各家公司现在靠着"新鲜度"进行着激烈交锋。

"若能在客户购物后的兴奋情绪下降之前就将商品送到的话,客户的感动程度也会有所不同。我们将推行这样(接受订单当日就进行配送)的当日货到服务。"做出如此干劲十足发言的,是伊藤忠商事的子公司并有在东证 Mothers 上市的 EC 企业 MAGASeek 的井上直也社长。

MAGASeek 透过跟"CanCam"及"Oggi"等时尚流行杂志的合作,经营网络贩卖而起家。以对流行敏感的 20 岁女性为中心,拥有多达 160 万人的会员。井上社长表示:透过观察发现顾客的购买模式在最近渐渐起了改变,"不直接将商品买回家"的倾向越来越明显。通常与朋友们结伴一同前往专门店或百货公司时,只会先进行试穿及确认衣服实物。当天傍晚用晚餐时再透过智能型手机彼此给予意见及评价。回家之后,才会用计算机或智能型手机对喜欢的商品进行订购。在这种"先逛街再透过 EC 购买"的消费模式之下,要成为被选择使用的 EC,决定的关键在于如何能在顾客购买后的兴奋情绪降低之前迅速将商品送到其手中。

MAGASeek 为了增强物流能力,预计于 2012 年 8 月下旬在神奈川县座间市开设新的物流中心。占地面积 19 800 m²,是原本运营于岐阜县的两座物流设施加起来之后的 1.5 倍大。原本的物流设施中库存品及工作人员都分散在不同

的楼层,新的物流中心为求达到业务效率的提升,将全部集中在同一楼层。与
大型运输业合作并整备出新的配送体制,若在关东地区,每日固定时间之前下
订的商品都能在当日内送达。物流效率化进行的同时,MAGASeek 也以 9 月为
目标预计将网络情报系统做更新,希望能直接将服饰业者的系统与 MA-GASeek
做连结。

（详见 2012 年 7 月 10 日日经产业新闻）

第6章 | 服装连锁门店价格管理

知识要点

1. 商品价格的构成
2. 服装商品定价的目标与方法
3. 连锁总部的价格管理方法

6.1 商品价格

6.1.1 商品价格的构成

服装连锁门店的商品价格是反映商品价值的因素,也是为企业带来直接效益的货币表现。企业销售商品的价格是企业利润的主要决定因素。商品在经过流通领域的不同环节,到最后进入门店终端,价格也随之产生变化。价格是决定商品在激烈的市场竞争中取得销量的重要因素之一,适当合理的价格会影响商品在竞争市场中的位置,影响消费者对于商品的心理感受从而引导消费。

商品的价值是由凝结在商品中的社会必要劳动时间决定的,主要由两个组成部分:一个是成本价格 k;另一个是劳动者在劳动过程中创造出超过自己需要的价值,即剩余价值 m。用公式表示为:

$$W = k + m$$

其中,成本价格是指生产商品所需的不变资本 C 和可变资本 V 之和。

进一步可用公式表示为:

$$W = C + V + m$$

价格是企业为提供的商品或服务的要价,基本由四个基本要素构成,分别为产品生产成本、流通费用、税金和生产企业利润。

用公式表示为:

商品价格＝产品生产成本＋流通费用＋税金＋生产企业利润

其中,产品的生产成本是商品价格当中最重要的决定因素,成本随着外部环境的变化而产生波动。 流通费用基本包括两类:一类由商品使用价值的运动引起的,是同生产过程在流通领域的有关的生产性流通费用,如运输费、保管费、包装费等;一类是由商品价值形态的变化所引起的费用,这是纯粹的流通费用,如店员的工资、广告费、办公费等。 税金基本包括纳税人上交的增值税、营业税、消费税、资源税、印花税、所得税等,对于企业来说和利润关系最密切的税金是企业所得税,所得税是在利润总额的基础上进行一定调整后形成的应纳税所得额乘以相应纳税比例得到的。 生产企业利润是指企业在一定时期内生产经营的财务成果,企业利润一般按照如下顺序进行分配:一是弥补企业之前的年度亏损;二是提取法定盈余公积金;三是提取公益金;四是向所有者分配利润。

商品价格还可以理解为消费者为得到某个商品或服务而放弃的其他最大价值,即机会成本。 例如,买一双运动鞋需要花费时间包括:到达商店的路程时间,试穿鞋子的时间,购物后返回的时间以及购买过程里对于交通的额外费用等。 所有机会成本加起来才是购买这双运动鞋的实际价格。

6.1.2 影响价格策略的因素

价格策略是一家企业全面市场策略的关键部分。 企业可以运用价格策略来改变消费者对于商品价值的评价。 例如,降低价格并不一定能够促进销量,也许只会让产品看起来更廉价;提高价格也并不一定会削减销量,也许会让商品在消费者心中的价值感提高。 制定合理的价格策略,需要运用创造力、判断力以及掌握影响价格策略的主要因素。 从企业角度出发,在市场中推出同一款或近似的商品,合理的定价会最终赢得顾客。 从顾客角度出发,对于商品的基本需求是物有所值,甚至是物超所值。

影响商品价格策略的因素主要分为内部因素和外部因素(图 6-1),在制定商品价格的过程中需要综合考虑相关因素，使企业经营者得到利益最大化。服装连锁门店的定价通常受到如下主要因素的影响：

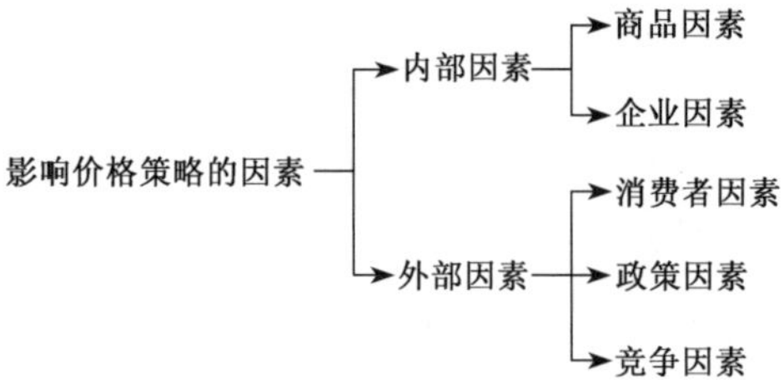

图 6-1　影响价格策略的主要因素

（1）内部因素

影响价格策略的内部因素主要包括商品因素和企业因素，来自商品因素的关键是商品的成本因素，成本因素也是企业考虑定价时需要满足的第一基本要素。商品因素还包括进货渠道因素、商品形象因素、商品发展阶段因素，这三者都影响商品的最终价格。企业因素的关键是企业目标，也是影响商品定价的第二个基本因素。企业因素还包括企业的销售策略因素和门店终端形象因素，针对连锁门店在不同时期、不同地点企业需要制定相应的销售策略去赢得终端消费市场。

① **商品因素**

a. 成本因素

连锁门店经营中的成本是制定商品价格的基础，成本决定了商品的最低价格。只有正确地核算成本，才能使价格最大限度地反映社会必要劳动的消耗水平，从而接近价值。

商品成本由固定成本和可变成本构成，固定成本（Fixed Costs）是指成本总额在一定时期和一定业务量范围内，不受业务量增减变动影响而能保持不变的成本。固定成本的支出有厂房和机器设备的折旧、财产税、房屋租金、企业支付的保险费等。服装连锁店的固定成本基本包括门店租金、门店装修费用、门店陈列设备费用、企业工商管理费等，固定成本不受销量的影响，但销量越高单位商品的平均固定成本越低。可变成本与固定成本相反，可变成本（Variable Costs）是指那些成本的总发生额在相关范围内随着业务量的变动而呈线性变动的成本，直接人工、直接材料都是典型的变动成本。服装连锁门店的可变成本基本包括服装的采购成本、门店水电费、员工工资、员工差旅费等，商品终端价格随着可变成本的变化而产生一定程度的波动。总成本（Total Costs）是一定产量水平需要的固定成本和可变成本之和。平均成本（Average Costs）是指一定产量下单位产品的成本，等于总成本除以总产量。平均成本是企业进行定价可参考的平均值。

服装连锁门店需根据商品的平均成本去制定合理的价格,也需根据门店经营的定位来筹划投入的固定成本和可变成本,使商品销售可达到盈亏的平衡点。 在现实市场中,企业需要考虑不同价格对于销售量的影响,尽量降低固定成本和可变成本。 盈亏平衡分析是通过盈亏平衡点(BEP)分析项目成本与收益的平衡关系的一种方法。 盈亏平衡点是销售的收益等于成本的那一点,计算公式为:

$$盈亏平衡点(BEP) = \frac{固定成本}{(单位产品价格 - 单位产品变动成本)}$$

以某服装连锁店生产女装为例,假设固定成本为 2 000 万元,服装单价为 200 元/件,单位产品变动成本为 100 元/件,计算出盈亏平衡点是在 20 万件,也就是说该服装连锁门店只有卖出超过 20 万件的女装才可以盈利:

$$盈亏平衡点 = \frac{2\,000\,万元}{(200\,元 - 100\,元)} = 20\,万件。$$

b. 进货渠道因素

进货渠道,通常是指进货的途径和方法。 进货渠道分为长渠道和短渠道,根据中间商介入的顺序又分为零级进货渠道、一级进货渠道等。 进货渠道越长,商品运输过程中的物流成本越高,中间商介入的越多,会造成商品价格的不稳定性,不利于连锁门店对于终端价格的控制和调整。 因此连锁企业需要规范商品的进货渠道,防止商品在市场流通中价格出现偏高或者倒挂的现象。

根据渠道的来源,有实体进货渠道和网络进货渠道。 随着网络商城的发展,网络渠道省去店面店租等方面费用,进货效率比较高等优势日益凸显,许多服装连锁门店选择进货渠道较短的网络进货方式。 在未来,网络渠道在一些领域将渐渐取代实体进货渠道,成为服装行业主流的进货渠道。

c. 商品形象因素

服装连锁门店的商品形象不但指代服装的款式、颜色,也包括服装企业提供的包装袋,以及广义上商品的广告、标签、名称等具有识别商品作用的事物。

奢侈服装品牌所使用的商品形象是值得信赖的品质、高档奢华的款式,大众休闲服装品牌所使用的商品形象是自然舒适的品质、简约时尚的款式。 不同的商品形象会带给消费者不同的精神感受。通过商品形象的建立,消费者对商品有着不同的心理价格,当商品形象形成的价值高于消费者为商品付出的价格时,消费者会感到物有所值。商品形象的建立有着有形的成本投入,会产生无形的经济效益以拉动终端产品的销售量。

从世界知名服装品牌可以发现,终端商品设计针对不同的受众,呈现出不同的个性和气质,彰显了不同的文化底蕴和品味,但整体设计又有着高度的可识别性,形成持久一致、比较鲜明的品牌形象。品牌个性附加价值在于品牌的表达能力。大量的市场分析和消费者研究显示,消费者的消费不只是满足基本的生活需要,越来越多的消费是为了满足社会性、展示性的需要。心理学上有一个概念叫自我,消费者往往通过自己的消费行为来表达想要表达的、期望达到的自我,如他的穿着、他的日用品等种种细节来表达其个性。只有商品的个性和消费者自己的个性一致的情况下,消费者才会选择购买。这就是商品的个性给顾客带来的额外价值,顾客愿意为此支付额外的费用,这对企业来说就是利润。商品个性的价值不仅表现在建立与消费者的认同上,而且它本身也能够为品牌产品增加价值。因此构建个性鲜明的商品识别系统是产品战略策划者制造市场区隔的利器,以借此创造和保持领先的商品形象。企业树立个性鲜明的商品形象,由于具有高度的识别性和消费者认可度,就可以为企业带来较高的收益。

d. 商品发展阶段因素

企业在商品发展的不同生命周期对于商品定价有着不同的策略。商品通常会经历四个阶段的生命周期:引入期、成长期、成熟期和衰退期。但并不是所有的商品都会经历这四个完整的周期,比如快速时尚,当经历了成熟期之后直接退出销售市场,商品会在较短的时间内走完前几个周期。然而,商品定价依然要考虑商品所处的生命周期,以制定较为合理的价格策略,应对市场竞争。

服装企业在商品刚刚引入市场的时期,可运用适当的高价赢得市场机会,也可运用低价策略吸引消费者,具体需要依据进入的市场状况进行抉择,如果所进入的市场竞争较小可使用垄断竞争市场的短期定价策略,即高价策略以获取最大利润,如果所进入的市场较为成熟,竞争较激烈,可以使用低价渗透策略来建立消费群体;商品进入成长期,服装企业需要适当调整价格以适应竞争,这个周期里商品销量迅速增长，利润大幅度提高，竞争压力加大，服装企业可采用适当的低价来适应市场；商品进入成熟期，是商品销售上升到顶峰即将开始回落的阶段，服装企业需要适当调低价格以保留已有的顾客群体；商品最后进入衰退期，商品销量迅速减少，商品对消费者失去先前的吸引力，取代的新产品随之进入销售市场，这个周期里服装企业需要调涨价格，以最小程度减少由销量降低带来的损失。 表 6-1 表示了商品在四个生命周期中销售、价格、盈利的变化。

表 6-1　商品生命周期中的价格变化

商品生命周期	销售	价格	盈利
引入期	销售量低	价格较高或低价策略	有一定损失
成长期	销售增长	调整价格	盈利较高
成熟期	销售顶峰	降低价格	盈利下滑
衰退期	销售衰退	调涨价格	盈利下滑至亏损

② 企业因素

a. 企业目标因素

服装企业在开始为商品定价的时候需要结合企业自身发展的状况制定一个一致的价格策略，以适应不同时期的企业目标。 例如，一家服装企业制定的目标是"适当调低价格"吸引更多的消费者，与目标"最大化价格"以获得最大利润，其商品在定价上会有很大的差别。 企业常见的定价目标有如下几种可供选择：

• 最大利润目标。 企业的终极目标是为了盈利，利润代表了企业新创造的财富，利润越多说明企业的财富增加越多，也越接近企业的目标。 企业如果追求单个产品的利润最大化，必然会拉高价格，以获得高额利润，但这种目标和方法并不能长期维持。 只有当企业的某种商品处于市场中的稀有商品时，才可暂时采用最大利润为目标，企业利润最大化只能是短期目标。 现代企业在追求利润为主要目标的时候，还必须持续经营并在竞争激烈的市场中生存下来。 对于企业管理者来说现金流在很多时候比利润更为重要。 例如，一家服装企业的利润很高，但该企业中的应收账款占据收入的大部分，该企业就会陷入到资金紧张的状况，如果在接下来筹备资金不及时，就会面临没有流动资金可以使用、企业税款不能缴纳、企业员工薪资无法发放等情况，企业将陷入财务危机并面临倒闭的可能。 因此，在真实商业环境里，保持充足的流动资金并能够适应市场生存下去，才是服装企业管理者应该制定的比较切实可行的目标，而最大化利润的目标只能

149

用于极少企业的短暂发展阶段。

- 满意利润目标。 企业在考虑长期发展的时候，从实际出发可以制定比较适中的满意利润目标。 当今企业已经不能把盲目追逐利润最大化最为企业发展的持续目标，企业社会责任的问题已经关系到企业的发展，世界 500 强企业中很多已将企业社会责任融入到企业文化当中，例如，美国的强生公司（Johnson & Johnson）将对顾客负责、对员工负责、对社会负责、对股东负责的信条融入到企业文化中，使这家有着百年历史的企业可以在竞争激烈的市场中持续发展。企业无论处于什么样的市场，所获得的收入不能超过它为消费者创造的价值，企业才可以长期稳定发展下去。 中国的服装企业很多在发展初期过分强调利润，忽略了利润的可持续性，这样造就的企业在市场中的存活时间很短，没有核心竞争力。 利润的源泉来自于三个方面：一是企业是否能够应对市场的不确定性；二是企业是否能够在市场中创新而脱颖而出；三是企业是否能够取得消费者更多的信任。 要满足这三点的企业就可以在市场中获利，因此企业需将满意的利润作为发展的目标，平衡好利润与社会责任之间的关系，才是现代商业环境中可持续发展的明智选择。

- 销售增长率目标。 企业商品的销售增长率指的是企业本年的销售增长额与上年销售额的比率，可以反映销售的增减变动情况，是评价企业成长状况的重要指标。 计算公式为：

$$销售增长率 = \frac{（本年销售额 - 上年销售额）}{上年销售额}$$

销售增长率的指标越大，企业的增长速度越快。 企业一般在上一年的下半年度开始制定下一年的销售增长率，再运用上一年的销售额计算出下一年的销售指标，以作为公司新一年的发展目标。 企业在制定销售增长率的时候，不但需要考虑公司的扩展和发展速度，还需考虑通货膨胀率，以及本行业的发展趋势。 比如，一个产品在市场中的需求出现萎缩现象，企业在制定销售增长率时需要适当降低指标，甚至进行负指标的设定，以符合实际市场状况。 企业的不同产品之间可以进行组合设定，在制定企业总体销售增长率后，再根据不同产品的市场情况有高有低进行组合，以最大程度贴进市场，并且可以拉动企业的销售增长。 因此，企业在以销售增长率为目标时，需要先获得近几年本行业的销售数量分析报告，以获得商品的一个基本发展趋势。

- 市场占有率目标。 企业商品的市场占有率指的是一个企业的销售量在市场同类商品中所占的比例,可以反映企业的某个商品在市场中所处的地位以及被消费者认可的程度。 当企业的某种商品的市场份额不断扩大时,可以使得企业获得某种形式的垄断。 例如在运动服装品牌中,耐克和阿迪达斯是占有最大市场占有率的两个品牌。 商品的市场占有率计算分为:一是绝对市场占有率,指一个企业的销售量在整个行业中所占的比重;另一个是相对市场占有率,分为相对 3 个最大竞争者的市场份额、相对最大竞争者的市场份额两种常用的计算方法。 其中,相对 3 个最大竞争者的市场份额是指一个企业的销售量和市场上最大的 3 个竞争对手的销售总量之比。 例如,一家服装企业的市场份额是 25%,其他 3 个最大竞争者的市场份额分别为 30%,20%,25%,计算得到该企业的相对市场份额为 33.3%。 一般的市场中,企业某商品的市场份额能够达到 33.3%以上,即该商品在市场中具有一定的竞争力。 相对最大竞争者的市场份额是指一个企业的销售量和市场上最大竞争者的销售量之比,如果结果高于 100%,即该企业的某商品在这一市场中占有最大的份额。

151

企业提高市场占有率,基本需要做到:第一,充分了解市场,如需要让每个连锁门店都很快掌握周边的市场,加强每个区域市场的理解才能使公司对整体市场的理解更加准确;第二,快速把控资源,如连锁门店进行合理的布控增加对区域行成覆盖,再将每个连锁店快速辐射周边区域、形成资源的统一把控;第三,全面顾客管理,如加强顾客的信息化建设,通过会员制或调查问卷、电话访谈等方式完善顾客信息库,更好地聚焦顾客价值法则;第四,打造品牌影响力,如为顾客提供差异化的产品以体现产品优势,提高产品的影响力。

企业在以提高市场占有率为目标的时候,一般采用低价策略,以打开市场销路提高产品的销量,最后提高市场占有率。 但低价策略也会给企业带来风险,如一家企业销售中国传统旗袍,当企业将销售的旗袍制定高于市场的价格和低于市场的价格,顾客对该商品会产生不同的心理感受,低价也许会带来该商品品质不够好、款式不够独特等印象,因此企业要根据实际情况去制定价格。

b. 销售策略因素

企业的销售策略是指实施销售计划的各种因素,连锁门店在不同的城市不同的位置,销售策略会发生变化,商品价格也会出现差异。 如一些奢侈品牌的服装,在欧美国家的价格远低于在中国销售的价格。 同一家企业的不同产品线,在制定相应的价格时也会出现差异。如美特斯·邦威公司是中国国内最早进入消费者生活的本土休闲装品牌之一，近年来美邦公司开拓了旗下的第二个品牌 Me & City，这个品牌从设计初就采用高端国际化路线，和美特斯·邦威原先的低端亲民路线不同，因此该品牌由于销售策略的不同也采用了不同的定价策略，以适应与该品牌的定位吻合，吸引目标消费群体。服装企业还经常在销售策略中采用捆绑销售，即通过捆绑后对两个或两个以上的商品进行优惠销售，以降低商品原来的价格。如很多淘宝商铺使用服装搭配的方式进行捆绑销售，对于消费者购买降低了单独购买的费用，对于商家促进了商品的销售，提高了商家的服务层次。

c. 门店终端形象因素

连锁门店良好的商店终端形象，是企业销售商品的无形资产。消费者在购物过程里越来越重视购物体验，一个好的门店环境和店员的服务态度，很大程度影响着消费者购买商品的决定，以及是否再次购物的心态。连锁门店的终端形象需根据销售商品的特点进行装修，消费者可通过门店终端形象对商品形成一定的价格印象，如高价店、打折店、廉价店等，再根据自己的实际购物情况进行选择。

价格对于消费者而言还意味着企业形象。因此，价格策略是与商品形象决策紧密相连的。如来自西班牙的快时尚品牌 ZARA 认为"门店就是最好的广告"，因此这家公司从来不做媒体广告，ZARA 的门店体现出一种时尚、自由的风格，在门店内消费者可自由选择衣服，没有导购进行产品推荐，该品牌的价格对于追求时尚的年轻人实行低价策略，运用门店终端形象结合价格策略很好地打造了ZARA 的品牌优势。

企业在设计门店终端形象前，需对选择地址周边环境进行调查，以了解目标消费群体的收入水平、文化水平、购物习惯、对专卖店商品和服务的需求等，再开始制定门店的店面装修风格、货品陈列方式、营业员服务方式等。连锁门店在推行全国统一专卖店形象店时，一般采用从城市到农村的战略方针，从一线城市再到二三线城市，最后完成全国专卖店的门店终端的统一形象。企业的门店终端形象和制定的商品价格之间需要形成一致性，并且当价格水平形成后不要轻易改变，以维持稳定的消费群体。

（2）外部因素

影响价格策略的外部因素主要包括消费者因素、竞争因素和政策因素。其中消费者的需求因素、消费者的心理因素是决定商品价格的重要外部因素，外部市场的竞争和国家政策也会影响到商品的原材料成本以及顾客对商品的心理价值，从而影响到服装企业的价格策略。

① **消费者因素**

a. **消费需求因素**

连锁门店的商品价格很大程度是由消费者的需求决定，掌握消费者需求定理，有利于企业在商品定价上做出正确的决策，提高商品销量。

• 消费者对市场的需求。 消费者需求包含两个含义，一是消费者具有购买商品的欲望；二是消费者具有购买商品的能力。 消费者对市场的基本需求包括：在市场上能买到称心如意，符合需要的商品；能方便及时地购买到自己所需要的商品；商品定价合理，适合自己的购买能力；购买同时得到良好的市场服务等。

• 消费者需求定理。 消费者需求定理反映商品价格和需求量之间的关系。 对于正常的商品来说，商品的价格和消费者需求成反比，当商品的价格上升时，商品的需求量减少；当商品的价格降低时，商品的需求量增加，这就是需求定理，需求曲线如图 6-2 所示。

需求规律对于某些特殊的产品会产生例外，在考虑此类商品定价的时候要根据商品的特殊性运用提高价格的定价策略，一般的低价策略不能迎合消费者对该类商品消费的心理，此类特殊商品的需求曲线如图 6-3 所示。

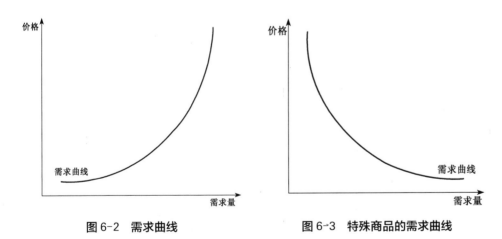

图 6-2　需求曲线　　　　　图 6-3　特殊商品的需求曲线

商品基本包括：

炫耀性商品。 如钻石、珍珠、名表、奢侈服装等商品，消费者购买此类商品是其身份的一种体现，消费者通过对该类商品超出实用性和生存性所需要的浪费性、奢侈性，向他人炫耀和展示自己的社会地位和经济实力，以及这种地位所带来的荣耀。 此类商品在定价时不应该采取低价措施,不然需求量反而呈下降的趋势。

稀缺性商品。 如量身定制的服装、珍藏性服装等商品,消费者购买此类商品是因为商品的稀缺性而具有珍藏价值,这类商品的价格越高,越体现出商品的珍贵稀缺性,需求量就越大。

- 需求价格弹性。 需求价格弹性是指消费者对某个商品的需求量对价格变化产生的反应结果。 需求弹性的计算公式为:

$$需求价格弹性系数\ Ed = -\frac{需求量变动率}{价格变动率}$$

商品的价格弹性类型基本分为如下五种:

当价格弹性 $Ed>1$,称为价格富有弹性,即较小的价格变化就会引起较大的需求变化。 这类商品主要是一些奢侈品,这类商品在适当降价的时候就可以拉动销量。

价格弹性 $Ed<1$,称为价格缺乏弹性,即价格量的变化对需求量的影响很小。 这类商品主要是一些生活必需品,消费者对此类商品的价格变化产生的需求变化较小。

价格弹性 $Ed=1$,称为单一弹性,即需求量与价格等比例变化。 这类商品极其特殊,常见商品为以上两种情况。

价格弹性 Ed 接近无穷大,称为价格完全弹性,即需求量对价格变化极为敏感。 这是比较极端的现象,如珠宝之类的商品有时具有这一特点。

价格弹性 Ed 接近零,称为价格完全无弹性,即需求量对价格变化极端迟钝。 这也是比较极端的现象,如即将退出市场的不被消费者认可和使用的商品。

- 商品的需求价格弹性影响因素。 包括:

商品的可替代性。 一般来说,一种商品如果有许多替代品,则该商品的需求就富有弹性,因为当商品价格上涨时,消费者可购买这种商品的替代品。

商品的耐用程度。 一般来说,一种商品的耐用程度越高,则该商品的需求就富有弹性,即耐用品的需求弹性较大,非耐用品的需求弹性较小。

商品的独特程度。 一般来说,一种商品的独特程度越高,则该商品的需求就越缺乏弹性,因为当商品独特性强时,消费者被其吸引而降低了对价格的敏感度。

商品用途的广泛程度。　一般来说,一种商品的用途越是广泛,则该商品的需求就富有弹性;相反用途越少,它的需求就越缺乏弹性。

商品对消费者生活的重要程度。　一般来说,一种商品的重要程度越大,则该商品的需求就越缺乏弹性,而非必需品的需求较富有弹性。

商品的消费支出在消费者预算总支出中所占的比例。　一般来说,一种商品在家庭预算总支出中所占的比例越大,则该商品的需求就富有弹性,反之则越小。

- 商品需求弹性与企业选择定价策略的关系。　商品需求弹性的大小对服装企业在选择定价策略时有着密切的关系,两者之间的关系体现在:

当价格富有弹性的时候,价格下降会使企业销量收入增加。　降低商品的价格,可以增加商品销量,销量增加的利润可以弥补降价给商品带来的利润损失,从而提高商品整体销售收入。　在实际市场中,企业面对该类商品需要找到能带来盈利的最低价格,以获得最大收益。

当价格缺乏弹性的时候,价格提高会使企业销量收入增加。　提高商品的价格后销量减少幅度很小,因此商品价格提高的利润可以弥补销量减少给商品带来的利润损失,从而提高商品整体销售收入。　在市场运作中,企业面对该类商品需要找到能带来盈利的最高价格,以获得最大收益。

当价格单一弹性的时候,价格下降或者提高都不影响商品的销售收入。　因为商品价格提高后得到的收入,与销量减少带来的收入损失相抵消。

当价格完全弹性或者完全无弹性的时候,商品价格下降会使销量收入无限增大或者无限减少。

例如,某件衬衫原先的价格是 200 元一件,销量为每天 100 件,若价格降低到每件 180 元后,每天的销量增加到 120 件。　根据需求价格弹性理论,计算需求价格弹性为:

$$衬衫的需求价格弹性系数 = -[20\% / (-10\%)] = 2$$

从上述计算可以看出,该衬衫的需求价格弹性系数是 2,属于价格富有弹性。　企业在销售该类商品时,可适当降低价格从而提高商品整体销售收入。

b. 消费心理因素

消费者根据自身不同的经济状况以及购买经验等,会对商品有个心理预期价格。　当商品的定价高于消费者心理对于该商品的最高价格时,消费者会认为该商品太贵不值得购买；当商品的定价低于消费者心理对于该商品的预期价格时，消费者也会对该商品的质量产生怀疑，从而影响销量。

消费者对于服装商品价格的心理感受是很微妙的，不同的人群对于消费的心理有很大的变化，有的追求服装的物美价廉，有的追求服装的品质时尚，服装连锁企业需要首先确定商品的目标消费群体，再根据该群体的收入状况等制定能够带来收益的较高价格，以获得最大收益。 消费者价格心理特征基本包括：

- 习惯性价格心理。 消费者通过反复购买商品后对该商品的价格形成一个大致概念，这种心理价格称为习惯价格。 消费者再次购买此类产品的时候会以习惯价格为标准进行判断，当商品价格较大程度高于或低于习惯价格时，会影响销量。

- 敏感性价格心理。 消费者对于不同商品的价格变动产生的反应不同，即对价格的敏感程度不同。 消费者对经常购买的日常服装等价格变动较为敏感，但此类商品由于需求比较稳定，价格变动引起的销量变化较小。

- 倾向性价格心理。 消费者由于自身经济状况的差异，对同一类商品的选择倾向不同。 经济状况较好的消费者一般愿意选择高价、质量有保障、有差异性、有一定炫耀性的服装商品。 经济状况一般的消费者普遍愿意选择比较实惠、耐用的服装商品。

- 感受性价格心理。 消费者对服装商品的包装、色彩、商标，商品所在的门店形象、售货员服务方式等会产生一定的心理感受，从而判断该商品的价格。 当同一服装商品摆放在不同的地方进行销售，消费者的感受性价格会产生差异。

② **竞争因素**

服装市场是竞争激烈的市场，企业需要在制定价格方面对外部竞争做出较好的应对。 消费者在购买同类同质商品的时候对比的就是商场上该商品的价格，因此企业如果能够降低价格，就是在竞争市场中取胜的关键。 服装企业在制定价格的时候，可以收集市场上同类商品的价格进行参考，当商品的相似度越高，商品的价格差异性可以区分开企业与竞争者，区别越大则可以在一定程度上控制商品定价的方向。 但市场更替的高效性使商品的价格策略会在短时间被其他竞争者所模仿，因此企业在制定价格的时候需要从更为长远的角度来考虑。

服装企业要在价格上取胜，商品的成本在竞争中具有决定意义。 服装企业降低原材料成本、加工成本、物流成本等，在商品价格较为稳定的情况下，企业可获得更高的利润。 成本越低，单位产品的价格就可以降低，以提高企业在市场中的竞争力。 现代企业的成本竞争,实际上是企业的生产技术水平、经营管理水平以及销售模式的竞争。

随着服装网络购物的发展,营销在未来会面临新的定价问题,因为消费者对商品进行价格比对的途径更多,如淘宝商城可运用搜索同一类商品后的价格排序来比对价格;京东、当当等大型综合商城在商品价格处会显示该商品的市场价格以供消费者参考;美国的 Priceline.com 网站提供了一个"需求收集系统",买方可将他们愿意支付的价格放在网上,再由卖方决定是否接受这个价格,消费者可以通过这个网站买到自己心理价格的机票、旅店及其他商品。 随着在竞争市场中商品的价格更加公开透明,消费者可以通过网络获得来自世界各地的价格信息,价格竞争会更加激烈。

③ 政策因素

服装连锁门店的价格制定还受到国家相关法律,以及当地相关政策的影响,这也是企业在制定价格时必须考虑的一个重要因素。 各国在保证竞争市场健康运作的基础上,都制定了相关法律,如我国的《价格法》《不正当竞争法》《禁止价格欺诈行为的规定》等都是保障市场经济中价格公平稳定的相关政策。

157

6.2 商品定价的方法与策略

6.2.1 商品定价程序

(1) 服装企业成功定价的特性

服装企业在为商品定价时需要考虑多方面因素。 在大型的服装企业一般都设立有专门的市场部门,由该部门内各个服装品牌的产品经理负责定价工作。价格作为市场营销的关键 4P(Price,Product,Place,Promotion)之一,定价工作需要根据企业的营销策略遵循两个特性和七个步骤,一般而言,服装企业成功定价的特性是:

• 定价方法和定价策略需要与企业的整体营销策略相匹配。

- 定价过程需要具有可协调性和整体性。

（2）企业定价步骤

企业定价程序可分为如下七个步骤：

- 选择定价目标。 服装企业在所处的生命周期不同时，相应的定价目标也会发生变化，采用的定价方法也会有所不同。

- 估算成本。 服装企业需要估算固定成本和可变成本，可变成本是随着产量、质量的提高而提高。

- 分析市场需求。 服装企业需要根据目标消费者的偏好、商品所处的竞争环境、商品的可替代性等方面出发，综合测算商品的需求曲线。

- 分析竞争对手的成本和价格。 服装企业需收集市场上同类竞争商品的价格，进行比对和分析，价格的差异性可为企业带来营销机会。 企业管理者需对自身和竞争对手产品的价格有着敏锐的判断力和观察力。

- 分析国家政策等环境因素。 服装企业需考虑现行市场里的国家相关法律政策、国内外的经济环境、货币通货膨胀等。

- 选择恰当的定价方法和定价策略。 服装企业需综合考虑各种方法和策略，选择最利于企业发展的方法和策略作为定价依据。

- 确定最后的营销价格。

6.2.2 商品定价方法

服装企业在根据企业目标、商品目标等确定了商品定价目标，掌握了影响价格制定的相关因素，开始选择具体的定价方法开始制定商品的价格。 连锁门店的价格基本由总部统一制定，再自上而下地传达到不同城市的各个门店里。 但随着消费者因素、地域性竞争因素等日益重要，连锁总部需要收集来自各个门店的信息，一些企业已将部分商品的价格调整权限下放到门店，门店可根据实际市场状况进行灵活的调整，以更好地适应当地的竞争市场。 服装企业常用的定价方法基本可分为三类：以成本为导向的定价方法、以需求为导向的定价方法、以竞争为导向的定价方法。

（1）成本导向定价法

成本导向定价法，又称会计学定价方法，是以产品单位成本为主要依据，制定对企业最有利的价格的一种定价方法。 成本导向定价是企业定价首先需要考虑的方法。 成本是企业在生产经营中所发生的实际消耗,客观要求企业能通过商品的销售而得到补偿,并且能够获得大于生产支出的收入,超过的部分即为企业的利润。 成本导向定价法常见的三种形式如下:

① 完全成本加成定价法

完全成本加成定价法是在单位商品总成本的基础上加上一定比例的预期利润作为商品价格的一种定价方法。 完全成本加成定价法的步骤为:

* 估计单位商品的变动成本。
* 估计固定费用。
* 按照预期产量把固定费用分摊到单位商品中。
* 单位商品固定成本加上单位变动成本,求出单位商品完全成本。
* 全部成本加上按目标利润率计算的利润额,得到价格。

计算公式如下:

单位商品价格 = 单位商品完全成本 × (1 + 成本加成率) / (1 - 税金率)

例如,某服装企业生产 2 000 件男士衬衫,总固定成本为 10 万元,每件衬衫的变动成本为 20 元,确定的目标利润率为 25%,商品的税率为 5%,则确定该商品的价格的过程如下:

单位商品完全成本 = 100 000/2000 + 20 = 70 元

单位商品价格 = 70 × (1 + 25%) / (1 - 5%) ≈ 92.1 元

运用此方法需要注意两点:一是要准确核算完全成本。 由于对固定成本的确定是假设企业的销售量等于生产量的基础上进行,如果商品的销售受到阻碍,则按照制定的价格预期的利润就很难达到;二是企业需要确定恰当的加成率。成本利润加成率的确定,需要综合考虑市场环境、企业发展阶段等,服装行业里的不同商品在不同时期的加成率都不相同,一般在 5% ~ 30% 之间,款式变化快、经营风险较大的服装行业的加成率一般较高。

完全成本加成定价法的优点是计算方法简便易行,应用广泛,对买方和卖方都比较公平,有利于保持价格稳定等。 缺点是由于忽略了商品需求弹性的变化因素,对迅速变化的市场的反应缺乏灵活性;忽略了商品生命周期的变化,缺乏应有的竞争能力,不利于企业参与竞争。

② 变动成本定价法

变动成本定价法,又称边际贡献定价法,是只把变动成本计算到成本范围,在此基础上,再加上预期的边际贡献作为商品销售价格的定价方法。 边际贡献,是指每增加一个单位的销售给企业带来的利润,等于该商品边际收入减去其边际成本,如果边际贡献＞商品固定成本,企业可以盈利;如果边际贡献能全部补偿固定成本,企业可以保本;如果边际贡献＜商品固定成本,企业就会亏损。 计算公式为:

$$边际贡献＝边际收入－边际成本$$

单位商品价格的计算公式为:

$$单位商品价格＝单位商品的变动成本＋单位商品的边际贡献$$

$$单位商品价格＝单位商品的变动成本＋单位商品的边际收入$$
$$－单位商品的边际成本$$

由于当企业的产量增加到一定数量时,一般不增加固定成本,只增加变动成本,因此可以将单位商品的变动成本当作边际成本,即:

$$单位商品价格＝单位商品的边际收入$$

例如,某服装企业 A 产品一季度的销售量是 2 000 件,固定成本为 5 万元,变动成本为 10 万元,边际贡献为 3 万元,则按照变动成本加成定价法确定该商品的价格的过程如下:

$$商品完全成本＝50\ 000＋100\ 000＝15\ 万元$$

$$单位商品价格＝(100\ 000＋30\ 000)/2\ 000＝65\ 元$$

$$企业利润＝65×2\ 000－150\ 000＝－2\ 万元$$

这家服装企业按照变动成本的定价方法,企业出现了 2 万元的亏损,但是作为已经支出的固定成本,在即使不进行生产的情况下,也已经支出了 5 万元。 这可说明按照变动成本定价可以减少 3 万元固定成本的损失,并补偿了全部变动成本 10 万元。 若低于变动成本进行定价,如 A 产品的市场价格低于 50 元一件,则该企业应该停产,因为此刻的销售收入不仅不能够补偿固定成本,连变动成本也无法补偿,这种情况下企业生产的越多,亏损就越多。

这种定价方法一般应用在卖主竞争激烈的市场环境中,企业的销售不景气,并有着闲置生产能力的时候,这种情况下如果采用完全成本加成定价法,会因为价格订立太高而影响销售量,出现商品积压的现象。 采用变动成本定价法一般不是求取盈利,而是在实际市场中企业能开拓市场、求取生存的方法。 这种方法的缺点在于不容易分清产品成本中的变动成本,并且这种方法只能对服装企业在短期内采用的一种比较灵活的定价方法,不能作为企业长期的定价策略。

③ 目标利润定价法

目标利润定价法又称目标收益定价法、目标回报定价法,是根据企业预期的总成本和销售量,确定一个目标利润的定价方法。 目标利润定价法的步骤为:

- 根据企业的成本构成情况,估计总成本的变动趋势,再根据市场状况,确定计划期内生产能力的总产量,估算出计划总成本;

- 确定企业的目标成本利润率,再根据如下公式计算目标利润额:

目标利润额 = 计划总成本 × 目标成本利润率

- 计划总成本与目标利润额相加,得到目标销售收入;

- 目标销售收入除以预计销售产量,得到商品的销售价格。

计算公式如下:

单位商品价格 = (计划总成本 + 目标利润额)/预计销售量

例如,某服装企业 A 产品的年预计销售量为 5 万件,总成本为 300 万元。 企业采用目标利润定价法,将目标成本利润率定为 20%,则确定该商品的价格的过程如下:

目标利润额 = 3 000 000 × 20% = 60 万元

单位商品价格 = (3 000 000 + 600 000)/50 000 = 72 元

这种定价方法简单易行,只要在确定企业的总体目标利润率后,把总利润分配到每个商品中,再与商品的成本相加就可确定价格,可保证目标利润的实现。 但这种方法需要准确地预估商品销量,并且是以销量来推算价格,而实际中价格却是商品销售量的重要影响因素。 运用此方法,企业须在销量和价格之间找到平衡点,以保证预估的商品销量可以实现。

(2) 需求导向定价法

需求导向定价法,是以消费者对于商品的需求程度为依据进行定价的方法。需求定价法是定价的上限,而依据成本定价是定价的下限。 一般而言,当市场中

对商品的需求量大时,商品的价格可以抬高,需求量较小时,商品的价格需要适当降低。 需求导向定价法常见的两种形式如下:

① 理解价值定价法

这种定价方法不是从企业的实际成本出发,而是根据消费者对商品价值的认知和理解程度来进行定价。 这种定价方法实施的关键是准确调查消费者对于商品的感知价值,即找到消费者愿意为商品支付的价格限度。 基于价值的定价方法与基于成本的定价方法的定价顺序不同,如图 6-4 所示。 这种定价方

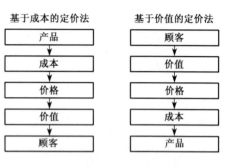

图 6-4　成本定价法与价值定价法定价顺序对比

法一般起始于消费者价格,因此也称为"反向定价法"。

服装企业实施这个方法,需要结合一些营销策略来提高消费者对于商品价值的判断,使消费者感受到购买商品是物有所值的,提高消费者的价格上限,从而提高商品定价。 例如,某服装网购公司为一款连衣裙定价为 200 元,尽管款式基本一致的其他商家的价格仅为 160 元,但该公司的销售量仍然超过了竞争公司,原因是:

连衣裙的使用价值相同,应定价 160 元;

商家信用度带给消费者商品的可靠性、品质高的感受高于同类品,应加价 20 元;

商家在网店的陈列设计方面的独特感受性高于同类品,应加价 20 元;

商家客服人员在对消费者的服务态度优于其他商家,应加价 10 元;

商家为吸引消费者提供免费包邮服务或赠送小礼品,应减价 10 元;

消费者选择在这家店购买连衣裙,虽然要比其他商店多支付 40 元,但消费者的实际感受是本次购物过程愉快、商品质量可靠优异以及获得来自商家 10 元的折扣优惠,因此消费者感受到物有所值。

② 需求差异定价法

这种定价方法是对同一商品根据不同的需求因素制定差别价格的方法。 其中不同的需求因素,包括不同的销售对象、不同的销售地点、不同的销售时间、不同的产品样式等。 如消费者对于礼服类服装的需求强度,在某些特殊的节

日、特殊的场合需求会比较高，因此在这些时间和场合里，礼服类服装的售价也会有所提高。 又如消费者对于时装的时效性有所需求，在时装刚刚推出市场的时候售价一般比较高，对于过季类的服装一般低价进行处理。

企业在使用这种定价方法的时候，需要引入市场细分的概念。 市场细分（Market Segmentation）的概念是美国市场学家温德尔·史密斯提出的，指的是企业需要根据消费者在需求欲望、购买行为和购习惯等方面的差异，把一个商品的市场划分为消费者全体的市场分类过程。 市场细分的种类见表 6-2。

表 6-2 消费者市场细分种类

地理细分	国家、地区、城市、农村、地形、气候
人口细分	年龄、性别、职业、家庭收入、家庭人口、教育程度、社会阶层、宗教信仰
心理细分	社会阶层、生活方式、个性特点
行为细分	时机、忠诚程度、使用者地位、产品使用率
受益细分	追求的具体利益、产品带来的益处

企业在使用这种这种方法的时候的基本形式为：

- 按照需求对象不同制定不同的价格。
- 按照产品特征（外观、款式、颜色等）不同制定不同的价格。
- 按照门店位置的不同制定不同的价格。
- 按照时间不同季节性不同制定不同的价格。
- 按照购买数量的不同制定不同的价格（如服装的出厂价、批发价等）。

企业在使用这种定价方法的时候需要满足如下基本条件：

- 市场能够根据需求强度的不同进行划分，不同的细分市场可以显示不同的需求强度。
- 细分后的市场在一定时期内具有相对独立性。
- 要确保高价市场里没有低价竞争。
- 分割和控制市场费用，小于差异定价的收入。
- 顾客在细分市场里没有倒手转卖的机会。
- 价格差异比较适度，不会引起消费者的不满意，并且是合法的。

（3）竞争导向定价法

服装连锁企业定价时，除了需要考虑成本和消费者需求的因素，还需要关注市场环境里竞争者的商品价格。 依据竞争者的价格来进行定价的方法就叫做竞争导向定价法。消费者会用与竞争对手类似产品的价格作为判断某产品价值为依据。企业的定价可能与主要竞争对手的价格相同,也可能高一些或低一些。市场竞争的类型基本包括:完全市场竞争、不完全市场竞争、寡头垄断和纯粹垄断(包括政府垄断、私人垄断)。在服装企业里应用较多的竞争导向定价法包括如下两种:

① **随行就市定价法**

这种定价方法也叫通行价格定价法,是根据本行业同类商品的平均价格水平来制定本企业商品价格的方法。运用这种方法定价是企业追求稳定发展的一种策略,企业所制定的价格既可以被消费者所接受,即所谓的合理价格;企业又能获得比较平稳、适度的利润,也能在市场中避免挑起竞争。

企业在应用随行就市的定价方法时,依然要根据商品在质量、材料、服务等方面的差别,与竞争商品产生一定的价格差异。一般小企业在进入市场的时候,多采用这种方法跟随大企业制定的价格,以取得在市场中的生存和发展。

② **渗透定价法**

在市场竞争激烈时,企业可以采用渗透定价法这一具有竞争力的定价方法。渗透定价法的一般做法是:企业率先降低自己商品的价格,以打破某种商品在现行市场上的稳定;市场中的竞争者相应跟进,企业再一次进行降价,直到能够迫使竞争对手退出该商品市场。例如,中国保暖内衣的发展,在 1998 年全国的保暖内衣市场只有 10 余家,市场实际销售量 300 万套;2000 年,保暖内衣市场迅速扩张,品牌发展到 500 多家,市场销售量达到 3 000 万套。2004 年,中国保暖内衣的驰名品牌南极人在京举行的新闻发布会上,宣布在全国市场降半价销售保暖内衣,宣告要做"保暖内衣里的格兰仕",这一举动标志着中国保暖内衣的暴力时代的终止。南极人公司运用渗透定价的方法,在激烈的竞争市场上挤垮一些竞争公司。

这种方法具有较大的风险,一般适合竞争实力较强的大企业,企业一定要有较低的商品成本和较低的经营成本。主要用于企业争夺商品的市场份额,实行高销售的战略,以不惜牺牲成本为代价的定价方法。

6.2.3　商品定价策略

在服装行业竞争日益激烈的商海里,门类繁多的服装连锁门店已遍布各个城市的大街小巷。 由于服装同一风格的门店差异性较小,价格就成为门店夺取市场份额的重要武器。 可以说,服装连锁门店定价策略的优劣,在很大程度上决定了企业经营的成败。 服装企业必须根据商品所处的竞争环境、商品特点、消费者心理等因素,正确选择适合的定价策略,指导经营者制定出具有市场优势的价格,使服装企业实现营销目标。

(1) 心理定价策略

现代市场营销的核心是以消费者的需求为中心,因此基于消费者心理的心理定价策略就显得尤为重要。 心理定价策略是利用消费者在整个购买过程里的心理特点来设计的价格,有意识将价格提高或者降低,以符合消费者的心理需求。

① **尾数定价策略**

尾数定价策略是指企业利用顾客对数字认知的某种心理,以零头数为结尾的一种定价策略,通常选用一些吉利的数字进行结尾。 这种策略是利用消费者对于低于某一阶梯的数字,让消费者感受到在某一阶梯下容易接受,使商品价格水平处于较低的档次,给消费者便宜,定价精准给人信任感的感觉,从而满足了消费者求实、求廉的消费心理,引起消费者的购买欲望。

企业使用这种方法还要根据不同国家不同地区的消费者对于数字的喜好来确定零头价格,避免一些地方对某些数字的禁忌,如美国人喜欢奇数,日本人喜欢偶数,中国人喜欢 6 和 8。

尾数定价方法一般用在价格比较平民的商品上,如果企业的商品是追求高价位而非低价位的形象时,要避免使用这种定价策略,不然会使消费者在感觉上形成商品廉价的错觉。

② **整数定价策略**

整数定价策略与尾数定价相反,是把商品价格定为一个整数,不保留零头。 这种定价方法适用于一些高档奢侈品,给消费者带来一种"奢华"的品牌形象,进而提高购买奢侈品的消费者的身份感,满足此类消费群体对于经济实力带来的优越感。 这种定价策略也适用于充当礼品的贵重商品,能够显示送礼者的诚意。

③ **声望定价策略**

声望定价策略是一种根据商品在消费者心中的声望和商品的社会地位来确定价格的定价策略。 这种策略是对那些有着较高声誉的名牌高档商品或者在名

165

店内销售的商品制定较高的价格，一般故意把商品的价格定为高价，以满足部分消费者求名和炫耀的心理。 声望定价策略不但显示了商品区分于其他商品的优质性，也显示了购买者的身份和地位，在精神上给予消费者极大的满足。 这种定价策略一般适用于：质量不容易鉴别的商品、非生活必需品、具有民族特色的手工品等。

④ 招徕定价策略

低价招徕定价策略，是指企业利用消费者"求廉"的心理特点，把经营商品中的一种或几种商品的价格定得较低以招徕消费者、吸引消费者经常来门店采购廉价商品，同时也选购其他正常价格的商品，借机带动店内其他商品的销售，从而提高企业的销售收入。 企业在应用招徕定价策略的时有几个关键点：

- 一般用于消费者购买频率高的、生活必须的、价格对消费者有吸引力的商品。
- 招徕定价的商品的降价幅度要大，才能引起消费者的猎奇心理。
- 门店内低价品的数量要适当，以免削弱消费者对于商品品质的信任。
- 门店内其他商品的品种和数量要充足，以便消费者进店有较多选择。
- 门店需对低价商品做大量的广告进行宣传。

⑤ 习惯定价策略

在市场中有些商品在长期的市场交易过程里已经形成了为消费者所适应的价格，成为习惯价格。 企业对于这类商品定价时需要充分考虑消费者的习惯倾向，采用利于消费者接受的定价策略。 如果企业定价偏离习惯价格会引起消费者的不信任，因此企业在面对此类商品时需要慎重选择提价或者降价。

（2）折扣定价策略

折扣定价策略是一种在现有价格上减价的策略，也是企业广泛用于商品促销的一种定价策略。 在服装企业里常用的折扣定价策略包括如下三种：

① 数量折扣

数量折扣是企业为了让消费者大量购买商品，或集中在一家门店购买商品，鼓励消费者多买而制定的折扣规则。 一般消费者购买的数量越多，企业给予的折扣力度越大。 数量折扣可分为累计数量折扣和非累计数量折扣：

a. 累计数量折扣

累计数量折扣是企业规定在一定时期内，消费者累计购买商品的数量超过规定的一定数量或者金额时，按照超出部分的多少给予不同的折扣。 这种数量折扣方法是为了保留忠实的客户群体，与消费者建立稳定的关系。

b. 非累计数量折扣

非累计数量折扣是企业仅对消费者一次购买商品的数量或金额达到一定标准时，给予的折扣。 这种策略在服装连锁门店里推行得较多，采用这种策略是企业鼓励消费者增加一次购物的购买量，可联合店铺所在的商场进行大批量销售。

② 季节性折扣

服装是季节性较强的商品，对于服装企业而言，可采用季节性折扣对于换季服装进行折扣处理，以避免产生压货的现象。 这种策略不但利于企业及时销售商品，也吸引一些中低层消费者对于反季服装的购买来节省开支。 例如，在刚刚入冬的时候，棉衣羽绒服的定价一般很高，但冬天一过，这一类服装的价格就马上下跌，以非常低价的折扣出售。

企业在使用季节性折扣策略的时候需要重点把握如下两个方面：

- 折扣起始时间的把握。
- 折扣幅度的把握。

③ 会员卡折扣

在服装企业会员卡营销策略逐渐走向普遍化状态，企业使用会员制进行商品折扣是希望保持顾客忠诚度，达到客户利益最大化。 现代营销法则显示：企业80％的利润来自于20％的忠诚客户。 企业越来越重视客户忠诚度的培养。

会员制是一种人与人或组织与组织之间进行沟通的媒介，消费者向企业缴纳一定的会费或仅提供必要的身份信息以获取该凭证，并依照企业的规定或会员章程的约定，享受价格优惠、价格折扣等优先权的一种经营管理制度。 会员制对吸引和培育稳定的客户群体、提升客户的忠诚度和满意度起着非常明显的作用。

许多服装企业根据消费者消费的不同划分不同的级别的会员，以享受不同的折扣优惠，并在一些特殊的日子推出更大力度的折扣优惠。

例如，某服装企业制定的会员制度如下：

白金卡。 顾客一次性消费达到 888 元，或者累计消费达到 1 888 元，可办理一张白金卡，享受正价商品的 9 折优惠，会员生日当天可享受正价商品的 8 折优惠；

黄金卡。 顾客一次性消费达到 1 888 元，或者累计消费达到 2 888 元，可办理一张黄金卡,享受正价商品的8折优惠,会员生日当天可享受正价商品的6折优惠。

（3）替代商品定价策略

替代商品定价策略是通过把替代商品划分出不同的档次,档次之间的商品价格差别较大,以供消费者根据自己的经济实力挑选适合的商品。 这种定价策略可以给消费者以定价认真、精确的感觉,企业也可运用这个方法区分不同质量的同类商品。

对于服装企业有着分档销售的商品,当提高其中一种商品的价格时,会带来相应的互补商品的销量,不会给企业带来亏损。 企业可以利用这个方法适当提高畅销商品的价格,来拉动销量较低的互补商品的销量,增加企业的盈利。

（4）配套商品定价策略

商品组合指的是可将几种不同的商品组合使用,如消费者选择服装时需要考虑整体服装搭配,有的企业就提供给消费者整体搭配款式以供选择。 服装企业经常应用的捆绑销售方法,也是利用商品的搭配组合进行定价,降低其中一个商品的价格,提高搭配商品的价格,以提高企业整体销量。 企业在为配套商品定价时,需要分别制定分别销售商品的价格,通常应让单件商品的售价之和高于配套商品捆绑销售的价格,这样的价格差异越大对消费者的吸引力也越高。

企业在使用配套商品定价策略时应注意两个方面:

- 配套销售的商品不能随意搭配,搭配过程需要经过考究,并给消费者一定的选择权。
- 配套销售的商品中不能夹带劣质商品,以避免破坏门店在消费者心中的形象和信誉。

6.3 连锁总部的价格管理方法

服装连锁总部在为商品制定价格后,需要对各个区域门店里商品的价格进行统一管理及调整。 企业在下达商品价格信息后,要使用统一规范的标识系统,为消费者传达商品的价格信息。 随着商品在市场中销售的过程,企业要时时进行价格信息的搜集,分析来自各个门店反馈的信息进行加工,再根据当地市场的需要,适当地提高或者降低商品的销售价格,以适应市场的变化。

6.3.1 商品价格的标识管理

商品的价格标识是门店提供给消费者用来传达和表示商品销售价格的标识。 服装连锁总部如果对各个门店的价格标识管理不当,会造成门店内商品价格混乱、缺价、有价无货等现象,影响商品的销售过程。 服装门店的价格标识种类一般分为:

(1)价格指示牌

许多大型服装连锁门店会使用价格指示牌,按照商品所处的价格区间进行货品摆放。 一般制作的指示牌尺寸要大,规格标准,使用的颜色识别性较强,让消费者一进店铺在短时间内就可根据指示牌,寻找到自己比较满意的价格区间,有针对性地进行商品选择。

(2)促销指示牌

用于表示打折促销活动的商品价格信息。 一般制作的指示牌颜色比较醒目,对消费者有一定的视觉冲击力,以带动消费者的购买冲动。 可配合一些 POP 广告陈列,加大促销活动的宣传力度。

(3)价格吊牌

服装商品的价格吊牌内容一般包括商品名称、尺码、颜色、面料成分、洗涤方法、条形码、制造商、产地以及销售价格等。 服装的吊牌多在主唛头上,鞋类商品的吊牌多在鞋跟处。 服装连锁门店总部需对价格吊牌进行统一的管理,包括吊牌上标注的价格需与企业系统里该商品的价格随时保持一致;吊牌必须采用一次使用的方式,破坏后不能再与商品进行连接;吊牌上的价格不能遮盖上面显示的其他内容;吊牌上必须装有条形码并加入店铺防盗措施。 吊牌上价格标注的信息方向必须统一。

6.3.2 商品价格信息的搜集

服装连锁门店总部需借助一些信息手段,时时采集市场上竞争商品的价格信息，以对制定的价格策略进行及时灵活地调整。

（1）价格信息采集系统的建立

服装连锁企业门店遍布的区域较多，价格信息采集是一个长期持续的工作，需要设立专门的监控部门来组织调动采集工作，需要建立价格信息采集系统，通常企业常用到的采集方法有：

① 实地价格采集法

企业聘请专人或从调研公司聘请第三方人员，到实地市场上进行服装商品价格信息的采集。 使用这个方法的优点是透明性、准确度较高，缺点是所需要的人力成本较高，效率较低。

② 信息媒介价格采集法

企业让各个门店的员工将店铺终端商品的信息通过网络系统、智能手机传输系统等直接进行价格信息的采集。 使用这个方法的优点是减少人力成本、信息反馈比较及时，当总部人员需要看到某个门店的商品信息时，可让门店员工直接通过手机拍照等方式将最新的实地价格信息传输到总部，有利于企业对于市场变化做出的快速反应。 现代企业需要借助信息媒介，建立信息"标准化"，以应对变化迅速的商业市场。

（2）价格信息采集的基本原则

① 确保价格信息采集的规范性

一是需要规范采集的标准；二是需要规范采集的时间；三是需要规范采集的过程。

② 确保价格信息采集的全面性

价格信息的分布并不均匀，在不同的区域价格信息不相同。 在采集过程里需要采集较为全面的价格信息对后期分析比较有指导意义。

③ 提高价格信息采集的真实性

价格采集的准确性直接影响到后期的信息处理工作，因此需要保证采集信息的来源是真实有效的，以避免决策者做出错误的决定。 在信息采集过程结束后，也需要有专门的部门对采集信息的真实性进行判断和把控。

④ 提高价格信息采集的延续性

价格信息的采集需要有一定的延续性，采集信息的延续完整性，可以帮助企业根据价格的发展趋势对一些商业活动进行分析，也对未来的价格走向进行一定的预测。

（3）价格信息采集后的整理分析

服装企业在采集价格信息后，需要对价格信息首先进行加工处理，对信息进行统一化、规范化的管理与整理。采价人员需要严格记录价格采集的时间、地点等信息，登记价格人员需要认真、严谨地将采集信息通过电脑设备等进行输入存储，市场人员使用办公软件等对价格信息进行分析，以提取有用的信息，对市场上竞争对手的定价、市场环境等进行预测。

6.3.3 商品价格的调整

企业通过对市场价格信息的采集分析，需要对市场环境变化、企业经营战略发生变化等采取行动，即调整市场上商品的价格。

（1）影响提价的因素

以下几种情况，企业可能会采取提价措施：

- 通货膨胀，物价上涨。
- 产品出现供不应求的现象。
- 相似商品的总体价格提高。

（2）影响降价的因素

当企业遇到如下几种情况时，会采取降价的措施：

- 产品出现供过于求的现象。
- 产品的市场占有率下降。
- 企业生产商品的成本降低。
- 老产品进行清仓处理。
- 经济不景气，消费者购买意愿下降。

企业在采取降价措施的时候要谨慎，尽量保持价格的波动幅度不要太大。从长远来看，盲目降价会给企业带来一些问题，如打乱市场价格，低价不能保证质量会失去消费者的信任，降低企业新产品的研发能力等。

企业在进行商品价格调整时，需要对消费者、竞争环境、企业发展等方面做出一个比较准确全面的评估，以防止价格调整给企业经营带来的风险。

思考练习题

1. 服装商品定价应考虑哪些因素?

2. 服装商品调价要考虑哪些因素?

3. 试以小组为单位,调查附近一家服装连锁门店的服装商品价格,分析其定价策略。

第 7 章 服装连锁门店营销管理

知识要点

1. 连锁经营与品牌战略
2. 连锁门店商品促销的方法
3. 连锁门店广告促销的方法
4. 服装连锁门店的公共关系

173

7.1 连锁经营与品牌战略

服装连锁企业已进入了品牌的竞争时代，以品牌为核心已经成为企业重组和资源重新配置的重要机制之一。品牌所具有的核心竞争力特征、品牌的打造已经被越来越多的公司当成企业获取竞争优势的战略性目标，并视为企业生存发展的基石。因此，服装连锁企业如何塑造自己商品的品牌形象，已被提升到企业发展战略性的高度来研究和探索。

通过一个个世界知名服装品牌可以发现，尽管它们有着不同的产品定位，针对不同的受众，呈现出了不同的个性和气质，彰显出不同的文化底蕴与品位，但它们都具有高度的可识别性，形成了持久一致、鲜明的品牌形象。特别是在追求个性与时尚的服装行业，这一点显得尤为重要。随着中国逐渐和国际接轨，越来越多的服装企业意识到品牌塑造的重要性，但在品牌建设过程里经常屈服于企业对短期利润的需求而对品牌资产过度透支，极大制约了品牌的可持续性发展，导致品牌"徒有其表，内心空洞"，没有企业自己独特的品牌特质。

服装连锁企业需要根据所处的市场环境，遵循品牌的发展规律，为企业的持续发展建立完善而有竞争力的品牌战略。 品牌战略是公司将品牌作为核心竞争力，以获得利润与价值的企业经营战略。

7.1.1 连锁企业品牌的特征与作用

著名营销学教授科特勒的品牌定义反映了属性、利益、消费价值、文化、个性、购买使用者六方面的含义，其中品牌最持久的含义是它的价值、文化和个性，它们构成了品牌的基础。 品牌不仅仅是一个区分的名称，更是一种综合的象征。 品牌专家大卫艾克认为："品牌是用来鉴别一个或多个卖方的产品或服务，并使之区别于竞争对手的产品或服务、可以区分的名称或标志（如广告标识、商标、包装设计等）。"

品牌的特征基本包括：品牌是专有的品牌、品牌是企业的无形资源、品牌转化具有一定的风险及不确定性、品牌的表象性、品牌的扩张性。

（1）服装连锁企业品牌的特征

服装连锁企业品牌指的是企业拥有的具有区分其他竞争者的服装商品、服务等的标志性的无形资产。 品牌可以传达商品具有一定品质保障的信息，可形成消费者对于品牌的忠诚度，也形成一定的垄断竞争优势，使其他竞争公司难以取代和超越。 服装连锁企业品牌具有如下基本特点：

① 具有较高的知名度、信誉度和形成巨大的社会经济价值

品牌是企业的无形资产，品牌一旦形成一定的知名度、信誉度，就可以在竞争市场当中胜出，并创造出远多于商品本身价值的社会经济价值。

② 具有全球性经营的特征和较高的国际市场占有率

服装连锁企业在发展和扩张的过程里，会逐渐将发展目标订立在国际市场上。 如一些知名的服装品牌已经遍布全世界的各个角落，品牌集群效应拉动当地商圈的形成，反过来促进品牌的市场占有率提高。 随着国际合作越来越紧密，很多服装企业原材料采购、设计、生产制造、销售整个过程是由多个国家的不同人员配合完成的。

③ 品牌文化和产品文化具有高度的国际融合性

品牌文化指的是文化特质在品牌中的沉淀和品牌经营活动中一切的文化现象，以及它们所代表的利益认知、情感属性、文化传统和个性形象等价值观念的综合。 服装品牌文化一般是由营销者通过市场营销方法所给予服装的，并为消

174

费者接受的品牌个性。 如运动品牌耐克的口号"Just do it"反应的品牌文化已经在世界传播，并被世界各国的人们所接受。

④ 品牌具有持续发展的能力

服装连锁企业拥有品牌效应后就为产品注入了精神元素，消费者在购买服装的同时，也得到品牌内涵所赋予的情感体验。 尽管市场中会陆续出现品牌的效仿者，但品牌多年的营销活动及产品体验在消费者心中的印象不会被取代。

（2） 服装连锁企业品牌的作用

品牌是企业在竞争市场中可以运用的重要的无形资产，在营销活动中起到非常重要的作用，服装连锁企业品牌的作用体现在：

① 品牌有利于连锁企业树立良好的形象

企业在树立品牌的同时，也向外界树立和展示了企业的形象，企业赋予品牌的精神文化也是源自于企业自身的公司文化。 随着企业品牌知名度的打开，企业良好的形象又反过来促进商品的销售，提高企业的市场占有率。 商品的品牌形象、企业的品牌形象之间是相互促进的过程。

② 品牌有利于促进消费者的购买决策

品牌本身就是一种直接、有效、无形的广告宣传形式。 品牌在与消费者的市场活动中不断建立起来的消费者认知度、信任度，都会促进消费者对商品的购买决策。 也有助于企业不断推出新的产品。

③ 品牌有利于连锁企业推出新的产品

当市场上出现新产品时，消费者会根据已有的购物经验进行判断。 企业如果已经在市场上形成较好的品牌效应，推出新产品时，消费者依然会带着对品牌的信任感进行购物体验。 企业良好的品牌形象，就是为企业推广新产品打造的免费广告。

④ 品牌有利于推进连锁企业的营销策略

品牌有助于推广商品设计师的创新思维和设计理念，品牌有助于更快地树立商品形象被人们熟悉和接受。 因此一个好的品牌在推进新的营销策略时会进展的更加顺利。

⑤ 品牌有利于激发消费者的生活情感

消费者在消费品牌商品时，也是对该商品体现的文化内涵的认同感，品牌激发出消费者心中的生活情感。 通过不同商品的市场细分，可以划分不同的消费者,不同的人群有着不同的生活经历、生活情感。 当消费者遇到自己认可的品牌时,心中的价值认同感会被激发。 如消费者在选择服装时,有的喜欢华丽奢华的服装风格,有的喜欢低调朴素的服装款式,选择服装的同时也体现出不同消费者不同的生活情感。

⑥ **品牌有利于促进商品价值链的延伸**

品牌的运作过程不仅需要品牌经营管理者,还需要供应商、消费者、媒体人员等的共同努力。 品牌在消费及运作的过程,就是品牌商品价值链延伸的过程。

7.1.2 连锁企业的品牌识别

(1) 品牌识别系统

对每一个品牌,设计者都会列出许多消费者符号,从中选出恰当的,并将意思相近的列在一起;再从每一组中选出一个最能代表这组意思的符号;然后开始分类,这就是品牌识别系统的概念。

品牌识别系统的结构可分为核心识别和扩展识别两个部分。 核心识别,作为品牌意义和成功的中枢,包括:品牌的灵魂、驱动品牌的根本信仰和价值、创立品牌的优势能力,这些能使品牌变得独特和有价值的元素。 在核心识别的前提下,随着市场环境的波动,扩展识别可根据市场的变化和消费者的波动履行品牌识别的所有功能,有助于适时的具体化调整品牌识别系统。

识别的概念是在独特性、持久性、一致性的基本上形成的。 品牌识别可为品牌提供方向、意图和价值。 品牌识别系统的作用体现在:

① **体现品牌的核心价值**

品牌识别是品牌战略家渴望创造或保护的一套独特的品牌构想。 品牌价值是品牌识别的核心。 品牌的包装、颜色可以不断地变化,产品的功能、款式也会不断地升级换代,品牌的表象总是在变化之中,但不会因为表象的变化而让消费者对品牌的识别产生错觉,总有一层核心的东西在保持不变,这就是品牌的核心价值。

② **塑造品牌的形象**

品牌形象是品牌在消费者心中的感知,品牌识别是企业对于消费者的一个承诺。 品牌形象的塑造与品牌识别的构建是为了缩小企业希望塑造的和消费者实际感知的误差,使消费者能真正感知到公司希望他们感知到的东西。 形象牵涉到公众通过产品、服务和传播活动所发出的所有信号来诠释品牌的方式,它是一个接收性的概念。 而识别是针对信息传播者而言的。 而品牌识别就是企业希望顾客认为品牌是什么。

③ 树立品牌的独特个性

品牌个性着力于构建商品的差异化与可识别性,但更多强调的是商品内在的"性格"。 品牌个性不仅止于它的外在表现,而是建立在品牌性格的基础之上。品牌的个性会给顾客带来额外价值,顾客愿意为此支付额外费用,这对公司来说就是利润。 因此,构建个性鲜明的品牌识别系统是品牌战略策划者制造市场区隔的利器,希望借此创造和保持领先的品牌形象。 个性鲜明的品牌,才具有高度的识别性。

(2) 品牌识别系统构建

① 品牌识别系统的名称识别

世界成功的企业品牌,大多采用的命名方式有:以姓氏人名命名、以地名命名、以故事命名、以物体命名、自创命名等。 一个优秀的品牌名称不仅能揭示功能,还能给人带来有益的、美好的联想,具有传达品牌的作用。

② 品牌识别系统的 logo 识别

logo 是品牌传播的基本元素。 logo 就是商品的标记,指在政府有关部门依法注册,受到法律保护的整个品牌或品牌中的某一部分,一般是由文字、图形或者组合而构成,标注在商品、商品包装、招牌的广告上面。 主要是用来区别不同的商品生产者、经营者或服务的提供者,便于人们购买或消费。 一个较好的logo 设计基本符合如下几个特点:

- 能够反映品牌精神,并与消费者心理重合,产生共鸣,能为品牌发展起到积极的推动作用。
- 设计的非常简洁、单纯、有灵性的,并具有强烈的视觉冲击力。
- 随着网络、多媒体技术的发展,logo 的设计风格打破了原有的纯粹的平面感官,而逐步向立体化、空间化、时尚化发展。

③ 品牌识别系统的色彩识别

完美的色彩影响人们的感知、记忆、联想、情感等,在品牌识别中具有不可忽略的功能价值。 色彩较之图文对人的心理影响更为直接,具有感性的识别性能。 现代商业设计对色彩的应用更上升到"色彩行销"的策略,成为商品促销,品牌塑造的重要手段。

④ **品牌识别系统的形象识别**

为了更好地将产品信息传递给消费者,在公众面前塑造良好的品牌形象,品牌会寻找具体的人物或形象来代言品牌,许多品牌倾向于知名度高的名人或明星来代言自己的产品,以拉近品牌与消费者之间的距离。 合适的品牌代言人能够成功建立起消费者心目中的品牌形象,有效地产生品牌联想。

⑤ **品牌识别系统的广告识别**

塑造个性鲜明的品牌形象和品牌联想,广告对品牌无疑作用是巨大的,好的广告不仅让品牌为人所知,还能通过广告创造出品牌的新功能,使它成为被广告构建的品牌意义中的一部分。 通过广告的传达,强化了品牌不断加深有利于品牌识别系统。

(3) 品牌识别系统与服装连锁企业

对于追求时尚、释放个性的服装领域,品牌识别系统的重要性尤为突出。世界顶级运动品牌如阿迪达斯、耐克等,无不是品牌操作中的佼佼者,其品牌识别系统已成为一种品味与时尚。 人们对其品牌塑造的关注甚至超过了对其产品的关注,而他们的品牌识别系统更是成为世界各地研究与模仿的对象。 可以说,在当今的服装市场,对于品牌识别系统操作的成功与否直接关系到了一家服装连锁企业的发展与命运。

7.1.3 连锁企业的品牌战略

连锁企业的经营战略,是企业基于特定的经营目标,在系统分析企业内外的环境条件后,制定出的全局性的战略决策。 连锁企业的品牌战略是企业经营战略的重要组成部分,制定恰当的品牌战略有助于连锁企业为消费者提供更加高品质的服务,塑造连锁企业的品牌形象,为企业的长期发展打下基础。 连锁企业可以借助品牌来树立区别于其他企业的商品形象,提升企业在消费者心中的价值。

品牌经营战略基本包括品牌发展战略、品牌引进战略、品牌强化战略、品牌延伸战略、品牌再生战略、品牌撤退战略六个方面。

(1) 品牌发展战略

品牌发展战略指的是企业根据内外环境,为将品牌的优势持续发展下去对品牌的目标进行规划的战略。品牌发展过程是一个品牌由小到大、知名度不断打开的过程,品牌的发展过程基本可分为品牌形成期、发展期、成熟期和衰退期四个阶段,每个阶段的品牌发展战略有所不同,见表7-1。企业需要根据品牌发展的特定阶段、商品自身特点等方面综合制定品牌发展战略。

表7-1　不同阶段品牌发展战略

阶段	品牌认知度	发展战略
品牌形成期	认知度建立	1. 品牌识别系统建立 2. 品牌大力传播推广
品牌发展期	认知度提升	1. 品牌关键信息的传播 2. 提高品牌认知度营销战略
品牌成熟期	认知度达到顶峰	1. 企业品牌形象的强化 2. 品牌管理水平的提升 3. 品牌价格战略
品牌衰退期	形象的巩固与强化	1. 品牌创新与质量强化 2. 保持与强化品牌忠诚度

(2)品牌引进战略

随着国际市场的开放,越来越多的国内服装企业直接引进国际知名服装品牌。品牌引进战略的优点在于品牌知名度已经建立,企业在销售这些品牌的服装时风险降低,对于没有太多资源和基础的商家这是一个较好的服装运作模式。也可以通过引进的国际品牌,学习国际化企业的管理模式。缺点是品牌的自主灵活性较小,商品再追加的可能性较低,品牌发展已经经历成熟期有可能进入衰退期的风险存在。

(3)品牌强化战略

企业需要通过市场营销活动深化品牌在消费者心中的位置,提高品牌的不可替代性。企业提供的商品质量和服务水平在一定程度上影响消费者的抉择,提高企业的形象,但现代市场中企业还需要通过增加品牌创造、维护的投入,才可能吸引更多的消费者,并保留忠实的消费群体。

(4)品牌延伸战略

随着全球经济一体化的到来,企业品牌的生命周期缩短,消费者的需求会随着满足的差异而逐渐提高。为了满足消费者日益变化的需求,丰富品牌的文化内涵,提升品牌认知度,企业应重视在原有品牌基础上进行品牌延伸。品牌延伸包括横向延伸和纵向延伸。横向延伸是指企业对现有品牌向不同种类进行开发拓展，增加产品的差异性，以满足不同消费者的需要；纵向延伸是指企业现有品牌向同一品类的不同品种如性能、款式、规格等扩展，来满足消费者的个性化需求。

企业的品牌延伸战略也是品牌多元化经营的战略方法，优势在于可运用品牌已有的优势开发新的系列成本，具有品牌延续性和传承性，可为企业再生产减少前期生产的固定成本，降低单位商品成本，提高企业经营利润。

（5）品牌再生战略

品牌再生战略经常用于品牌处于衰退期的阶段，需要进行品牌形象的巩固和转化，以最大力度不让品牌走向衰退。这个过程品牌战略需要一定的创新性，对品牌进行重新定位；根据消费者的偏好适当进行品牌形象的转变，为品牌设计新的形象，增加品牌内涵；加强品牌宣传力度，提高消费者对品牌新形象的认知和接受。

（6）品牌撤退战略

企业在面对品牌发展无法维持下去的形势下，需要进行品牌撤退战略。不仅是公司损失最小化，更是一种追寻消费者需求导向、技术变革等因素所导致的企业战略转型。这种转型是企业应对不断变化的商业市场最好的方式。企业可以选择整合资源、创新调整、放弃投资等多重方式进行品牌撤退行动。企业在面临挑战的同时也充满新的转型机遇。

7.2 商品促销的方法

服装连锁企业经常会遇到商品过季滞销的情况。企业面对积压的库存，为了使损失达到最小，必须采用各种促销方法，以吸引更多的客流量，推动商品的销售，为企业解决营销中遇到的问题。促销实质是企业与消费者之间进行信息沟通和传递的方式。促销的方式一方面将企业的产品信息用最直接的方式传达给消费者，另一方面也将消费者的感受需求反馈给企业，形成一个双向的沟通。企业最常用到的促销手段有广告、人员推销、营业推广和公共关系。

7.2.1 促销组合决策

（1）促销组合的含义

促销组合，是根据实际的市场状况，对广告促销、人员推销、营业推广和公共关系等促销方式选择几种搭配和综合运用。促销组合的基本原则是促销活动效率最高并且费用最低。促销方法之间的组合是相辅相成、互相协调、互相补充的。

促销的方式基本分为人员推销和非人员推销两种。促销在推销产品之外，还具有传递信息、激发需求、扩大销售的作用。服装企业需要重视促销在商品营销中的重要性。

在促销的过程中，来自企业、中间商、消费者之间的信息沟通的有效性和准确性直接影响和决定促销活动的成效。人们在信息沟通的一般过程是发送者和接收者作为沟通的两端，媒介和信息作为信息传递和沟通的手段。为了尽量避免干扰在整个沟通过程中造成的阻碍，信息发送者必须明确沟通的信息、沟通的渠道和方法、沟通的对象、最后得到的反馈。信息沟通过程如图 7-1 所示。

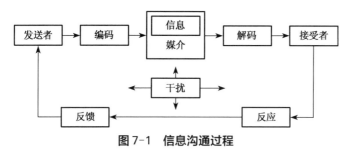

图 7-1　信息沟通过程

在促销活动中，发送者代表企业，接受者代表潜在消费者，编码代表计划传递的时间转换成可供传播的信息，媒介代表传递信息所用的媒体工具（如报纸、电视、广播等），解码代表潜在消费者对企业发送信息进行解读的过程，干扰代表信息传递过程中出现的问题，反应代表目标消费者在促销活动后购买商品的行为，反馈代表消费者对企业促销活动的建议和感受。

（2）促销组合的影响因素

企业在制定促销组合策略时，应综合考虑以下几个影响因素：

① 促销目标

服装企业首先需要明确促销活动的目标，不同的促销目标需要使用不同的促销方法和策略。 如果促销目标是为了树立服装企业的品牌形象、提高企业商品的市场占有率、提高商品的知名度，促销应选择以广告、公共关系的方式为主；如果促销目标是为了让顾客充分了解服装的功能性或设计理念等，促销应选择人员推销的方式为主；如果促销目标是为了短时间内大幅度提高销售量，则可采用营业推广配合人员推销的方式进行。 一般而言，广告和公共关系可作为前期的导入方式，营业推广和人员推销可以直接面对面与潜在消费者沟通，服装企业一般采用人员推销的方式为主。

② 市场的特点

服装企业要确定促销活动的目标市场，不同的目标市场需要选择不同的促销方法。 如目标市场比较分散，影响面比较宽，企业一般采用广告的方法；如目标市场比较狭窄，影响人群比较明确，企业可采用人员促销、营业推广的方式进行。 企业还需要根据具体的目标市场中人群的习惯特点、风俗民情等采用当地适宜的促销策略。

③ 产品生命周期

服装企业需根据产品在不同的生命周期，选择不同的促销策略：

- 产品的导入期。 企业的主要目标是提高知名度，让更多的消费者认识品牌。 这个阶段可以大量采用广告和公共关系的促销方法，同时加入人员推销和营业推广，促成消费者对企业服装的首次购买。

- 产品的成长期。 企业的主要目标是进一步提升品牌的认知度，并且形成一定数量的固定消费群体。 这个阶段消费者会根据口碑相传的方式为品牌做一定的宣传，促销方法依然以广告为主，店内推销人员需要大力度宣传产品，以影响更多的潜在消费者。

- 产品的成熟期。 企业的主要目标是企业商品品牌形象的强化过程，并且进一步巩固忠实消费群体。 这个阶段促销强度需要加大，可以多应用营业推广的方式加上广告进行辅助。

- 产品的衰退期。 企业的主要目标是减缓企业商品品牌衰退的过程，尽可能保留一部分消费群体。 这个阶段促销规模要大幅度下降，只需要保留营业推广的方式，影响一部分的消费者继续购买商品。

④ 促销时间

服装企业需明确本次促销活动持续的时间。 一般而言，短期的促销活动为

3~7 天,是为了在短时间内促进消费者购物;长期的促销活动维持在一个月左右,是为了让企业吸引一部分消费者长期来店购物。

服装企业还需明确本次促销活动所处的季节、气候特点,以及促销活动期间国内外的重大事件。 天气特点会影响消费者购物的决定和心情,所以在不同天气情况下,门店销售人员需应用不同的技巧推进促销活动的进行。

(3) 促销组合的决策

① 促销组合决策步骤

服装企业在考虑促销活动的影响因素后,可以开始制定详细的促销组合决策计划。 促销组合决策按照六步进行,如图 7-2 所示。

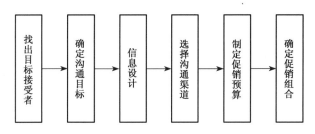

图 7-2 促销组合决策过程

- 找出目标接受者。 服装企业首先要根据促销商品的特点找出目标消费群体,再搜集目标群体的喜好特点等。

- 确定沟通目标。 服装企业需要确定通过沟通,希望从消费者那里得到什么反应和反馈。 企业一般最重要的目标是促进消费者决定购买商品,进一步的目标是使消费者能够再次购买商品并帮助企业进行宣传。 企业需要根据消费者的偏好,消费者行为学等信息明确消费者处于购物抉择的哪个心理阶段,再进行沟通。

- 信息设计。 服装企业需要根据选择具有吸引力的方式来加工设计信息,能引起消费者的注意,一般服装企业可选用明星代言的方式增加广告的说服力。

- 选择沟通渠道。 信息沟通渠道分为人员沟通和非人员沟通两种方式。人员沟通最主要的就是人员推销,通过推销人员面对面与消费者的沟通,能准确传达产品信息,也能从消费者那里得到及时的反馈。 非人员沟通一般包括广告、营业推广、电话沟通等方式,这种沟通方法的影响人群较多,涉及面较广。

- 制定促销预算。 服装企业的市场部门在制定促销预算时,须遵循的原则是所支出的促销预算费用小于活动结束后门店营业额的增加量。

② 促销组合决策预算

服装企业在制定促销预算的方法常用的为如下四种：

a. 营业额比率法

这种方法是根据全年度的营业额按照一定比率计算出促销预算，再根据每个季度或者每个月份的营业情况，按照一定的比例分配到每个月。这种方法在企业中应用较广，因为使用这种方法可以在年初就把这一年的指标进行分配，利于公司整体营销计划的分配和管理。但这种方法的缺点是在具体划分季度或者月份额度的时候会有偏差，因为只能根据前一年的营销结果进行大致的估算，但随着市场的变化，每个月的营业额所占比例会发生变化，有可能导致在最后几个月份的促销预算不足。

b. 竞争对等法

这种方法是根据采集市场上竞争对手所使用的促销费用来决定自己的促销费用，一般采用略高于竞争对手的促销费用就能在市场中赢得消费者。这种方法的缺点是来自竞争对手的信息不一定准确。

c. 量力支出法

这种方法是企业根据实际的财力状况决定促销费用的预算。这种方法比较简单易行，但预算可能随着销售额度发生变化，不能制定长期稳定的促销计划。

d. 目标任务法

这种方法是根据本次促销目标和任务来确定相应的促销预算。这种方法对于具体的促销活动估算的费用比较准确，但应用这种方法的促销预算不容易控制，也可能让企业的整体促销费用超出标准。

（4）确定促销组合

确定促销组合，需要将广告促销、人员推销、营业推广和公共关系四种促销方法有效地配合使用。

① 广告促销

是指企业运用各种广告媒体（报刊、电视、网络、海报、广告牌等）向消费者传递商品信息的促销方法。

② 人员推销

是指推销员通过聆听顾客意见，满足顾客需求，解决顾客问题，传递促销信息，引导消费者进行购买的促销方法。

③ 营业推广

是指企业直接运用利益来刺激消费者需求的短暂性的促销活动，如商品折扣、赠品、抽奖等。

④ 公共关系

是指企业利用各种传播媒体和传播方式，同潜在消费者、政府机构、媒体等沟通情感，来扩大企业的知名度和树立良好的企业形象。

四种促销方法各自的特点见表 7-2。

表 7-2 不同促销方法的特点

促销方法	促 销 特 点
广告促销	高度大众化的促销方法，适合向分散多地的众多目标消费者传递信息
人员推销	高度集中化的促销方法，适合面对面的传递信息，具有灵活性和时效性
营业推广	短时间内的特别的促销方法，适合刺激购买，推动消费者快买多买
公共关系	间接的具有特殊意义的促销方法，适合提升企业品牌形象

185

7.2.2 促销活动的实施

服装企业在确定促销组合决策后，需要从总部下达到地方门店开始实施促销活动。

（1）促销活动开始前

促销活动开始前，服装企业的市场部门、采购部门、销售部门等需要合作订立和准备促销活动需要的 POP 等促销工具。由总部通过电话会议或实地会议的形式将活动统一下达给需要执行活动门店的店长，并在活动开始前三天左右将所需要的物料全部到达门店，促销活动开始前一天门店的陈列布置完成。门店店长负责店内促销活动的执行和监督，以及活动结束后的反馈工作。区域销售经理负责所负责区域所有门店促销活动的整体管理和监督，以保证促销活动顺利有序地进行。

（2）促销活动进展时

促销活动进展期间，门店店长需要根据执行情况及时进行反馈。如发现问题要及时向总部的营销人员反馈，以获得来自总部的及时帮助。总部人员也需要在活动期间及时、密切地同各个门店店员沟通，能时时了解门店终端促销活动的实际情况，以便出现突发事件时，可以及时调整。 公司技术部人员需要保证后台的销售系统的稳定，以保证活动期间数据的有效性，可为后续活动提供建议和帮助。

（3）促销活动完成后

促销活动完成后，总部营销人员需对变化的销售信息进行详细的分析，再通过与参与促销活动销售人员的积极沟通，找出活动的优点和不足，以便下次活动的改进。 企业营销人员可以通过商品的市场占有率、商品的销售增长率等指标进行评估。

图 7-3 显示的是某一家服装企业在实施促销活动前后的品牌市场占有率的变化。 从图中可以看出在促销活动进行时品牌的市场占有率最高，比起促销前多出的占有率是来自在购买产品时有点动摇的消费者以及新的消费者，通过促销活

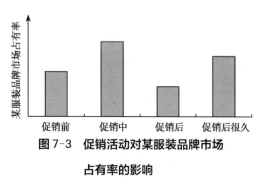

图 7-3　促销活动对某服装品牌市场
占有率的影响

动刺激了这类消费者购买商品；促销后一段时间内，品牌占有率下降；促销后很久以后，品牌占有率上升，高于促销前。 企业通过这次促销活动得到了一部分忠实消费者，这是企业营销人员比较满意的一个促销结果。

企业在促销活动结束后，也需要对参与促销活动的消费者进行时时的追踪。可在促销活动时通过信息搜集的方法搜集到消费者的个人联系方式，以便后续的访谈、追踪。 企业在制定促销活动时，需要有一个较长期的规划，促销活动形成关联，这样有助于企业品牌真正吸引和留住部分忠实消费群体。

7.2.3　促销的基本策略

企业在进行促销活动还需要选择适合的促销策略。 促销策略形式多样，这里列举几个在服装企业里常见的促销策略：

（1）产品折价让利

折扣促销是服装企业经常用到的一种促销方法，可以让消费者用低于正常商品的价格获得商品。 折扣促销一般分为数量折扣、季节性折扣和会员卡折扣，详细内容在上一章的折扣定价策略里已经说明。

（2）赠品销售

赠品促销是服装企业以免费赠送商品、样品等促销方法，这个方法在网购服装商场里应用较多，由于网购市场竞争激烈，很多商家通过在购物后给消费者赠送赠品的方式获得好评，巩固忠实消费群体。 服装企业一般选择服装配饰、配件等小样品进行赠送。

（3）现金返还

现金返还的促销方式是另一种形式的折扣促销方法。 但由于消费者购买的商品需要凑足一定的数额才能返还，并且企业一般规定小件配饰类商品不参加活动。 这个方法会更大程度地促进消费者多买产品的冲动。 例如，某服装企业推出购物满 200 元，返还 50 元的促销活动，消费者如果购买价值 200 元的商品，相当用 150 元的价格支付，换算为折扣是 7.5 折。 但当消费者购买商品是介于 200 元到 400 元之间或低于 200 元时，实际的折扣力度是小于 7.5 折或没有折扣。因此，采用现金返还的促销方式，对于服装企业是更加有力的方法，不但减小了折扣力度，同时也促进了销量。

（4）捆绑销售

捆绑销售的促销方法是服装企业将互补商品进行组合销售的一种促销方法。 服装企业可通过搭配服装，捆绑销售上下装以及围巾等配件。 捆绑促销方法有利于企业提高销量。

（5）限量特供

限量特供的促销方法是服装企业在特定时段或卖场进行特价或者无偿的销售活动，这个方法的作用主要是吸引消费者的注意，提高品牌知名度和新闻爆炸效果。 应用这个方法也可以让消费者在某个时段在门店里逗留，延长消费者的购物时间，推销人员进行及时有效地推荐以促进消费。

7.3　广告促销的方法

广告促销是促销方法中使用最广最普遍的一种方法，广告促销能让品牌信息以最广的传播方式传递给消费者。

7.3.1　广告的定义和作用

（1）广告的定义

广告是由明确的发起者以公开支付费用的做法，以非人员的形式，对产品和劳务信息通过媒介传递到各种可能的顾客中，以达到增加信任和扩大销售的目的。

广告具备如下几个本质特征：本质属性是传播信息；具有明确的广告主或广告客户；编码具有特定信息；传播媒介是实现信息流通的渠道；有目的的传播活动（如自我展现、说服性）；反复进行的传播过程。

（2）广告的作用

广告应用在促销活动中的作用是多方面的，主要包括：

① **传递信息，诱导消费**

传递信息是广告最基本的作用，广告可以通过宣传帮助消费者了解商品的特点，诱导消费者的需求，影响消费者的消费心理，刺激消费者的购买行为，创造销售机会。通过广告，可以有效地在企业、中间商、消费者之间进行沟通和信息传递。

② **介绍商品，引导消费**

现在市场中同类商品琳琅满目，消费者很难识别和进行购买抉择，广告宣传能够促进新产品进入市场时在消费者中迅速流行起来，并形成一种消费时尚。广告对商品的详细、特别的介绍，可以帮助消费者在众多同类商品中进行比较和选择。优秀的广告也是一种艺术。

③ **树立形象，促进销量**

广告宣传的作用，加深了消费者对于企业和商品的记忆与好感。消费者常常不自觉地依据广告来选择购买商品。广告在一定程度上展示企业的品牌文化，以及知名度，可促进企业在消费者心中的品牌优势，以促进销量。

7.3.2　广告的分类

广告按照不同的方式进行划分，基本划分为：

（1）根据传播媒介划分

有印刷品广告、影视广告、广播广告、网络广告、户外广告。

（2）根据传播范围划分

有国际广告、全国性广告、地区性广告。

（3）根据发布地点划分

有卖场终端广告、非卖场广告。

（4）根据直接目的划分

有企业形象、产品形象、促销广告。

（5）根据表现形式划分

有理性广告、感性广告。

表 7-3 表示的是广告的理性主题和感性主题两种形式的优缺点，企业在选择
广告表现形式时需根据实际需要进行权衡两者之间的比重。

表 7-3　不同变现形式广告主题的对比

主题	优　点	缺　点
理性主题	完整、准确传达广告信息	显得生硬、枯燥，影响消费者的兴趣
感性主题	贴近消费者感受，容易引起兴趣	过于注重对情绪和情感的描述，影响信息传达

7.3.3　广告与市场的关系

企业在考虑广告促销的方法时，需要了解广告与市场之间的关系，以更好地
理解和执行广告促销的方法。

（1）广告与市场营销的关系

市场营销是在市场调研的基础上，通过适当的产品策略、价格策略、广告策
略以及促销策略的组合，以达到激发人们的购买欲望，使消费者产生购买行为的
方法。广告是市场营销策略组合中的一个重要环节。

（2）广告与产品发展的周期

广告在产品投入市场的不同周期里的作用是不同的，见表 7-4。

表 7-4　广告在产品发展周期里的作用

产品生命周期	广告的特点
导入期	培养新的消费群体的新需求、新观念
成长期	致力于创意、方法等方面的配合,发觉商品的诉求点
保持期	对现有消费者的提醒和潜在消费者的告知
衰退期	使用广告较少,尽量维持已有消费者

（3）广告与消费者行为

广告的投放对消费者的购买意识产生一定的影响,消费者购买意识在广告中的变化如图 7-4 所示。

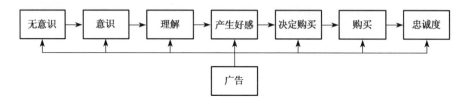

图 7-4　广告对消费者购买意识的影响

广告的投放通过对消费者意识的影响引导消费者的行为产生变化,最后引导消费者进行购物,具体的影响过程如下:

① 传达观念

广告在早期带给消费者新的观念,改变消费者曾经的某些消费观念。

② 唤起需求

一个优秀的广告能够唤起消费者心里自己都没有意识到的需求。

③ 改变购买行为

随着广告的慢慢渗入,消费者的购买时间、购买地点、购买频率、购买数量、购买品牌等渐渐发生变化。

④ 附加值的承诺

广告提供的产品附加值能够提高消费者满意度。

7.3.4　广告预算

服装企业在确定投放广告后,市场部人员需要对投放广告的预算进行估计。企业管理层需要合理分配广告费用给不同的品牌。制定广告预算时需要考虑以下几个因素:

（1）产品生命周期的阶段

产品所处的生命周期不同需要的广告费用不同。一般而言，服装企业在引入期新产品需要花费大量的广告预算，以便建立知名度；在成熟期到衰退期的产品所需要的广告费用则逐渐降低。

（2）市场份额和消费者基础

服装企业管理层在权衡本企业内不同品牌的广告费用支出时，可根据不同品牌所处的市场份额。市场份额较高的品牌，由于此类品牌运用广告等促销方式已经在消费者心中建立较稳定的形象，广告投入只需要维持商品的市场份额，因此广告费用通常较低。而如果某个品牌的市场目标是增加市场销售量或从竞争对手手中夺取销售量以提高市场份额，则需要投入较大的广告成本。

服装企业从消费者已经消费的基础出发，根据单位效应成本得到的记录，则打动已经被广泛认可的品牌的消费者比打动使用市场份额很低的服装品牌的消费者花费要少，即单位人员广告费较低。

（3）竞争环境

当企业处于一个有着很多竞争者和广告支出的市场中，品牌要在竞争者中脱颖而出，就需要投入更多的广告成本，以便能够压过市场中其他的竞争对手。

（4）产品的替代性

服装企业中同一商品中的各个品牌之间由于具有一定的替代性，企业需要通过大量的广告在消费者心中树立差别的形象。如果某服装企业可以提供的服装具有独特性，在市场中几乎没有竞争商品可以进行替代，广告的预算可以适当降低，但此时广告对消费者认识该商品也有重要的意义。

（5）广告频率

企业使用广告的频率即把品牌信息传递给消费者需要的重复次数，广告频率也会决定着广告的成本。

7.3.5 广告媒体及其选择

服装企业要借助广告给消费者传递信息，需要通过媒体作为传递工具。广告媒体的种类很多，主要有报纸、杂志、电视、广播、邮寄广告、互联网广告等。每种媒体都有各自的特点，了解不同媒体的特点有助于企业进行正确的选择。

（1）主要广告媒体

① 报纸

报纸是最早发布广告、应用最广泛的媒体。服装企业在选择报纸刊登广告时的优点在于报纸的宣传面广、读者众多、时效性强、传播速度快，同时企业花费的成本较低。缺点是报纸的广告表现力较差、持续时间短，并且随着电脑信息化的发展，报纸的作用逐渐被一些电子工具所取代。报纸适合于服装企业推出的短期促销活动。

② 杂志

杂志是仅次于报纸出现的较早的广告媒体，优点是其有着相对稳定的读者群体，针对性比较强，印刷的精美程度高于报纸，便于保存，读者反复接触的机会较多。缺点是发行周期较长，时效性较差，灵活性不够。服装企业可以选择一些时尚类、休闲类、专业类的杂志刊登广告。

③ 电视

电视是一种集声、形、色于一体的广告媒体。优点是表现形式多样，感染力强，传播面广，对观众有着很强的吸引力。缺点是广告费用高昂，对于很多中小型服装企业，电视广告的成本太高。

④ 广播

广播是一种大量、广泛使用的听觉媒体。优点是传播速度快，传播范围广，制作简单，费用较低。缺点是有声无形，对消费者起不到视觉冲击，时效性较差。中小型服装企业可以考虑使用广播媒体。

⑤ 邮寄广告

邮寄广告是早年非常流行的一种纸质广告媒体。企业将印刷的广告刊物通过邮政系统直接寄给目标消费者。邮寄广告的优点是针对性强、信息提供全面，广告成本较低。但缺点是消费者有效接受率较低，覆盖范围较小。

⑥ 互联网广告

互联网广告是近年来流行起来的广告形式，由于这种媒体成本较低、时效性强、影响人群广等优点，这种媒体形式还在不断发展。服装企业可结合一些科技因素，如网络模特模拟试衣等，加强互联网广告效应。

⑦ 其他广告媒体

近年来，户外广告、楼宇广告、停车场广告也吸引了很多企业的关注。由于此类广告可以有针对性地影响部分消费者，有利于企业进行市场细分，投放广告的有效性提高。 品牌服装企业可以考虑在城市商业区的办公写字楼、地下停车场里投放一定的广告，可吸引城市里高收入高消费人群为目标消费者。

（2）广告媒体的选择

企业在选择广告媒体的时候，需要考虑如下几个因素：

① 产品的性质

服装类产品的特点是具有一定的时效性、需要广告有一定的视觉冲击力，适合选择电视、杂志上用彩色画面进行表现。

② 信息的类型

企业要根据需要传达的信息类型进行选择，如需要展现服装的款式、色彩等设计效果，则可以选择电视、互联网等画面感较强的媒体；如需要展现服装面料的科技性能等，则可以选择杂志、报纸等纸质媒体。

③ 目标受众的媒体习惯

企业需要根据定位的目标受众的媒体习惯进行考察，如青少年长期接触电视、互联网；老年人喜欢阅读报纸；中青年由于工作忙碌只在工作之余有时间浏览部分网页，或等待电梯时看看楼宇广告。

④ 企业的成本费用

成本费用也是企业需要考虑的一个因素，不同媒体之间的价格相差较大，而企业的支付能力也不相同。 企业要考虑媒体投入与产出之间的关系，如广告费用受到限制，也可选择价格较低的媒体对小部分人群进行影响。

7.3.6　广告实施及效果测定

（1）广告的实施

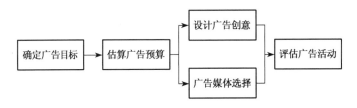

图 7-5　广告实施步骤

如图 7-5 所示,服装企业在实施具体的广告促销活动时一般按照五个步骤进行:

① **确定广告目标**

包括与消费者的信息沟通目标、企业商品的销售目标等。

② **估算广告预算**

可遵循营业额比率法、竞争对等法、量力支出法、目标任务法。

③ **设计广告创意**

包括搜集素材、订立广告主题。

④ **广告媒体选择**

包括确定使用媒体,媒体播放广告频率,媒体发放广告时间等。

⑤ **评估广告活动**

包括信息传递效果、产品销售效果。

（2）广告的效果评估

服装企业投入大量资金在广告上,需要在广告实施后期对广告所产生的效果进行持续性地评估,为企业进一步的广告决策提供参考信息。 企业测定广告的内容主要有两个方面:

① **信息传递效果测定**

服装企业需评估广告的信息是否有效地传递给目标消费者。 这种测定可以在广告播出后的一段时间内,企业通过设计问卷调查、电话访谈、实地访谈等方式进行消费者对企业推出广告的印象、记忆程度以及被影响程度的测定。

具体做法可以让消费者回忆品牌广告的内容、让消费者选出品牌广告所用的明星代言人、让消费者对广告的内容和创意做出具体的评分等。 随着科技的发展,企业也可以引进脑波测试仪等心理学认知分析仪器,在实验室中测定消费者对于广告信息的理解和接受程度,以便更好地选择和改进投放广告。

② **产品销售效果测定**

服装企业在广告发布之后测定企业品牌销售额增长情况。 这种测定方法比较困难,由于销售额的增长不仅取决于广告的作用,还有其他因素,比如店内人员推销力度强、其他促销方式、消费者收入增加、经济发展、产品质量提高等。因此,单独用销售额来评价广告的效果并不准确。 这个方法只能作为企业评价广告效果的一个参考指标。

有的企业开始采用实验方法测定广告的销售效果,比如在产品不同的销售市场采用电视、广播、杂志等不同形式的广告,其他促销方式等几乎一致;或者投入不同的广告费用,测定各个市场内的产品销售增长情况,判断该品牌运用哪一种广告媒体最为有效。

7.4 公共关系

公共关系是服装企业应用较多的促销方式。 服装企业不仅要与消费者建立较好的关系,还需要同利益相关的公众(中间商、政府机构、媒体人员等)建立相关的关系。 美国营销大师科特勒对公共关系提出的定义是:作为促销手段的公共关系是指这样一些活动,争取对企业有利的宣传报道,协助企业与有关的各界公众建立和保持良好的关系,树立良好的企业形象,以及消除和处理对企业不利的谣言、传说和事件等。 公共关系是指企业与其相关的社会公众之间的联系,这种联系是通过信息沟通实现的。

7.4.1 公共关系的作用与特点

由于服装企业与消费者的关系比较密切,服装企业的形象很重要,因此公共关系在企业的整体营销活动中占有重要的位置,公共关系是一种"软推销术"。如北京奥运会过后,中国品牌被更多的外国消费者所熟悉和喜爱。

(1)公共关系促销的作用

① 支持和推动新产品的推出

公共关系为企业和产品塑造的良好形象,可促进新产品被消费者所知道和认可。

② 支持成熟产品的重新定位

成熟产品在逐渐走入衰退期时需要对产品进行重新定位,新的公众形象会替代旧形象,公共关系可以让消费者更好地接受产品的转型。

③ 有利于应用产品的方式树立公司形象

公共关系可以通过对企业产品的形象塑造,影响消费者对企业形象的进一步认知。

④ 有利于建立企业和消费者之间的双向沟通

企业在进行公共关系活动时，也是企业在通过这种媒体方式与公众进行的联系，提供给企业和公众一个很好的双向沟通平台。

⑤ 有利于企业消除公众误解和化解危机

企业在面临商品出现问题时，需要及时通过公共关系活动的方式消除公众误解，化解危机。企业可以立即召开新闻媒体会议，也可以应用报纸、杂志等媒体对商品事件进行有效地澄清，后期再结合新的广告投放减缓公众对品牌的质疑，恢复公众对品牌的信任感。

⑥ 有利于增强企业内部的凝聚力，协调企业与外界的关系

企业可以通过一些公共服务活动建立起公司内部员工的凝聚力，塑造良好的公司文化与工作氛围，更好地协调与外界的关系。

（2）公共关系促销的特点

公共关系相比较其他的促销方式，具有如下特点：

① 可信度高

公共关系促销由于具有更强的公开性，许多公众认为新闻报道比广告更加客观、可信，因此可信度较高。

② 传达力强

公共关系促销传播信息比较广泛，被大多数公众接受和认可。

③ 内容丰富

公共关系促销的内容比较丰富，趣味性强，吸引公众的关注。

7.4.2 公共关系促销的形式

服装企业常用到的公共关系促销形式包括：

（1）出版物

服装企业设计带有公司形象的宣传手册、公司月刊等出版物，有助于塑造企业形象。

（2）事件

服装企业可以通过安排一些特别的事件来吸引公众的注意，比如产品新闻发布会、隆重的开店仪式、明星到店做的现场活动、企业周年纪念日、企业独特的店内促销活动等。

（3）赞助

服装企业可以通过对公众比较关注的体育赛事、文化活动以及公益活动进行冠名赞助，提升企业形象在公众心中的位置。 比如，运动类服装企业经常赞助各个体育赛事，服装企业可以选择对灾区学校提供资助，可对关注度高的媒体文艺比赛提供资助，可对高校的服装技术研究进行合作，提供资助等。

（4）新闻

服装企业的公关人员要及时发现一些对企业、对产品、对员工有利的新闻，推动相关新闻的报道和传播。

（5）公共服务活动

服装企业可以通过组织一些公益活动来传播公司文化。

（6）标志性的媒介

服装企业可以设计一些标志性媒介，让公众对企业具有高度的识别性。 如店内员工的制服，是服装企业每季在销售服装的一个传递信息的工具，许多服装门店会选择当季较好的服装款式作为店员的制服。

197

思考练习题

1. 为什么说服装品牌对于服装连锁经营很重要？如果你是店长，应该如何实施品牌营销战略？

2. 广告促销按作用方式可分为哪几类？如果你是店长，拟采用哪类广告方式促销？

3. 以小组为单位，为附近一家服装连锁门店做一个促销策划书。

第 8 章 | 服装连锁门店员工管理

知识要点

1. 服装连锁门店的人员招聘
2. 服装连锁门店员工培训
3. 服装连锁门店员工绩效考评、激励和薪酬福利

8.1 人员招聘

服装连锁门店是服装公司总部政策的执行单位,是连锁公司直接向顾客提供服装商品及服务的单位。 其基本职能是:服装商品销售,进货、补货及存货管理,绩效评估等。

8.1.1 人员岗位配置

服装商品销售是向顾客介绍、展示、供应商品并提供服务的活动,是连锁门店的核心职能。 可设店长、班长,店员可设导购员及收银员等基本岗位。

(1) 基本岗位

① 店长

店长,代表整个门店的形象。 店长是连锁公司管理门店的代理人,对外处理与主管部门、顾客等之间的关系;对内又是店员的"老板"。 店长,是该门店的经营者,指挥店员高效运作,对门店经营的各项数据进行分析,在满足顾客需求的同时创造一定的经营利润,并对各项工作做出正确决策。 店长,是门店的管理者,掌控门店的相关资源,管理店内营业活动并实现营业目标。 店长,是该门店店员的培训

者,培训店员的各种技能,提升店员整体素质,激励店员不断为门店创造效益。 店长,是该门店各项工作的协调者,协调解决门店出现的各种问题,保持工作顺畅。

② **班长**

班长的工作职责有:认真贯彻执行各项规章制度,服从店长安排,做好店内日常工作;组织店员开班前会,认真落实各项工作;对本班店员进行管理,保证班次工作顺畅;协助店长做好计划、商品、设备,器具等各项管理工作;负责店里安全、卫生,完成店长交代的其他事项。

③ **导购员**

导购员负责顾客接待、礼送、推荐门店商品、解答顾客疑问、整理维护商品、保持门店清洁等工作,是门店顾客服务的具体执行者。

④ **收银员**

收银员负责收银、现金管理、账目管理工作,以及顾客咨询等服务工作。

（2）岗位配置

① **配置原则**

- 能位对应原则。 人适其事,事得其人。
- 互补增值原则。 优化组合,合理搭配,使 1 + 1＞2。

② **人员配置**

- 根据店面经营情况确定人员配置。
- 根据销售量确定人员配置,见下列公式:

总店员数 ＝ 总目标销售额 ÷ 人均目标销售额

或,总店员数 ＝ 总目标利润额 ÷ 人均目标利润额。

8.1.2　人员招聘条件

服装连锁门店的经营业绩很大程度上取决于店员的素质与工作表现,一些服装连锁门店通常会过于重视营销方案,而忽视店员的管理,因此在销售方案实施的过程中往往难以达到预期的效果。 所以说员工是企业的根本,优秀的销售人员是服装连锁门店的核心,吸引优秀的员工尤为重要。

在销售的过程中,店员在介绍产品,推销产品、提供服务、宣传店铺形象等方面发挥着积极重要的作用。 因此,在选择店员时应着重考核他们的外表形象、语言表达能力、沟通能力、常规知识与专业知识以及对工作的忠诚度等方面。

服装连锁门店收到了应聘销售人员的个人简历之后，要选择恰当的测试方法作为选择应聘人员的基本依据。店员招聘的方法包括笔试和面试，笔试作为选择应聘人员的基本依据，目的是测试应聘人员的知识水平与一般能力（如感知、记忆、思维、想像、概括、创造性等），面试的主要目的是测试应聘人员的应聘动机、个人品质（如精神面貌、仪表、性格、诚实性、价值观等）及从事零售工作的专业能力（如待人接物的能力、观察能力）等等。

在服装连锁门店招聘销售人员的时候，往往还会增加一项实践环节，即让竞聘人员现场做销售实践测试，通过现场销售表现，来评判和筛选竞聘人员，这样的实践环节，能更加直观地观察和考量应聘者的综合素质和销售水平。

每天与众多顾客打交道是店员工作的基本内容，店员必须具备充沛的精力、良好的人际互动能力与高尚的职业道德，为顾客提供满意的服务。优秀的店员在成交阶段要耐心帮助顾客挑选商品，帮他确立购买信心，赞许顾客的明智选择，包装好商品收款后将商品有礼貌地交给顾客。要热情、礼貌。因此，在选聘店员时，需要考察应聘人员以下几个方面的素质：

- 身体素质。为了配合连锁店的形象，对店员的健康、体型、身高、年龄、性别等方面应该有一定的要求。
- 个性。主要从应聘人员的一般能力、气质、性格等方面考察，对店员的基本要求包括：虚心好学，有上进心、思维敏捷、洞察力强、有较强的沟通能力、热情大方、性格开朗、诚实守信、工作细心，有耐心等。
- 工作能力。对工作能力的考察可从学历、服装商品专业知识、零售服务技能、工作经历等方面进行。

销售人员是门店的生命力，一个好的店员会给门店销售业绩带来意想不到的飞跃。一个好的店员应该具备良好的身体素质，较强的工作能力以及完美的个性。

8.1.3 人员招聘广告

招聘是人力资源管理的工作，过程包括招聘广告、二次面试、雇佣轮选等。负责招聘工作的称为招聘专员（Recruiter），他们是人力资源方面专家，或者是人事部的职员。聘请的最后选择应该是用人单位，他们与合适的应征者签署雇佣合约。服装连锁门店的人员招聘工作通常由公司的招聘专员（Recruiter）或者店长来完成。

招聘的第一步是发布招聘广告,招聘广告是通过文字、色彩、图案来吸引求职者的一种公司徽标广告形式,如图 8-1 所示。

招聘广告的作用有两个:

一为,企业个性化的广告图标在宣传企业形象的同时可以在最大程度上引起求职者的注意,经过历年数据分析,采用广告图标进行招聘的企业在招聘速度与质量上都要优于普通人员招聘。

二为,从求职者的视角来看招聘广告,使用招聘广告进行招聘的企业大多属于注重企业文化、具备较强经济实力与发展潜力的正规企业单位。 这样的企业无疑能够给予求职者良好的劳动保障以及广阔的发展空间,求职者会首选向该类企业投递个人简历。

图 8-1 服装店招聘信息示例

服装连锁门店通过发布招聘广告的形式进行人员招聘工作,效果会比较明显,操作也比较方便。 那么,到底招聘广告该怎么写呢?

- 首先,要弄明白招聘广告的发布对象和招聘广告的主要组成部分。
- 其次,要弄明白招聘广告发布的媒体是什么。
- 招聘广告也可以加上企业对人才如何重视、对人才如何培训、对人才如何晋升等关键内容。

招聘广告的主要组成部分:

一般而言,招聘广告主要是写给求职者看的,主要包括公司名称、企业简介、岗位名称、招聘名额、职位描述、职位要求、联系方式等内容。

- 说明招聘单位:这一步要专业而精简,良好的开端给人以良好的印象,这是提升招聘单位形象的关键。
- 职位要求:职务要求一定要写明,这能方便各种求职者做决断,也可以降低招聘成本。
- 岗位职责:清晰的岗位职责,直接告诉应征者需要做什么,以给适合的求职者更明晰的要求,并进一步做决策;而不适合的应征者自然不再打扰,适合的应征者可以自己做决策。

- **待遇**：很多求职者都希望有一个明确的薪资概念，这样有一条明晰的杠杆，在做决定时减少犹豫的时间，节约招聘成本。绩效薪资，多劳多得。
- **联系方式**：合则邀请，勿电勿访，否则一律取消应聘资格。很多招聘单位都会用这一句，因为咨询和没有预约的来访，会给自己的工作程序造成不必要的影响，影响了工作效率。服装连锁门店招聘广告如果张贴在店内，通常也会采用直接入店咨询这样的联系方式，这样的方式比较节约招聘成本，提高招聘效率。

8.2 员工培训

服装连锁门店销售与管理人才是连锁企业持续发展的关键，也是连锁价值系统输出、连锁网络掌控的有力保障，更是竞争对手无法复制、无法超越的核心竞争力。作为连锁企业讲究的就是能有效复制，故连锁系统核心的训练目标应锁定在连锁门店的店员、店长等门店关键员工上。

服装门店的营运与管理是服装门店管理的中心环节。服装门店的规模效益取决于每个服装门店的经营业绩，每个服装门店的经营状况直接关系到服装门店经营战略目标的实现，必须加强和提高服装门店的经营管理水平，因此对员工的各项培训显得尤为重要。

8.2.1 服务理念培训

（1）顾客是我们的朋友

满足顾客的需要是我们的工作，导购员的职业是一个崇高的职业，业务娴熟、服务热情的导购员是品牌经营成功的法宝，导购员在为顾客服务时，是最能体会到自己的工作价值而感到其乐无穷的。

"我们很高兴为朋友帮忙，帮他们在购买货品时做出最佳选择。""我们不能欺骗朋友，也不能冷落朋友，更不能强迫他们购买某种货品。"这应是每个导购员心中最崇高的价值准则。面对顾客时，必须努力达到迅速、微笑、诚恳、安全、迅速地依照程序，并以微笑、诚恳的态度从事工作，使顾客感觉安全购物，享受周到的服务。

（2）顾客永远是对的

如何让顾客 100%满意？在销售过程中一切以顾客为中心，只要能提供超乎顾客意料之外的产品、价值、价格、热情及售后服务等，就一定能赢得顾客的满意。

对顾客而言，"最佳服务"意味着在中国的任何地方，每一次顾客光临都能享受一流的品质、优质的服务、领先潮流的时尚，并且能够为顾客带来欢笑。

对于合作伙伴而言，"最佳服务"意味着有成功的把握，可以建立财富，并与之成为高度合作的伙伴关系。

对服装品牌而言，"最佳服务"意味着经营的品牌能得到顾客的信赖和尊崇。

对联合伙伴而言，"最佳服务"意味着我们与全球最优秀的组织合作，与联合伙伴一起奠定领导地位。

8.2.2 服务领域培训

满足顾客的需要，提供亲近顾客的导购，平日里就应做到：学习标准规范的礼仪做法，不断提升自身的专业知识和技能，收集并学习同行资讯，如新品、畅销品、画册、推广活动资料，持续不断地提高自己的时尚感。

配合顾客的个性和情况，导购员必须有高层次的能力，提供五大领域的服务：

- 使顾客有愉快满足的购买过程。
- 导购亲切的礼仪。
- 亲切且专业的建议。
- 提供给顾客快速的资讯。
- 周到的售后服务。

8.2.3 员工能力培训

（1）八大能力

① 健康的身心

心理学家的研究证明，第一印象非常重要。由于销售工作的特殊性，顾客不可能有充足的时间来发现导购员的内在美。 因此,导购员首先要做到的是具有健康的身体,给顾客以充满活力的印象。 这样,才能使顾客有交流的意愿。

② **明确的目标**

成功的销售人员首先要有明确的目标。 明确的目标通常包括:确定每天的销售目标,分析判断顾客属于哪一个阶层,找到潜在顾客。 如果顾客目标群定位错误,将会使导购员浪费很多时间,一无所获。

③ **顾客开发能力**

优秀的导购员都具有极强的开发客户的能力。 只有找对合适的顾客,导购员才能获得销售的成功。 优秀的导购员不仅要能很好地定位顾客群,还必须有很强的开发顾客的能力。

④ **强烈的自信**

自信是成功人员必备的特点,成功的导购员自然也不例外。 只有充满强烈的自信,导购员才会认为自己一定会成功。 心理学家研究得出,人心里怎么想,事情就常常容易按照所想象的方向发展。

⑤ **专业知识强**

销售致胜关键的第五个要素是极强的专业知识。 优秀的导购员对产品的专业知识比一般的业务人员强得多。 针对相同的问题,一般的业务人员可能需要查阅资料后才能回答,而成功的导购员则能立刻对答如流,在最短的时间内给出满意的答复。

⑥ **找出顾客需求**

快速找出顾客的需求是销售致胜的第六个关键要素。 即便是相同的产品,不同的顾客需求不同,其对产品的诉求点并不相同。 优秀的导购员能够迅速、精确地找出不同顾客的购买需求,从而赢得订单。

⑦ **销售解说技巧**

销售人员优秀的解说技巧也是成功的关键。 优秀的导购员在做商品说明解说时,善于运用简报的技巧,言简意赅,准确地提供顾客想知道的信息,而且能够精准地回答顾客的问题,满足顾客希望的答案。

⑧ **擅长处理反对意见**

擅长处理反对意见,转化反对意见为产品的卖点是致胜关键的第八个要素。 优秀的导购员在处理顾客的反对意见及对产品提出质疑的时候,会及时打消顾客的疑虑，将质疑转化为产品的卖点，这样能够帮助顾客做出购买决定，达成交易。

（2）五大心理素质

良好的心理素质及心态能使导购员在工作中积极、乐观的工作。 工作中加以自信调整，全身心投入所要完成的工作，释放出自己出色的一面，成为一名优秀的导购。

① 自信——成功

自信是对个人能力的充分肯定，弄清自己长处与弱势，克服自卑心理，相信自己能够胜任导购工作，充满信心和毅力，这种力量也会感染顾客，最终取得成功。

② 坚强——现实

遇到挫败，不断进行反思，勇敢地找到症结之处，将其消除，面对现实"逆流而上"取得胜利的那一天，你会觉得比别人得到更多。

③ 打破低谷、调整心态、克服羞怯心理

尝试打破自己原有定论，不断调整心态，顾客会为你出色的导购表现而欣慰地买下货品，也就是你创造优秀业绩的开始。

④ 平和心态

要拥有宽容平和的心态，面带微笑，诚恳为顾客解决问题，处理好顾客关系能拉近导购与顾客距离，让顾客对连锁门店及店员产生满意程度。

⑤ 集体荣誉、团队精神

与同事共同协作，相互关心、相互帮助、相互谅解，彼此激励，树立团队精神。 同事之间要团结一致，彼此间以诚相待，重团队精神。

8.3 员工绩效考评

绩效考核是人力资源管理中的基础工作。 人力资源管理包括招聘与配置、员工培训与开发、薪酬管理、员工福利与激励、绩效考核、劳资关系等，其中绩效考核是一个基础性工作和核心环节，起到了承上启下的重要作用。一为，绩效考核是人员任用的依据；二为，绩效考核是决定人员调配和职务升降的依据；三为，绩效考核是进行人员培训的依据；四为，绩效考核是确定劳动报酬的依据；五为，绩效考核是对员工进行激励的手段。

8.3.1　绩效考评的原则

绩效考评，是一种员工评估制度、是员工评价任用的依据，是员工薪资调整的依据，是员工业绩改善与培养的依据。如果没有绩效考核的配套，员工干与不干一个样，干好干坏一个样，再好的职级制度和薪酬体系都会沦为"大锅饭"。因此，能否公平有效地进行全员绩效考核，使员工有危机感和紧迫感，从而激发他们的积极性和创造性为企业保值增值，是薪酬体系改革成功的关键和重要保障。

（1）导向性原则

绩效考核必须明确指出连锁门店鼓励什么，反对什么，企业和个人分别应该承担什么，以此给员工正确的导向，引导员工的行为达成既定的工作标准。

（2）明确性原则

对考核的内容、流程和责任分工，要有明确的规定，并向门店员工公开，让员工充分了解，奠定公平考核员工的基准。

（3）针对性原则

工作职责明确了该做的事情，绩效标准说明其必须达到的程度。绩效考核的内容，只涉及员工的工作情况，不涉及人格，以及不影响工作的其他内容。

8.3.2　绩效考评方法

通过实践，一个企业设计绩效管理系统必须结合企业实际，绩效考核模式方法的选择都是一个变化且灵活的过程，适合的就是最好的，很多时候需要采用多种方法对企业绩效进行管理才能达到最佳效果。以下为某公司按德、能、勤、绩四个方面进行绩效考核的方法。

（1）考评时间
每年一次，工作未满一年的依照实际工作时间及业绩进行考评。
（2）考核考官
由市场营销部总监、经理、人力资源部人员与大区主管组成评核小组完成评核工作。

（3）考核程序

- 依据各个连锁门店本店的店铺员工培训管理办法，各门店在日常工作中建立员工培训记录。

- 年度考核前一个月，各门店统计本年度参加考核人员名单，并提交相关记录表格至市场营销部，市场营销部总监或经理会同人力资源部培训科进行资格审查；确认后知会各大区主管，最后确定参评人员名单。

- 各区域自行整理参评人员业绩达标情况，并完成业绩达标部份成绩评定；结果提交市场营销部负责汇总人员。

- 人力资源部培训科编订本年度考核题目，市场营销部制定考核日程计划，分配各区域考核小组成员。

- 各区域督导组织参加考核的人员到指定地点参加考核，同时评核小组下区域实地进行评核，完成能力评核部分成绩评定；结果提交市场营销部负责汇总人员。

- 区域大区主管与督导对参评人员表现进行评定，完成主管评估部份成绩；结果提交市场营销部负责汇总人员。

- 市场营销部负责将三部分成绩汇总，并结合本评核周期内（一年）奖惩加减分情况，统计所有参评人员最后成绩，完成评核。

- 薪酬专员根据评核成绩确定评核等次与奖惩，并作为后续技能津贴调整的依据，结果向全公司公示。

8.3.3 KPI 考核方法

（1）服装连锁门店 KPI 考核表

服装连锁店 KPI 考核按照店长、班长、导购员既收银员，见表 8-1～表 8-3。

表 8-1 店长 KPI 考核表

考核项目	分数	得分计算方法	自评	店经理评	人力资源部评
业绩考核	70	当月计划完成率×70%			
日常性工作考核	30	参考岗位职责说明书			

表8-2　班长 KPI 考核表

考核项目	分数	得分计算方法	自评	店经理评	人力资源部评
个人业绩达成率	60	个人计划完成率×60%			
小组业绩达成率	30	小组计划完成率×30%			
日常性工作考核	10	参考岗位职责说明书			

表8-3　导购员、收银员 KPI 考核表

考核项目	分数	得分计算方法	自评	店经理评	人力资源部评
业绩考核	90	小组计划完成率×90%			
日常性工作考核	10	参考岗位职责说明书			

（2）优秀员工考评方案

① 月度优秀导购员的评选

取全公司 KPI 排名前 3 名设金牌导购、银牌导购、铜牌导购，分别奖励 XXX 元，XXX 元，XXX 元和奖杯，加班业绩、团队消费及业绩未达到 100％的，不参加评奖。 一年内三次以上获得奖牌的个人和一年内三次以上获得团队奖牌的经理，公司可给予其他奖励，如一年内带薪休假一天，可以参加公司组织的旅游等。

② 月度优秀收银员的评选

取全公司收银员 KPI 排名第一为优秀收银员，奖励 XXX 元和奖杯。 单店业绩未达到 100％不参加评选。

③ 优秀团队的评选

取全公司计划完成率达到 100％的店进行评比，排名第一的店为红旗优秀团队，奖励 XXX 元和奖杯。

④ 月度末位淘汰

根据各店月度目标达成率，对于排名倒数第一的门店：其店导购人员半年内出现两次 KPI 排名倒数第一的被淘汰；全公司收银员半年内出现两次 KPI 排名倒数第一的被淘汰；人力资源部门每月对淘汰员工进行原因分析。

⑤ 年度评优

原则上年度优秀员工的评比标准根据全年月度 KPI 考评分数排名而定。

8.4 员工激励和薪酬福利

管理者都希望自己的员工拼命地工作,为组织创造更多的效益。 要使员工在工作中付出最大的努力,管理者就必须对员工进行有效的激励,把员工的潜能激发出来。 这是每个管理者都必须面对的问题。 但是,在具体的管理实践中,有些激励措施往往并不奏效,甚至适得其反,怎样才能有效地激励员工呢?

8.4.1 员工激励

（1）为员工安排的职务必须与其性格相匹配

每个人都有自己的性格特质。 比如,一些人安静而被动,另一些人则进取而活跃;一些人相信自己能主宰环境,而另一些人则认为自己成功与否主要取决于环境的影响;一些人喜欢高风险的具有挑战性的工作,而另一些人则是风险规避者。 员工的个性各不相同,他们从事的工作也应当有所区别。 与员工个性相匹配的工作才能让员工感到满意、舒适。 比如说,喜欢稳定、程序化工作的传统型员工适宜干会计、出纳员等工作;而充满自信、进取心强的员工则适宜让他们担任项目经理、公关部长等职务。 如果让一个喜欢冒险的人从事一成不变的审计工作,而让一个风险规避者去炒股票,他们可能都会对自己的工作感到不满,工作绩效自然不会好。 在服装连锁门店当中,性格细腻,较为安静的店员适合做收银的工作。 而性格活泼,善于交际的店员比较适合导购工作。

（2）为每个员工设定具体而恰当的目标

为员工设定一个明确的工作目标,通常会使员工创造出更高的业绩。 目标会使员工产生压力,从而激励他们更加努力地工作。 在员工取得阶段性成果的时候,管理者还应当把成果反馈给员工。 反馈可以使员工知道自己的努力水平是否足够,是否需要更加努力,从而有助他们在完成阶段性目标之后进一步提高目标。

提出的目标一定要是明确的。 比如,"本月销售收入要比上月有所增长"这样的目标就不如"本月销售收入要比上月增长 10%"这样的目标更有激励作用。 同时，目标要具有挑战性，但同时又必须使员工认为这是可以达到的。 实践表明，无论目标客观上是否可以达到，只要员工主观认为目标不可达到，他们努力的程度就会降低。 目标设定应当像树上的苹果那样，站在地下摘不到，但只要跳起来就能摘到，这样的目标激励效果最好。

（3）对完成了既定目标的员工进行奖励

马戏团里的海豚每完成一个动作，就会获得一份自己喜欢的食物，这是训兽员训练动物的诀窍所在。 人也一样，如果员工完成某个目标而受到奖励，他在今后就会更加努力地重复这种行为，这称为行为强化。 对于一名长期迟到 30 分钟以上的员工，如果这次他只迟到了 20 分钟，管理者就应当对此进行赞赏，以强化他的进步行为。

管理者应当想办法增加奖励的透明度。 例如，消除发薪水的秘密程度，把员工每月的工资、奖金等张榜公布；或者对受嘉奖的员工进行公示。 这种行为将在员工中产生激励作用。

（4）针对不同的员工进行不同的奖励

人的需求包括生理需求、安全需求、社会需求、尊重需求和自我实现需求等若干层次。 当一种需求得到满足之后，员工就会转向其他更高层次的需求。由于每个员工的需求各不相同，对某个人有效的奖励措施可能对其他人没有效果。 管理者应当针对员工的差异对他们进行个别化的奖励。 比如，有的员工可能更希望得到更高的工资，而另一些人也许并不在乎工资，而希望有自由的休假时间。 又比如，对一些工资高的员工，增加工资的吸引力可能不如授予他"金牌售货员"的头衔的吸引力更大，因为这样可以使他觉得自己享有地位和受到尊重。

（5）奖励机制一定要公平

员工不是在真空中进行工作，他们总是在不断进行比较。 如果你大学毕业后就有单位提供给你一份月薪 4 000 元的工作，你可能会感到很满意，并且努力为组织工作。 但是，如果你一两个月之后发现另一个和你同时毕业、与你的年龄、学历相当的同事的月薪是 4 500 元的时候，你有何反应？ 你可能会感到失望，同时不再像以前那样努力工作。 虽然对于一个大学毕业生来说，4 000 元的薪水已经很高了，但这不是问题所在，问题的关键在于你觉得不公平。因此，管理者在设计薪酬体系的时候，员工的经验、能力、努力程度等应当在薪水中获得公平的评价。只有公平的奖励机制才能激发员工的工作热情。

8.4.2　员工薪酬

（1）关于薪酬

① 设计合理有效的薪酬制度

薪酬一般可分为固定薪酬和浮动薪酬，其中固定薪酬根据不同情况又可包括基薪、津贴、福利等，浮动薪酬可包括奖金、佣金等短期激励和长期服务年金、股票期权等长期激励。

不同的薪酬名称不仅代表总薪酬中金额不等的组成部分，更重要的是对员工起不同的作用，例如，有的体现公平和保障，有的用以吸引和保持重要人才，还有的实现长期激励和约束。这些部分的有机结合体就构成了总薪酬。

② 职级体系

薪酬的界定，即给不同的员工制定不同的薪酬标准，而不同员工的区分依赖于职级的设置。通过对不同业务、拥有不同技能和承担不同责任的人员设定职务级别，从而拉开薪酬差距，体现个人的价值。在连锁门店当中，可按照店长、金牌店员、一级店员、普通店员等职级进行划分。因此职级体系的设计是薪酬改革的基石。

以绩效考评为基础，设计能上能下、优胜劣汰的流动机制，保证各职级人员符合职级要求。晋升和淘汰都要有公平、量化的标准，不同职级人员根据其重要性由不同部门或人员决定。连锁门店当中，销售业绩是员工绩效考评主要参考因素。

③ 绩效考核制度

绩效考核是对业绩的评价，而奖惩要靠薪酬的浮动和职级的变动来体现。考核可分为若干层次：对企业整体的考核，对业务单元的考核，对部门的考核，对个人的考核等。对企业整体的考核，确定企业本年度可供分配的总薪酬，对部门的考核，确定该部门应得的薪酬份额，对个人的考核，确定其个人薪酬和职级升降。

（2）关于激励

激励不能靠钱买，如果企业想要员工不遗余力地工作，多给钱就能解决问题吗？事实证明，钱并不能解决所有的问题。挖掘员工的内在动力，提高员工的思想觉悟，即每个员工内心都有一种把工作做好的欲望。能够激起员工内在动力的因素有：让员工在自己的工作中有发言权，管理层要尊重员工，最重要的是有份好工作。引用赫兹伯格的话说："你要人们努力工作，就得给他们一个好工作做。"

优厚的薪酬、有薪假期，甚至加薪都不具有激励作用。它们只能用来留住员工，却不带有任何激励因素。只靠为员工提供更多假期和福利，并不能达到你想要的激励效果。员工都有自我激励的本能，你要做的就是利用他们的这一本能去激励他们，甚至不需花费分文。要激励员工，第一，就是去除公司中阻碍员工自我激励能力的负面因素；第二，在企业中开发真正的激励因素，引导所有员工享受激励。

员工自我激励能力基于这样一个事实，即每个人都对归属感、成就感、及驾驭工作的权力感充满渴望。每个人都希望自己能够自主，希望自己的能力得以施展，希望自己受到人们认可，希望自己的工作富有意义。

思考练习题

1. 一般情况下，连锁门店应设有哪些岗位？

2. 请简单说明门店人员配置的原则。

3. 门店员工绩效考核的主要内容是什么？

4. 员工绩效考核的作用有哪些？

5. 以小组为单位，选取当地一家典型的服装连锁门店，了解该门店的基本岗位和人员配置，对该门店的岗位设置和人员配置进行分析和评价，并提交调查报告。

6. 以小组为单位，实地扮演神秘顾客，调查一门店店员的仪表举止、服务态度、沟通协调、工作能力等，为该门店制定具体的考核要求和评分办法。

阅读拓展

1. 店铺员工工资管理制度参考

店铺员工的工资管理制度会影响到店铺员工的工作情绪和工作积极性,很多店铺在制定工资制度的时候过于简单,仅仅是出于计算工资的公式,却未考虑到如何制定出一个能让员工自发工作的工资制度。在工资制度当中,有以下几点是关键:

(1) 究竟算平均提成还是个人提成。平均提成就是吃大锅饭,容易让员工失去积极性和心理不平衡;个人提成容易让员工之间产生矛盾。这两种提成方式没有绝对的好与不好,关键是制定了某种制度以后的工作,如个人提成制度下,就要求老板和店长能很好的解决员工之间的团结关系。

(2) 固定工资和提成的比例多少合理。固定工资过高、提成过低会让导购失去积极性,相反可能在前期招人方面有困难,而且当业绩非常高时工资会过高。笔者建议提成比例不能过低,另外提成要制定月销售目标,并根据目标的完成比例设置不同的提成额度,在招人时可以给他设置一个保底工资。

(3) 要设定奖金制度。奖金应该是每月根据当月店铺管理的弱项区别设定,比如近期导购的客单价过低就设定单票达标奖,比如近期单天销售不理想就设定单日销售达标奖等。

工资制定里有很多学问,多去分析和思考,不要一味地去抄其他门店的,不是工资越高就会让员工越积极,员工对工资的额度是永远不会满足的,所以关键是让员工觉得多努力一分就能多收获一分。

2. 某服装连锁门店工资管理方案

(1) 固定工资

固定工资＝基本工资＋级别工资＋餐贴＋全勤奖＋标准考核－损益＋工龄工资

其中:

基本工资,按出勤天数计算。

级别工资,根据工作能力及工作态度可享受相应等级的级别工资,店员的级别评定主要由店长及直营店主管评定,店长的级别主要由直营经理评定,并报营销经理审批。员工级别的评定可升可降。

餐贴,餐贴按出勤班次计算,每一班次按 5 元计算。

全勤奖,店员上满规定的天数,可享受每月 50 元全勤奖奖励。迟到、早退、请假、调班等事宜依据《门店考勤制度》执行。

标准考核,由店长每周对每位员工进行产品知识考核,每次考核 10 个款,错误 3 项(含)以上的,扣除 10 元/次;与顾客争吵、与同事在店内吵架等每次扣罚 20 元;收银员不双手接钱和递交手提袋、不唱收唱付,每次扣罚 5 元。以上各项标准最高扣罚 80 元。

(2) 提成

$$店员总提成 = (实际销售额 - 目标销售额 \times 70\%) \times 2\%$$
$$+ 目标销售额 \times 70\% \times 0.5\%$$

店员提成首先实行平均分配的原则,再根据业绩排名进行提成补差。销售第一名、第二名分别补贴提成 80 元、50 元,销售倒数第一名、第二名分别扣除提成 80 元、50 元。

如目标销售额为 50 万元,实际完成 50 万元,店员的总提成为(500 000 - 500 000 × 70%) × 2% + 500 000 × 70% × 0.5% = 4 750 元。按 12 个店员计算,平均每人 396 元,则销售第一、二名提成分别为 476、436 元,倒数第一、二名提成分别为 316、346 元。

(3) 损益

店铺每日交接班需进行服装数量清点,损益应明确到组、个人。因客观原因而造成的损益由当事人按吊牌价的 7 折进行赔偿;因店铺员工偷盗而造成的损益,一经查实,当事人立即辞退,并扣除当月全部工资。情节严重者送当地公安部门处理。

(4) 奖金

优秀店员。原则上每店每月评定优秀店员一名,奖励 50 元。优秀店员主要由优秀店长及直营经理评定并报营销经理审批。

日销售奖金。日销售满 5 万元的,每位当班店员(含助店)奖励 20 元,当班店长奖励 30 元;日销售满 8 万元的,每位当班店员(含助店)奖励 40 元,当班店长奖励 60 元。

季度奖。连续 2 个月销售排名第一的店员,奖励 100 元,连续 3 个月排名第一的,奖励 300 元。季度奖以每年的 1~3 月、4~6 月、7~9 月、10~12 月各评定一次,奖金随次月工资一起发放。

年度奖。根据月销售第一名的次数,员工可得到相应的年度奖励。

(5) 工龄工资

门店员工转正后工作满 12 个月的,可享受 50 元工龄工资,满 24 个月享受 100 元工龄工资,以此类推。工龄工资于上满相应月份后次月开始计算。

3. 某服装连锁门店员工守则

(1) 热爱祖国,热爱公司,热爱本门店事业,以店为家,严格遵守法律、法规和企业的各项规章制度,不违法乱纪,不搞歪门邪道,说老实话,办老实事,做老实人,树立良好的职业道德。

(2) 尊重领导,服从分配,听从指挥,团结工友,互相帮助,严于律已,宽于待人,讲话和气、为人和善、不讲粗话、不做坏事、讲文明礼貌、使用文明语言。

(3) 热爱本职工作,努力学习业务技术,刻苦钻研业务技能,提高自身素质,吃苦耐劳,勤奋努力,自觉超额完成生产任务和其他工作任务。

(4) 提倡搞五湖四海,不拉帮结派,不搞无政府主义,不弄无原则的纠纷,不打架骂人,自觉维护公司的正常生产秩序和生活秩序。

(5) 自觉遵守劳动纪律,不旷工、不怠工、不逃工、不迟到、不早退、工作时间决不闲谈,不审岗溜号,有事请假,努力提高工作效率。

(6) 积极参加劳动竞赛和各类文体活动,树立集体英雄主义思想,力争在各类竞赛活动中夺魁,爱护公共卫生,尊重他人劳动成果,不随地吐痰,乱扔杂物,树立良好的道德风尚。

(7) 自觉养成良好的职业道德,不擅用本公司名义,未经许可不得兼任本公司以外之职务,不得在任何场所向任何人泄漏本公司的业务机密。

(8) 不得任意翻阅不属于自己掌管的文件、函电帐簿、表册,不得查阅本职以外的电脑数据,更不能以之示人。

4. 服装店管理的指标分析

(1) 服装货品畅、滞销款式分析

a. 销售额分析:主要采用销售差异分析,就是分析并确定不同因素对销售绩

效的不同作用。例如,假设某服装店铺月计划要求本月销售 300 件服装,每件售价 500 元,即销售额 15 万元。在本月结束时,只销售了 250 件,每件 480 元,即实际销售额 12 万元。那么,销售绩效差异为 3 万元。显然,导致销售额差异的,有价格下降的原因,也有销售量下降的原因。问题是,有多少归因于价格下降,多少归因于销售数量的下降,可做如下分析:

因价格下降导致销售额的差异为 $(500-480) \times 250 = 5\,000$ 元;

因销量下降导致销售额的差异为 $500 \times (300-250) = 25\,000$ 元。

由此可见,没有完成计划销售量是造成销售额差异的主要原因,店长需进一步分析销售量下降的原因。

b. 销售占比分析:销售占比主要考察此款货品对店铺总销售额的贡献程度,一般计算公式为:销售占比=每类产品销售额/销售总额×100%。销售占比越高,说明此类产品销售得越好,对销售额的贡献率越高。

c. 库销比分析:库销比是一段时间内的平均库存量与销售数量的比率,表示每单位的销售额需要多少倍的库存来支持。一般计算公式为:库销比=[(期初库存数量+期末库存数量)/2]/本期实际销售数量×100% 来计算。库销比越高,说明该类商品库存量过大或设计不合理,导致销售不畅;比率过低,说明该类商品库存量不足,需要补充库存。

d. 上市天数分析:服饰产品的生命周期比较短,要时刻关注产品的销售状况。一款货品在上市初期时销量较小,在 1 周左右的时候才开始进入生命周期的成熟期,随后销量开始逐步下降。试想两款销量相同的产品,其上市天数却相差 1 个月,那么上市天数少的说明销售情况更好。

e. 综合分析:在进行畅滞销款的分析时,从时间上一般按每周、每月、每季;从款式上一般按整体货品组合或单款来分。

(2) 服装货品调配分析

通过货品在店铺之间销售数据的对比,可以为货品调配提供依据。

a. 回转天数分析:回转天数是一定时间内的库存数与平均每天的销售数的比。一般计算公式为:回转天数=库存数/日平均销售数。货品的回转天数越小,说明货品的周转速度越快,销售越好。回转天数可以计算出按照当时的销售趋势,货品可销售的天数。管理人员可以根据各款商品的回转天数,对该款商品进行调补货。

b. 综合分析：可以通过某一时间段内所选定的店铺之间的销售、库存、回转天数的对比分析表格来做多店之间的货品销售数据分析管理。在货品的选择上，选择上市时间差不多的款式。

(3) 服装店铺店员个人销售能力分析

通过店员个人销售业绩分析，不仅可以看出个人的销售水平和工作积极性，还可以判断出团队协作意识和店长的管理水平。

a. 平均单价分析：平均单价是销售金额与销售数量的比值，能直观地显示出店员的销售技巧及顾客的消费能力。计算公式为：平均单价＝销售金额/销售数量。平均单价越高，说明店员的销售技巧越好或店铺所在区域的顾客消费能力越高；平均单价越低，则反之。

b. 客单价分析：客单价即平均单票销售额，是个人销售业绩和店铺整体销售业绩最重要的影响因素之一。计算公式为：客单价＝销售金额/客单数。其中客单数是实际发生交易的小票数，要减去退货后的最终小票数。客单价越高，表示店员的销售能力越强或顾客一次平均消费额越高；客单价越低，则相反。

c. 连带率分析：连带率考察的是员工的连带销售能力和店铺整体货品组合水平。通过连带率的分析有助于了解货品搭配销售的情况、客人的消费心理及检讨店员附加销售技巧。计算公式为：连带率＝销售数量/客单数。连带率越高，说明店铺整体货品组合越合理，店员的连带销售技巧越好；连带率越低，则反之。通常连带率在 1.7～1.8 之间是不错的，如果低于 1.3，则说明店铺整体附加或店员个人附加存在严重问题。

d. 综合分析：在对店员进行绩效考核时，可以选择以周或月为单位，以销售额为基础，综合考察平均单价、客单价、连带率等指标。

总之，绩效考核是企业人力资源管理的重要手段，它不仅能优化企业的人力资源，而且能营造企业与员工共同成长的组织氛围，充分发挥团队精神，从而为企业的健康发展提供有力的人才和智力支撑。

5. 某服装福州门店的会员制度市场分析

（1）会员卡的认同度低。购买某服装满 1388 元即可免费办理一张白金会员卡，不少顾客在拥有会员身份的同时还是其他类似男装品牌的会员，人人有卡，相当于人人都没卡，人人有卡，都可以享受会员待遇，会员卡因此也就成了一种摆设。因此,仅有近半的顾客对利郎的会员卡表示认同。

(2) 促销手段单一降低了对会员的吸引力。企业的会员卡定向促销手段较为单一,以会员折扣、会员专享、积分返点、会员日优惠等特价型促销手段为主,门店希望通过会员较低价格吸引顾客、保留顾客。但是,实际上会员们更看重的是会员所享有的特殊待遇,希望在购物过程中能够得到企业区别于非会员的服务,使其被认可、被重视、被尊重,而不仅仅是一点折扣。因此单一的价格型促销手段对这部分会员的吸引力很小。即使是对价格敏感的顾客,单一的价格型促销手段仅能维持他们行为上的忠诚,而不是真正意义上的顾客忠诚,一旦竞争对手的促销力度更大,这部分顾客就会流失。停留在价格层面和短期利益上的做法极易被竞争对手模仿,不仅会引发同行内的恶性竞争,更重要的是最终仍会失去顾客的青睐。

(3) 服务大众化,会员未体验到真正的个性化促销服务。门店认识到为会员提供增值服务的重要性,专门设置了会员特供商品服务区。但是,问题是门店在提供这些服务时,还是没有针对顾客的消费特点提供个性化的促销服务,仍是大众化的服务。

(4) 对会员卡的后期管理缺失。目前国内企业大多是重拉轻维,对会员卡的升级和维护等管理方面严重缺失。所谓"重拉轻维",是指企业重视会员开发而轻视对会员的管理,对会员卡的实用、升级和维护缺少明确而细致的规定,造成了无效卡(一次也没有消费的会员卡)、睡眠卡(前期有消费,后来长期未消费的会员卡)屡见不鲜,真正的会员人数大打折扣,会员流失严重。对会员卡管理缺失还体现为对会员卡的数据信息不能定期更新、维护和处理。按照××公司规定,顾客在申请会员卡时,应该认真填写会员申请表,便于公司搜集消费者的资料。从某网络管理平台中可以看出,大部分的会员资料登记只有顾客的年龄、性别和生日,缺乏重视和管理,导致会员的数据信息记录不完成,而且没有做到及时更新,更没有做到准确的处理和分析。

(5) 会员制销售最主要的优点是为企业培养众多忠实的顾客,建立起一个长期稳定的市场,提高企业的竞争力。会员是企业的一个重要资源,因此服装销售企业应注重对会员的开发,通过提供会员的增值服务来吸引顾客,更好地满足会员的需要。目前,某公司正在着手为会员提供更多的服务。如企业及时提醒商品的消费性信息,提供定制化的商品需求信息或时尚生活信息,免费提供生日礼品和新年贺卡等问候型服务、推出会员特殊日的优惠活动,会员积分还礼,接受顾客的意见建立消费者网络社区并邀请顾客进行商品评论,联盟商家会员互惠策略及提供会员特供商品服务区等多种会员服务项目。其中的联盟商家会员互惠策略,扩展了会员卡的实用价值,企业通过一系列增值的服务提升了会员的满意度。

第 9 章 | 服装连锁门店日常运行管理

知识要点

1. 服装连锁门店的财务管理
2. 服装连锁门店的客户服务管理
3. 服装连锁门店的门店安全与卫生管理
4. 服装连锁门店的商品防损管理

9.1　财务管理

无论是在企业管理，还是对于一家服装连锁门店而言，财务管理都是管理的重中之重，处于核心地位。一旦财务出问题，门店的生存将会面临严重威胁。因此，即使再小的店铺也不能忽略财务的管理。

为保证服装连锁门店资金和资产的安全完整，严格费用开支程序和标准，促进业务稳健运行，服装连锁门店的财务管理制度也需要严格的制定。建立完善的店面财务管理制度，并以身作则，比如采用报表、抽查等形式进行管理。

9.1.1　财务管理职责

（1）财务管理目标

① 利润最大化

讲究经济核算，降低成本，以利润最大化来分析和评价门店行为和业绩。

② 投资利润率最大化

弥补利润率总额绝对指标的缺陷，将利润率与投入资本联系起来，计算投资利润率。

③ **企业价值最大化**

以连锁门店价值最大化为财务管理的目标，可以克服企业的短期行为。

（2）财务部门职责

① **财务部门职责**

a. 建立健全服装连锁门店账务系统和财务管理系统，确保账账、账实相符。

b. 严格按服装连锁门店财务制度审核费用，审核服装连锁门店人员（含营业员）工资表并经总经理审批后发放。

c. 随时清查应收账款金额，防止呆账、坏账的发生。

d. 确保办事处资金、商品、财产的安全和完整，对每月服装连锁门店的资产、货物情况进行盘点。

e. 每月与服装连锁门店进行全面账务核对，确保往来账务相符。

f. 严格遵照执行公司关于货款管理、货物和费用管理的规定，杜绝挪用货款和白条抵库现象。

g. 不定期地对服装连锁门店财务业务运作状况进行分析，并将问题及时建议传递到上级。

h. 确保各种单据、报表的清晰、准确，每月认真整理归档。

i. 不定期地安排服装连锁门店人员进行财务基础知识培训。

j. 辅助服装连锁门店做好其他管理工作。

② **收银员职责**

a. 具有收银业务能力。

b. 具有较强的服务意识和销售技巧，服从、协调意识强。

c. 具有基本的计算机能力和财务知识。

d. 具有识别假钞和鉴别支票真伪的能力。

9.1.2 财务资金管理

（1）管理制度

① **店长（或公司委派指定的专门人员）负责现金管理**

建立现金日记账，按收付款顺序登记货币资金的收、付、存情况。 货币资

221

金做到日清月结,并保持账账相符、账款相符。 公司财务部要对资金账户进行定期和不定期的盘点,并做好相关记录。

② **服装连锁门店实行收支两条线**

店铺不可做支货款。 店铺经营所需资金可以申请业务备用金,在公司批准的范围内开支。

③ **服装连锁门店的收取现金货款**

服装连锁门店收取现金货款时,同城服装连锁门店由公司门店的收取现金货款司直接开具收款账户,开户后将银行卡交予店铺现金管理负责人,店铺平时收到现金货款后直接存入此卡;异地服装连锁门店可由现金管理负责人在当地银行开户办卡,每天按规定的时间交存营业款,同时开通网银,将密码报送至公司财务部,公司出纳每天将店铺营业款通过网银转至公司银行账户。

④ **服装连锁门店收到的现金货款**

服装连锁门店收到的现金货款时,必须在当天 10:00 点及 16:00 点分两次存入银行,如有特殊原因(如银行已下班),第二天上午须将所收货款存入收入账户内。 严禁挪用货款,如发现有挪用货款者处挪用金额 2~5 倍的罚款,并给予相应行政处罚。

⑤ **现金管理人员**

不得公私款混用,不得保管账外资金,不得以白条抵充现金,一经发现,对责任人处 200 元/次罚款。

⑥ **备用金管理**

对于经常发生费用开支的人员可以借支日常备用金,零钞备用金限额不超过500 元,服装连锁门店备用经公司批准后由现金管理员借支。 借款应遵循“前款不清,后款不借”的原则,费用发生后及时填写单据报销,超过借支期限的一律从工资中扣回,未及时收回的由审批人承担相关责任。

(2) 费用管理

公司可根据市场的不同情况,制定不同时期服装连锁门店费用开支种类及标准,服装连锁门店要实行总额控制,严格执行相关管理制度,从严控制费用发生。

① **服装连锁门店费用采用报账制方式**

即服装连锁门店发生的费用,将粘贴好的票据寄回公司后交由公司客服部审核,然后转交财务部及总经理审批后支付到服装连锁门店。

② 店长或托管商是服装连锁门店的责任人

店长或托管商是服装连锁门店的责任人，对其所发生费用的真实性、合理性、合规性负责。

③ 服装连锁门店费用支出

门店费用支出包括人员工资、奖金、差旅费、办公费、运输费、电话费、租金、固定资产、低值易耗品购置、店面建设费等费用支出。

④ 服装连锁门店报销单据

应填写准确，不得涂改；附件单据粘贴规范，并注明张数；正规发票（指开具名称为公司全称的发票、定额发票、个人出差发生的交通费住宿费发票）和非正规发票（如收据、工资单）之外的单据要分开填单报销。

⑤ 费用开支标准

服装连锁门店费用开支标准依据公司服装连锁门店管理制度或托管协议之规定，日常经营费用支出以实际业务需要报经公司客服部审核后开支。

（3）货物货款管理

服装连锁门店店长或责任人要切实负责，加强对货物货款的检查监督；要严格遵守公司销售政策，防止财物损失及应收账款呆账、坏账情况的发生。

① 应收账款

服装连锁门店要根据公司销售制度进行销售活动，原则上不允许有应收账款发生，如有客户确需有赊销行为，必须经公司总经理审批，否则由此造成的损失一律由服装连锁门店店长或负责人承担。

② 销售管理

服装连锁门店要加强对货品及货款的管理，核实不同货品的折扣是否准确，销售小票与收款总额是否一致，货品库存与账面数是否相符。每月对专柜进行一次全面盘点。

③ 库存货品管理

服装连锁门店要设立仓库台账，装有商店零售终端系统的以系统数据为台账，对库存货品的收、发、存进行日常核算，月底要与公司客服部进行核对，保证账账、账实相符。

9.1.3 财务分析

（1）财务分析的含义

财务分析就是利用企业财务报表及其相关资料，运用一定的分析方法对企业分析期的财务状况和经营成果进行评价和剖析，为企业提供决策财务信息。

（2）财务分析方法

① 趋势分析法

将两期或连续数期的财务报告中相同指标进行对比，确定其增减变动方向、数额和幅度。常用的分析法有重要财务指标的比较、会计报表的比较、会计报表项目构成比较等。

② 比率分析法

通过计算两个相关的财务指标的比率，揭示指标关系是否合理的分析方法。主要有三种类型：结构比率、效率比率、相关比率。

③ 因素分析法

将各个影响因素按照他们之间的逻辑关系和实际经济意义，排列成合理的顺序，顺序确定其中一个因素的变化，而其他因素保持不变，将变化前后的结果相比较，并逐个计算与加总，获得总影响值。

（3）财务分析内容

主要有企业偿债能力分析、企业资产营运能力分析、企业盈利能力分析，以及对企业总体财务状况的评价分析。

9.2 客户服务管理

销售终端是供应链中最重要的一个环节。因为它针对最终顾客，所以，许多品牌都将终端管理放在首要位置，作为终端管理中最重要环节——客户管理，将随着"以顾客为导向"的现代营销理念的深入而成为终端管理中的重头戏。

9.2.1 建立自己的顾客数据库

（1）开拓市场

终端最主要的功能就是抓住顾客，将商品销售给顾客，使他们满意；并使其通过一次购买，建立起多次购买，并形成惯例化，也就是菲利普·科特勒所提到的"关系营销（relationship marketing）"大观念中的一部分。

（2）稳固市场

将心比心才能真正打动人，才能赢得顾客的信任。做顾客维护工作的目的就是创造销售额，推动品牌形象。

① 老顾客

老顾客是指已经熟悉和使用过企业的产品，并在不同程度上对企业、产品或者销售人员产生了信心，有连续购买欲望和行为的人。

我们做服务，尤其是老顾客的服务，就是要告诉顾客我们关心他们，在乎他们，会一直陪伴他们，让他们感到放心、安心、舒心、开心。总而言之，老顾客营销一般分为三个步骤：建立关系—促进消费—日常联系。

② 建立有效的顾客档案

老顾客的建立大部分来源于店铺，每家店铺应有一份详细的顾客档案资料。在设计顾客关系表时，应从两方面着手：

a. 硬件档案（重要性 20%）

姓名、性别、民族、大概年龄、邮箱、住址、电话号码、服装号型、消费金额、消费产品款号。

b. 软件档案（重要性 80%）

工作状况、家庭状况、性格取向、个人消费习惯、个人着装喜好、日常娱乐爱好、生活习惯、喜欢的服务方式、对促销信息的接受情况、价值观。

运用计算机系统把顾客信息整理成有条理的基础数据库，在老顾客每次消费后及时加入消费数据库。经常保持与老顾客的沟通和交流，有效防止顾客的经常性流失。同时，利用数据库，还可以对顾客进行差异分析，从中识别出"金牌"客户。

③ 建立顾客档案的建议

店铺可对所建立的"顾客档案"进行评比，针对店铺员工登记的老顾客档案

225

资料，从"量"和"质"两方面评出最完整、最有效的档案资料并给予奖励。比如第一季度针对收集的表格，对登记表格数量最多的导购给予奖励；第二季度针对表格的完整性进行评比，登记最完整的员工给予适当奖励，最不完整的员工负责整理仓库一星期；第三季度对表格内容进行抽查，对档案内容的有效性进行评比，诚信度最高的导购给予奖励、最低的员工给予处罚等等。

登记时应注意事项：

• 以亲切关心的服务态度让顾客安心，告诉顾客我们登记的目的是为了更好地为之服务。并保证顾客的个人资料不会透露。

• 言语轻松活泼，在登记资料及服务的过程中拉近与顾客的距离，踏入建立长久关系的第一步。

• 告诉顾客品牌 VIP 的等级、成为 VIP 的基本要求、VIP 顾客的优惠及福利、VIP 管理制度。

• 在我们刚与顾客建立关系时，一般先询问顾客姓名、电话号码便可，如顾客不介意，可询问生日和通信地址。其他的应在有可能进行的深入沟通中捕捉信息，切忌以公司需要名义索取顾客资料。

9.2.2　维护好顾客档案库

想留住顾客，首先要研究为什么我们流失了的顾客会去买别家的产品？

（1）将服务的理念真正地深植每个员工的心中

要反复提醒员工对顾客服务的关注，在员工会议上对顾客满意度加以讨论，给出实例学习讨论。要征求顾客的反馈意见，并将顾客满意度作为员工业绩评估的一部分。明确相应的期望值和最低顾客服务标准，并具体到位。将服务的理念真正的深植每个员工的心中：服务是一种营销，是一种境界更高的营销。

（2）站在顾客的角度来看你的连锁门店

当你要做一项调查的时候，首先自己或员工扮作顾客填写一份。调查表中是否列出了你们都认为无关痛痒的问题，是否涉及了人们习惯回避的问题，是否能达到你调查的目的……另一个主意是邀请顾客在你的会议上发言，听听来自顾客的好话和坏话要比你的展示图表更有效。

要想建造顾客忠诚度，还要重新调整顾客对杰出服务品质的期望。即不要仅仅满足期望值，更要超越期望值；要提供一个独特的、能让人记住的产品或服务。一旦有可能，就个别化，甚至定制服务，这样顾客与连锁门店之间就建立了一种伙伴关系。

（3）感同身受去关心顾客购买的服装

① 随时作出响应

在顾客离店前一定要再次告诉顾客衣物洗涤的注意事项、存放的方法，要向其保证门店人员对他们提出的问题会及时回应。比如，发放店铺的联络卡、告之顾客导购的姓名和手机号码，以便在出现问题时顾客可以和店铺直接联络，不要让顾客有后顾之忧。

② 消费回访

在顾客购买服装回去后，门店员工要适当打个时间电话询问顾客，对此是否喜欢、穿着是否舒服、洗涤是否有疑问。关心是顾客最钟情的营销方式，又是最具人情味的促销手段。我们如果像关心我们自己的服装那样关心顾客，她们就会更加信任你，会成为你的长期顾客。

③ 始终如一

我们要让顾客了解到我们不光有优质的产品，我们还有周到、热情、细心的服务，无论售前、售中、售后服务，都始终如一。一个连锁门店在商品销售的整个过程中，进行有效陈列，微笑、周到的服务，却在销售后，将热情转移到别的顾客，那么顾客就会感到受骗，以为门店员工目的就是销售，既而不愿再相信我们。服务要至始至终，与售前、售中相配合，达到一种和谐与完美。

（4）积极建立与老顾客的情感联系渠道

① 感情投资

建立"自己人效应"。通过经常性的电话问候、特殊关心、邮寄销售意见卡和节日或生日贺卡、赠送纪念品、举行联谊会等来表达对老顾客的关爱。小小卡片、简单的信息会成为联系买卖双方情谊的"纽带"，良好的人际关系，会使许多顾客乐意和我们长期打交道。

② 在乎顾客的心理感受

用感性的行动和语言感知顾客，没有人会拒绝别人的关心，没有人会拒绝心

227

里的那份感动。 如下雨天来店消费后的顾客，出门前询问有无带雨伞，无雨伞时在收取押金后提供雨伞，并叮嘱如有淋雨，一定要及时更换衣服。 回家后给当天消费的顾客发信息，感谢其在雨天前来支持我们等等。 如果我们记住了顾客，顾客也会牢记我们。

③ 咨询老顾客意见

收集他们最期望我们举行的 VIP 活动，如在不影响品牌形象、意见可行并无明显的利益冲突下可实施。 钱只有在流通的过程中才是钱，否则只是一沓世界上质量最好的废纸。 服务只有有效地运用在顾客身上的时候，才是更高境界的营销，否则它只能成为世界上最先进的一种理念。 当你苦于挖掘更多潜在顾客的同时，不要忘记用你的执着去留住你的顾客。

④ 售后服务

严格来说，服装的售后服务包括两方面，一是承诺的后续服务，如免费干洗，VIP 服务等；二是因质量问题出现的突发事件处理，如产品缩水、起球、线缝开裂等。 对于前者来说，只要做好客户登记，严格按照相关规定有效执行，一般问题不大；而后者则需要终端工作人员有责任心、耐心及足够的诚意去面对，积极化解矛盾，挽回客户，提高其忠诚度，而不是刻意逃避，甚至是推诿。

⑤ 维护好顾客档案库的建议

• 可适当在店铺推行"老顾客维护月"或"老顾客维护竞赛"，促进店铺员工重视顾客维护。

• 店铺应建立有效的短信库，给老顾客发短信时侧重让顾客感受到我们对他的关心。 过于商业的信息会让顾客反感，只有朋友般温馨关爱的信息才能让老顾客感动。 例如：

节假日短信：短信的重点是给予顾客节日的美好祝愿，避忌在信息中提及店铺在节日有何活动。

生日短信：短信的重点是提醒顾客今天是她的生日，并祝福顾客幸福快乐、心愿达成。

换季短信：如入冬提醒顾客天气变凉、出入要注意加减衣服、注意饮食等。避忌在信息中提及新品上市。

联络信息：多时不见的顾客，可透露出我们对她的想念，并提醒顾客要注意休息。 最好让与顾客关系最亲密的导购直接给顾客发信息，避忌询问顾客是否发生了什么事情之类的语言。

- 将每个员工对老顾客的回访、感情联络次数作一个明细的统计,作为店铺员工升降级考评的一个依据。促进员工将此项工作变成日常工作来操作。

如一次消费满2 000元以上的顾客在购买一周后须电话回访,询问顾客的穿着感受、洗涤是否有什么疑问。如顾客有疑问而无法解答的,须与顾客约定时间给予解决。

如老顾客带来的新顾客,无论购买金额多少,当天均需发信息感谢老顾客对品牌的热爱与对店铺的支持;感谢新顾客对品牌的认可。一周内须电话回访穿着感受。

如每年累计消费金额最高的顾客,可由地区销售人员带上鲜花登门回访,感谢顾客一年来的支持、询问顾客对本品牌的建议。

如回访收集来的内容,有关地区管理方面的统一由地区处理,有关公司方面的转交到总公司客服部,由公司统一处理。

- 及时有效地解决问题。想要增加顾客的回头率,通过良好的顾客服务解决问题同样重要。在服装行业,那些问题解决了的顾客要比从未碰到过问题的顾客更忠诚。

- 举办活动。如一年最少四次的VIP聚会:顾客与顾客之间是有沟通的,有信息交流的,我们更应作为将顾客与顾客联系在一起,使之成为朋友的桥梁。可将VIP聚会的主题与销售紧密联系,也可以完全分开,如举行"产品推荐"活动、"亲近自然"的登山会友联谊活动,或"服饰沙龙"、"时尚资讯"等活动。

VIP特定回馈活动。如生日回馈,除生日卡或小礼物外,设立一个VIP顾客生日当天来店铺消费,可在原有折扣基础上再给予一定折扣的优惠方式;节假日回馈,如母亲节送康乃馨、国庆节送保健指导;指定产品消费回馈,如消费指定款号送礼品或折扣等。

总之,终端是服装销售的主战场,其业绩好坏不仅关系到连锁门店自身的盈亏,更影响着一个品牌的成长与发展。如果要问哪里最能体现一个品牌的文化,既不是电视,也不是秀台,而是实实在在的终端,因为终端才是产品与品牌文化的结合点,消费者也只有能从终端来真正了解产品,了解品牌,感受品牌带给他的服务。

9.3　门店安全管理

所谓安全，是指没有危险，不受威胁，不出事故。 门店安全，是指门店物品、顾客和员工的人身和财务，在门店所控制的范围内，没有危险，也没有其他危险因素导致危险发生。 服装连锁门店主要经营销售的产品为纺织服装类产品，这些产品多为棉、麻等天然纤维和涤纶、氨纶、腈纶等人工纤维以及动物皮革等，这些材料都是极易燃烧的材质，因此，在服装连锁门店的日常管理和维护工作中，防火便成为了一项极其重要的工作内容，安全问题无小事，门店如果由于细节的疏漏，引起火灾，后果则不堪设想。

9.3.1　门店消防安全

服装门店防火的根本在于建立健全消防安全管理制度，并组织员工认真学习；建立逐级防火安全责任制，签订防火安全责任书；定期对职工进行消防安全教育培训，并经常组织防火安全检查，及时消除火灾隐患；定期检查维护保养消防器材，使消防器材能完好使用；要建立防火档案，对服装店的防火工作情况认真登记。

（1）防火重点的源头

① 严格明火管理

服装店在设置安装、检修、柜台改造过程中，营业区与装修区之间应进行防火分隔，动用电气焊割作业时，应在作业动火前，履行用火审批制度，现场必须有人监护，备有消防器材，做好灭火准备。

② 加强易燃品管理

服装门店内经营指甲油、摩丝等易燃危险商品时，应控制在两日的销售量以内，同时要防止日光直射，并与其他高温电热器具隔开，妥善进行保管。 同时严禁存放烟花爆竹、发令枪纸、汽油、煤油、酒精、油漆等易燃商品。 饰品维修或保养等作业使用酒精、汽油时，现场禁止明火。 对日用少量易燃液体，要放至封闭容器内，随用随开，未用完的送回专用库房，现场不得储存。

③ 设置安全标志

设置醒目的安全疏散线路指示标志、安全疏散出口指标灯、"禁止吸烟"标志,同时,要确保服装店内安全疏散标志明显有效、疏散线路简捷明了、禁烟标志醒目。

④ 保证人员通行和安全疏散通道面积

服装店作为公共场所,顾客人流所需的面积应予充分考虑。 这方面目前国内尚无规范明确规定,但根据实际情况和参考国外经验,货架同人流占有的公共面积比例为:综合性大型商场或多层超市一般不小于 1∶1.5;较小的店铺最低不小于 1∶1。 人流所占公共面积,按高峰时间顾客平均流量人均占有面积不小于 0.4 m² 。 柜台分组布置时,组与组之间的距离不小于 3 m。

⑤ 保证空调机房安全

空调机房进入防火分区的水平支管上,均应按规定设置火灾时能自动关闭的防火阀门。 空调风管上所使用的保温材料、吸音材料应选用不燃或难燃材料。

(2) 门店消防安全制度

为了预防火灾和减少火灾危害,加强应急救援工作,保护人身、财产安全,维护店铺的消防安全,应遵循以下制度。

① 消防安全教育、培训制度

a. 每年以创办消防知识宣传栏、开展知识竞赛等多种形式,提高全体员工的消防安全意识。

b. 定期组织员工学习消防法规和各项规章制度,做到依法治火。

c. 各部门应针对岗位特点进行消防安全教育培训。

d. 对消防设施维护保养和使用人员应进行实地演示和培训。

e. 对新员工进行岗前消防培训,经考试合格后方可上岗。

f. 因工作需要员工换岗前必须进行再教育培训。

② 防火巡查、检查制度

a. 落实逐级消防安全责任制和岗位消防安全责任制,落实巡查检查制度。

b. 消防工作由店长牵头,每日对店铺进行防火巡查。 每月对店铺进行一次防火检查并复查追踪改善。

c. 检查中发现火灾隐患,检查人员应填写防火检查记录,并按照规定,要求有关人员在记录上签名。

231

d. 对检查中发现的火灾隐患未按规定时间及时整改的,根据奖惩制度给予处罚。

③ **安全疏散设施管理制度**

a. 店铺应保持疏散通道、安全出口畅通,严禁占用疏散通道,严禁在安全出口或疏散通道上安装栅栏等影响疏散的障碍物。

b. 应按规范设置符合国家规定的消防安全疏散指示标志和应急照明设施。

c. 应保持防火门、消防安全疏散指示标志、应急照明、机械排烟送风、火灾事故广播等设施处于正常状态,并定期组织检查、测试、维护和保养。

d. 严禁在营业或工作期间将安全出口上锁。

e. 严禁在营业或工作期间将安全疏散指示标志关闭、遮挡或覆盖。

f. 严禁在消防栓橱窗上悬挂或张贴服装海报等。

④ **消防设施、器材维护管理制度**

a. 消防设施日常使用管理由专职管理员负责,专职管理员每日检查消防设施的使用状况,保持设施整洁、卫生、完好。

b. 消防设施及消防设备的技术性能的维修保养和定期技术检测由消防工作归口管理部门负责,设专职管理员每日按时检查了解消防设备的运行情况。查看运行记录,听取值班人员意见,发现异常及时安排维修,使设备保持完好的技术状态。

c. 消防设施和消防设备定期测试。

d. 消防器材管理。

ⓐ 每年在冬防、夏防期间定期两次对灭火器进行普查、将过期灭火器及时进行更换。

ⓑ 派专人管理,定期巡查消防器材,保证处于完好状态。

ⓒ 对消防器材应经常检查,发现丢失、损坏应立即补充并上报。

⑤ **火灾隐患整改制度**

a. 各门店对存在的火灾隐患应当及时予以消除。

b. 在防火安全检查中,应对所发现的火灾隐患进行逐项登记,并将隐患情况书面下发各部门限期整改,同时要做好隐患整改情况记录。

c. 在火灾隐患未消除前,各部门应当落实防范措施,确保隐患整改期间的消防安全,对确无能力解决的重大火灾隐患应当提出解决方案,及时向单位消防安全责任人报告,并由单位上级主管部门或当地政府报告。

d. 对公安消防机构责令限期改正的火灾隐患,应当在规定的期限内改正并写出隐患整改的复函,报送公安消防机构。

⑥ 用火、用电安全管理制度

a. 用电安全管理

严禁随意拉设电线,严禁超负荷用电。

电气线路、设备安装应由持证电工负责。

各部门下班后,该关闭的电源应予以关闭。

禁止私用电热棒、电炉等大功率电器。

b. 用火安全管理

严格执行动火审批制度,确需动火作业时,作业单位应按规定向消防工作归口管理部门申请"动火许可证"。

动火作业前应清除动火点附近 5 米区域范围内的易燃易爆危险物品或作适当的安全隔离,并向保卫部借取适当种类、数量的灭火器材随时备用,结束作业后应即时归还,若有动用应如实报告。

9.3.2 防抢防盗管理

(1) 防抢管理

① 防盗抢事项

a. 收银机内的现金不得超过一定金额(数值视各店铺经营情况而定)。

b. 大门、玻璃上不得张贴太多的 POP 海报,以免影响卖场内的能见度。

c. 提高警惕,发觉可疑人物时,应尽快通知全体营业人员。

d. 一旦发现偷窃者,不要大声呼叫;如果偷窃者未得手,应尽量将商品收回。

② 防偷盗管理

a. 与其"发现"不如努力"防止"

防止偷窃首先要以预防为要点。 若有偷窃事件发生,不仅对顾客是一大污点,同时也是商店的损失。 这不只是顾客单方面的责任,因为商店提供了让人可顺手牵羊的机会,所以也该负起责任。 如何防止偷窃事件的发生才是要点。

b. 易发生顺手牵羊的情形

综合来说,是"销售员视线无法到达之处";具体来说,是成为死角的场所,易混杂的场所,照明较暗的场所,通路狭小的场所,商品陈列杂乱的场所等。 因此,减少上述条件的场所才是防治之道。

c. 偷窃顾客的类型

偷窃的顾客有如下倾向:眼神异常飘动;携带不自然的大提袋;多人数顾客一同来店,一方与销售员交谈,一方在店内徘徊;将大行李置于商品上方;对商品不感兴趣却在店内走动徘徊等情况要特别注意。

③ 几种发现偷窃事件的处理方法

慎重、冷静的处理,不要发生错误。

a. 何种情况才能称为偷窃

即使特定的顾客有"顺手牵羊"的思想举动,也不可轻易判定。 除非存心不付款;带着商品移动到其他商场或走出店外;隐藏商品等事实,才能判断这是一位"顺手牵羊"的客人。

b. 给予表示"购买"的机会

发现事件后的最大要点是,在认定偷窃之前给予顾客有表示"购买"的机会。 具体的作法就是对隐藏商品的顾客说"您要 XX 商品吗?""让我替您包装商品"等。 若在收银台时则说"您是否忘了付款"等,再一次确认。

c. 断定偷窃时

若给予如上的顾虑,顾客仍无购买的意思时,要以平静的声音说"对不起,有些事情想请教您,请给我一点时间",将其带入无人地方,请求上司一同参与,并做适当的处理。

如果发现偷窃,要冷静、自然地说话,细听顾客说明事件,尽可能往顾客"弄错"让其购买的方向处置,注意要让店内或卖场上的顾客没有不愉快的感觉。

如果误会顾客隐藏商品,则与负责者一同郑重地道歉,详细说明错误的经过,希望能获得顾客的理解,必要时亲自到顾客家中致歉。

必须注意的是,若处置错误,会引起人权、法律问题。 依据对象或状况,必要时也可请求警察协助。

9.4　商品防损管理

损耗,是指门店接收进货时的商品零售值与售出后的零售值之间的差额。了解门店损耗发生的原因,严格加以控制,是提高绩效的重要保证。

9.4.1　发生商品损坏的原因

陈列的商品距离射灯过近或时间过长,发生变色、变形或破损;商品在装箱过程中发生磨损或刮伤;针织类商品挂装时间过长,造成变形,或是导购手指甲过长钩坏;模特展示时不慎,将商品刮破或磨损起毛;整理商品时导购佩带的饰物将商品刮坏;商品被顾客不小心弄脏或在试穿时因尺码不合适而撑坏。

9.4.2　预防措施

经常检查和更换店面陈列的商品,对有隐患的照明设备,应及时向主管部门提出改装和维修的申请;整理商品的时候要注意检查盛放商品的箱子是否干净,打包带或装订的钉子是否已除去;尽量避免手上佩带镶嵌饰品;熟练掌握模特更换衣服的方法,模特破损应及时更换,避免刮伤衣物;查模特展示后换下的衣服是否已除去别针等物品,以免顾客试穿时受伤或损坏商品;试衣间内应该要张贴"这里的试衣鞋很干净,不会弄脏你的袜子"等醒目的温馨小提示。

9.5　门店卫生管理

服装连锁门店的卫生环境不仅仅影响着门店的形象,同时也直接影响着销售业绩。因此门店卫生清洁也不容小视。

9.5.1 服装连锁门店的卫生内容

（1）个人卫生

主要包括每天销售人员在店面正式营业前服饰穿着要得体整洁。 发型要整齐不凌乱，且面部着淡妆，目的是店员每天都要保持一个良好的精神面貌和外部形象。

（2）商品和门店卫生

主要包括每天早晨门店在正式营业前，店员要对店铺里的商品以及商品展柜做适当彻底的清洁。 但同时要注意在清洁时保护好货品尽量做到谨慎小心不损伤货品。 而且要做到分工明确，责任明确。

个人卫生、商品和门店卫生，这两项工作通常由店长负责实施和监督，并由公司做不定期检查以检查结果为依据做出奖罚。 通过公司对这两项工作的实施和监督，可以使员工养成积极、认真、负责的工作态度。 从而呈现给顾客一个良好的店面和人员形象，并以此达到提高销售的目的。

（3）门店卫生重点

① 橱窗玻璃

用玻璃清洁剂及专门抹布进行清洁，勿用普通毛巾（普通毛巾会在玻璃表面留下纤维，显得更脏），洗完后用玻璃刮水器将水分刮干净。 注意玻璃周围的墙壁也要同时进行清洁，让整个橱窗看起来更整齐、干净，更有档次。

② 墙壁

常留意墙壁上是否因贴海报或其他用途而留下胶纸或其他污渍，及时清理。靠近地板位置是否有发黑或变色现象，能清洁的应及时清洁，若实在已无法清洁补救的，请联系主管或办事处解决处理。

③ 层板

每日用清水拭抹，每周用清洁剂清洁一次，每次清洁后用手指抹，手指上没有沾上灰尘为之干净。 若在促销后因用双面胶促销骨牌而留下胶纸渍应及时清除。

④ 地板

清洁地板是每天清洁工作中一项必不可少的任务。 拖地时应注意不能只是针对视线范围内的地方，平时让货柜所遮盖的地方也应该进行清洁，地板每周至少两次用清洁剂溶于水中进行清洁，平时经营空隙亦应随时保持地板的干净。

⑤ 地毯

每日扫地、拖地同事应扫除地毯上的尘埃，有条件的店铺可用吸尘机，每周清洗一次地毯。

⑥ 模特

模特全身表面是白色，清洗非常困难，故必须于平时多加维护，在接触模特时要确保双手干净，避免将手上的污渍转移到模特身上，经常用干净的鸡手扫等清洁器扫走模特身上的灰尘，以免长时间累计导致发黑。

⑦ 货品的清洁

每日用胶纸轻轻粘去挂放或铺放在货场上的货品上的尘埃，浅颜色的衣物应经常更换，不能长时间摆放于货场上，造成变色或染上污渍。若遇上需要清洁的衣物，必须小心清洗，以免因清洗不当而损坏，造成经济损失。

⑧ 招牌

清洗招牌时包括招牌周围的墙壁与招牌灯垫片可每周进行清洁一次，一般清洁招牌时应避免营业时间进行清洁。

⑨ 店铺门面

别忽略了店门前的卫生情况，店铺附近可能影响店铺形象的地方都必须定时打扫，门面外墙、窗台的卫生打扫。

⑩ 收银台

在每天清洁卫生的同时都必须整理及擦拭一次收银台，包括台面、电脑、电话等一切器材。注意收银台内放置的垃圾篓，每天清理。做完的表格、单据必须立即放回原位，笔和其他文具用品集中收放整齐，保持收银台整洁。发现收银台上染有笔水渍时应立即清除，避免凝固。

⑪ 试衣间

试衣间是顾客每天都要接触的公共空间，因此，试衣间的卫生环境也尤为重要，试衣间的设施完善，摆放合理，干净舒适，不仅给顾客试衣带来极大方便，同时也会让顾客对该门店留下很好的印象，带来很好的购物心情。试衣间的卫生要做到四壁及地板清洁，试衣凳干净整齐，试衣鞋清洁，门插销完好，试衣镜明亮无指纹印。

⑫ 卫生间

卫生间门前应备有一张吸水地毯，以免出入时将水迹带到卖场地板上。 上完洗手间应彻底冲洗干净，避免发出异味。 挂于卫生间之抹布、拖把、水桶等应妥当放置，避免积水引起蚊虫滋生，影响健康，招引异味。

9.5.2 服装连锁门店卫生管理制度

① 门店卫生管理制度

a. 公司对直营店的卫生进行不定期抽查，发现不符合卫生要求的，将对店长进行处罚。

b. 连锁门店卫生工作由店长或各班班长组织实施。

c. 每天班前、班后都必须对店面的台阶、店内地板、橱窗、货架等地方进行清扫。 做到橱窗、门框明亮整洁，地板、墙壁干净整洁。

d. 连锁门店卫生分时段打扫，一天 2 次。 打扫时间段为：

上班：8：30～9：00；下班：21：30～22：00

e. 经常擦拭货架、货柜、衣架、挂钩上的灰尘，保持灯具效果，发现破损应及时维修。

f. 保持试衣间（试衣间不可作储藏）的卫生清洁。 卖场内不可放置其他杂物，烫斗不允许摆放于大厅，以确保顾客的购物空间。

g. 收银台上不允许堆放杂物，只能放置指定的宣传品。 沙发、茶几、桌椅必须干净，不留污迹；烟灰缸必须摆放在茶几正中位置；休息区无顾客的情况下必须保持烟灰缸及桌椅无污迹。

h. 店内、存货仓（架）不允许有污垢灰尘，存货柜必须每天清扫整理一次。店面招牌与橱窗玻璃每周使用清洁剂彻底擦洗一遍。

i. 保持形象、标牌、宣传品的整洁，防止其松落。

j. 每天晚上盘点结束后，应对店内的卫生进行彻底清扫，并适量喷洒空气清新剂。

k. 所使用的卫生清扫工具，应统一放置在顾客视线触及不到的地方，并做好清扫工具的清洁。

l. 每周三晚为大扫除日，标准为：货架、货柜、橱窗无尘，用手触摸无污迹；

物品摆放合理整齐;货品陈列规范。

② 门店保洁卫生考核标准

门店保洁卫生参考考核标准见表 9-1。

表 9-1 服装连锁门店保洁工作参考考核标准

项目			内容	分数	实际得分	扣分原因
卫生间考核标准	1	地面	地面干净,无水迹,无尿迹	2		
			无纸屑垃圾,无烟头废弃物	2		
	2	小便池	干净明亮见本色	3		
			无水锈,无污渍,无尿垢	3		
			无明显异味,放置芳香球	3		
	3	大便池	干净见本色,无污垢,无便迹,有冲便水	4		
			隔扇门干净、见本色	2		
			冲洗管干净,无污迹	3		
	4	水池、洗手盆	干净见本色,无污垢	2		
			台面洁净无积水	3		
	5	墙面	干净见本色	2		
			无灰尘污垢,乱写乱画	3		
		顶面	无蜘蛛网,无灰尘破损	3		
		镜面	洁净、明亮,无水迹、污渍	3		
		烘手器、皂液盒	洁净明亮,无污渍	2		
	6	门窗	门干净见本色,无污迹	2		
			窗、玻璃明亮,无灰尘、污垢	3		
	7	厕纸、手纸盒	无污迹,无积尘,见本色	3		
			纸篓清倒及时不过半	3		
试衣间区域考核标准	8	试衣间地面	地面干净无垃圾废弃物	3		
	9	墙壁	墙面无涂画、干净	3		
	10	试衣镜、门框、门帘	试衣镜干净、光亮,无水迹、无指纹印	3		
			门框无尘土、污垢	3		
			门帘干净、无尘土、无油污	3		
	11	试衣凳、试衣鞋	试衣凳摆放整齐、保持清洁无尘	3		
			试衣鞋保持清洁,定时清洗消毒	3		
卖场区域考核标准	12	地面石材保洁、保养	地面石材洁净无尘,有光亮,石缝清晰	3		
			无水迹、无污渍	3		
	13	地毯地面	定时吸尘、无污物	3		

项目			内容	分数	实际得分	扣分原因
卖场区域考核标准	14	墙壁立面	无蛛网、无污渍	3		
	15	货物及模特	保持卖场货物洁净无尘,保持模特的清洁	2		
	16	收银台	收银台面无尘	2		
			文具摆放整齐	2		
			垃圾篓清理干净	2		
	17	层板	保证层板无尘无杂物	2		
			层板上的 POP 牌的卫生维护	2		
	18	挂通	无尘,无明显水迹	2		
	19	玻璃橱窗	玻璃面擦拭明亮,台面干净	1		
			金属部分见本色,无灰尘	1		
总合计分数				100		

240

思考练习题

1. 简述连锁门店安全管理的含义与内容。

2. 为什么要进行连锁门店消防安全管理?连锁门店消防安全管理工作要求有哪些?

3. 从实战出发,设想服装连锁门店可能发生的火灾,设计预案进行扑救。预警要以报警、扑救、疏散及各种灭火、排烟设施的启动、灭火力量的投入时机等为重点内容,并与专业消防力量做好配合。

4. 如果你是一家门店的店长,请为你的门店安全管理提出方案。

阅读拓展

1. 财务会计事项管理

(1)服装连锁门店店长负责建立各明细账簿和各种收支报表,对服装连锁门店的经营状况进行核算。

（2）服装连锁门店会计核算实行报账制，将审核后的费用单据寄公司客服部，经公司财务及总经理审批后转入经办人账户。

（3）服装连锁门店店长应按照公司客服部和财务部的要求，按时上报各类报表资料，做到数字真实、计算准确、内容完整、说明清楚。

（4）服装连锁门店所有成员应对门店的各项数据负有保密责任，未经总经理批准，不得向任何单位和个人提供服装连锁门店资料信息，违者每次罚款500元，并承担由此造成的损失。

（5）发票开具管理，服装连锁门店开据销售发票。如其为个体经营商户，由门店直接开具；如其为公司分支机构，则由公司总部财务部开据。服装连锁门店要对开票信息进行认真核对，对要求开具专用发票的购货单位必须有一般纳税人有效资格证明，以及准确的信息资料（纳税登记号、账号、开户银行、单位全称、地址、电话等），不得为非一般纳税人开具增值税专用发票。服装连锁门店店长或发票专管人员要负责跟踪发票的开具、传递、回款等情况。

2. 全球时装零售连锁巨头——海恩斯·莫里斯

海恩斯·莫里斯（Hennes&MauritzAB，简称H&M）于1947年由Erling Persson在瑞典Vsters市创立。如今，海恩斯·莫里斯在全世界1 500多个专卖店销售服装、配饰与化妆品，雇员总数超过5万人。不寻常的是，H&M没有一家属于自己的工厂，它与在亚洲欧洲的超过700家独立供应商保持合作。位于瑞典市Stora Gatan大街的老海恩斯·莫里斯店是世界上第一家海恩斯·莫里斯专卖店。H&M买最便宜的布料，所有代工加工点都选在劳动力相对便宜的地区，比如中国、土耳其等。1997年H&M发布承诺，所有商品全部标注生产地。H&M的商业理念是"以最优价格，提供时尚与品质"。

流行、品质及价格的三合一。来自瑞典的连锁服饰店海恩斯·莫里斯的名字，在亚洲或许很少被提及，但是在欧洲却是名气不小。以销售量为衡量标准，海恩斯·莫里斯是欧洲最大的服饰零售商，即使在经济萧条的情况下，业绩仍持续上升。海恩斯·莫里斯店中的产品多元，提供男女消费者以及儿童流行的基本服饰，同时贩卖化妆品。店中服饰的平均售价只有18美元。公司认为，平价才能让消费者负担得起每一年、甚至每一季都去店中购买新推出的产品。这种策略最能吸引15~30岁讲求曾经拥有而不是天长地久、希望随时都能追上流行的女性消费者。

为了降低成本,以维持平价策略,海恩斯·莫里斯没有自己的成衣厂,制造完全外包给900家工厂。为了拿到最好的价格,公司精挑细选外包对象,这些工厂分散于全球21个工资最低的国家中。由于成本控制得当,公司的产品售价虽低,毛利润仍然能够维持在53%左右。

除了价格牌,海恩斯·莫里斯还打流行牌。公司把流行视为容易腐坏的食品,必须时时保持它的新鲜,因此公司力求将存货降到最低,而且让新货源源不绝。所以新点子必须迅速被转化为服饰,让消费者能够快速买下上架的衣服,上街展示还属新鲜的时髦服饰。为了达到这种效率,公司的所有服饰都由公司内的80名设计师设计。公司与供应商间密切合作,严格控制整个过程,同时扮演进口商、批发商和零售商的角色,尽可能减少产品经手的人数,让过程更简洁。海恩斯·莫里斯把衣服从设计到上架的时间压缩,最短只需三个星期,速度在业界数一数二。公司因此有能力在任何时候,推出符合流行尖端的产品。

(引自"连锁特许"2009年3月刊)

附　录

服装连锁经营教学内容及课时安排

章/课时	课程性质/课时	节	课程内容
第1章 (2课时)	理论与实践 理论课36课时 建议实践课12课时		·连锁经营概述
		一	连锁经营释义
		二	连锁经营的起源
		三	服装连锁经营的特点
第2章 (4课时)			·服装连锁门店店铺开发
		一	连锁门店开发
		二	连锁门店选址
		三	连锁门店的形象战略
第3章 (4课时)			·服装连锁门店设计
		一	服装连锁门店形象设计
		二	服装连锁门店空间规划
		三	服装连锁门店商品陈列
第4章 (4课时)			·服装连锁门店商品管理
		一	服装商品定位与分类
		二	服装商品结构与品种
		三	服装商品的采购流程与计划
第5章 (6课时)			·服装连锁门店物流配送与管理
		一	服装连锁门店物流概述
		二	服装连锁企业物流配送中心的建设与运作
		三	服装连锁门店物流运输与配送管理
		四	服装连锁门店的物流管理
		五	现代信息技术在服装连锁门店物流配送与管理中的应用
第6章 (4课时)			·服装连锁门店价格管理
		一	商品价格的构成
		二	商品定价的目标与方法
		三	连锁总部的价格管理方法

243

章/课时	课程性质/课时	节	课程内容
第7章 （4课时）	理论与实践 理论课36课时 建议实践课12课时		·服装连锁门店营销管理
		一	连锁经营与品牌战略
第8章 （4课时）		二	商品促销的方法
		三	广告促销的方法
		四	公共关系
			·服装连锁门店员工管理
		一	人员招聘
		二	员工培训
第9章 （4课时）		三	员工绩效考评
		四	员工激励和薪酬福利
			·服装连锁门店日常运行管理
		一	财务管理
		二	客户服务管理
		三	门店安全管理
		四	商品防损管理
		五	门店卫生管理

＊共计48课时，其中理论课36课时，建议实践课时12，各院校可根据自身情况进行课时和内容的调整。

244

参 考 文 献

［1］高磊,冉云芳.连锁经营门店营运[M].北京:高等教育出版社,2012

［2］李滨,邓汝春.服装连锁经营管理[M].北京:中国纺织出版社,2007

［3］方光罗.市场营销学[M].大连:东北财经大学出版社,2001

［4］秦凤超.如何开一家赚钱的服装店[M].北京:中国华侨出版社,2011

［5］利郎:凭什么经营"商务男装"[J].中国服饰,2010(3):15

［6］苏钰.会员卡定向促销研究[M].天津:天津大学出版社,2011

［7］李胜利,李晶晶.店铺促销[M].北京:民主与建设出版社,2002

［8］卢晓艳.基于心理契约的会员卡顾客消费行为研究[D].大连交通大学,
2009:19-20

［9］符国群.消费者行为学[M].北京:高等教育出版社,2005

［10］孙菊剑.服装零售终端运营与管理[M].上海:东华大学出版社,2009

［11］樊丽丽.服装零售与服装店经营全攻略[M].北京:中国经济出版社,2010

［12］俞钊,陆剑清,李成彦.市场营销心理学[M].大连:东北财经大学出版
社,2006

［13］姚礼萍.市场调查与信息分析[M].北京:高等教育出版社,2006

［14］蒋智威.服装营销结构与工具[M].北京:中国纺织大学出版社,2001

［15］宁俊.服装市场调查方法与应用[M].北京:中国纺织出版社,2008

［16］肖建中.会员制营销[M].北京:北京大学出版社,2006

［17］张晓黎.服装展示设计[M].北京:北京理工大学出版社,2010

［18］李俊.服装商品企划学[M].北京:中国纺织出版社,2005

［19］王晓云,李宽,王健.服装零售学[M].北京:中国纺织出版社,2010

［20］凌雯.服装陈列设计教程[M].杭州:浙江人民美术出版社,2010

［21］王吉方.连锁经营管理:理论·实务·案例[M].北京:首都经济贸易大学出
版社,2007

［22］邓汝春.服装企业物流管理[M].北京:中国纺织出版社,2005

[23] 梁建芳.服装物流与供应链管理[M].上海:东华大学出版社,2009

[24] 杨卫丰,王亚超.纺织服装企业物流管理[M].北京:中国纺织出版社,2009

[25] 曹丽平.物流在纺织服装市场营销中的作用[J].纺织导报,2012(4):103-105

[26] 张倩.服装物流信息标准体系的构建及其价值评估[D].北京交通大学硕士论文,2010

[27] 张世柱.服装品牌标准化运行视角下的物流整合研究[D].北京服装学院硕士论文,2010

[28] 徐贤浩.物流配送中心规划与运作管理[M].武汉:华中科技大学出版社,2008

[29] 喻陵,钟义平.让"霓裳羽衣"舞动起来—记安得服装物流供应链[J].中国储运,2011(8):47-48

[30] 王德章.价格学[M].北京:中国人民大学出版社,2005

[31] 郑昕,盛梅.连锁门店运营管理[M].北京:机械工业出版社,2011

[32] 纪宝成.市场营销学教程[M].北京:中国人民大学出版社,2002

[33] 王利平.连锁商店经营与发展[M].北京:中国人民大学出版社,2000

[34] 曹泽洲.连锁企业门店运营与管理[M].北京:清华大学出版社,2008

[35] 张自利.促销实战手册[M].北京:中国纺织出版社,2003

[36] 王秦.终端为什么缺货[M].北京:清华大出版社,2006